Birgit Schrowange
SO VIEL LUST ZU LEBEN

Birgit Schrowange

SO VIEL LUST
ZU LEBEN

Meine Geschichte

Marion von Schröder

Ohne Karl-Heinz König wäre dieses Buch
nicht möglich gewesen.
Ich danke ihm sehr herzlich für seine Mitarbeit.
B.S.

Der Marion von Schröder Verlag
ist ein Unternehmen der Econ & List Verlagsgesellschaft,
Düsseldorf und München.

ISBN 3-547-78075-6

Inhalt

Die Geschichte von freundlichen Delphinen und der Lust zu leben

Sie grinsten mich an. Sie grinsten mich einfach nur freundlich an, als ob sie mir sagen wollten: »Schön, daß du da bist. Wir haben uns auf dich gefreut.«

Sie hatten unzählige kleine Zähnchen, freundliche Augen und ein riesiges Maul. Und ich entschied mich in der Sekunde, sie zu lieben.

Sie sind die sympathischsten Wesen, die ich jemals kennengelernt habe. Wesen, die sich anfühlen wie Gummi, die beleidigt sein können wie eitle Diven und die ein Gesicht haben, das immer lacht.

Delphine.

Wir waren auf dem Weg nach Israel. Eine Tortur. Dreieinhalb Stunden vor Abflug mußten wir am Flughafen sein. Uns beäugte das Personal besonders mißtrauisch. Kamera-Equipment nimmt eine Menge Platz ein und glänzt so verdächtig.

Israel ist das Land mitten in einem hochexplosiven Pulverfaß. Die Sicherheitsabteilung machte ihre Arbeit bei unserem Team sehr gewissenhaft. Das Risiko von Attentaten muß minimiert werden, weil Frieden ohne Kontrolle niemals sein wird.

Unser Ziel war das Dolphin Reef. Ein wunderschöner Flecken am Meer. Wie uns gesagt wurde: der Platz für Delphine, der ihnen als Attraktion die größtmögliche

Freiheit schenkt. Hunderttausende Touristen kommen Jahr für Jahr hierher. Sie wollen Delphine sehen und streicheln. Sie wollen ein maritimes Abenteuer erleben, das Seltenheitswert hat. Der Platz ist ein Paradies. Nur das Klima ist gräßlich. Schwüle Hitze trotz der Nähe zum Meer. Nur selten weht eine kühle Brise ins Land.

Fast 50 Grad. Ich habe furchtbar geschwitzt. Später, während der Dreharbeiten, mußte ich ständig im Taucheranzug herumlaufen. Eine Strapaze. Aber der Tauchgang ist der Mühe wert.

Ich liebe das Wasser, und ich bewege mich gerne darin. Doch bislang hatte ich nur einen Tauchkurs für Anfänger gemacht. Eine Lehrerin gab mir noch einen Blitzkurs. Wir gingen nicht allzu tief. Und ich merkte: Ich würde keine Probleme haben. Das Abenteuer konnte beginnen.

Die Lust zu leben.

Fallschirmspringen und durch einen wilden Fluß fahren. In einem Eishotel Glühwein schlürfen und sich mit Promis in St. Moritz betrinken. Die schönsten Models der Welt beim Umziehen beobachten und an Steilwänden herumklettern.

Wöchentlich warten neue Abenteuer auf mich. Sonnenseiten des Lebens. Luxus, den sich die gönnen, die leidenschaftlich genug sind, ihre Ziele zu verfolgen. Spannung, die sich die verschaffen, die den Anspruch haben, ihr Dasein so interessant wie möglich zu gestalten.

Zwei Männer hatten die Idee, mich quer durch die Welt zu jagen. Hans Mahr, Chefredakteur von RTL Television, und Frank Hoffmann, Redaktionsleiter der Sendungen EXTRA und LIFE, DIE LUST ZU LEBEN.

In EXTRA, dem Magazin, das ich seit dem Herbst 1994 moderiere, erzählen wir Geschichten von geldgierigen Monteuren, die Waschmaschinen teuer reparieren wollen, obwohl nur ein Stecker wackelt. Von Vätern, die ihre Familie auslöschen, weil die Schuldenlast drückt. Von erbärmlichen Verhältnissen in chinesischen Waisenhäusern und von Leuten, die eine schlimme Wucherung an ihrem Körper haben und Elefanten-Menschen genannt werden. Viele Geschichten. Solche, die aufregen. Meine neue Sendung. LIFE, DIE LUST ZU LEBEN, soll anregen, Sport und Spaß und Spannung, Eleganz und Erotik. Geschichten von Frauen und Männern, die gar nicht so versponnen wirken, wie sie scheinen. Die einfach nur ihre Vorstellung vom Leben verwirklichen. Ohne zu fragen und ohne sich zu entschuldigen.

Die Themen dieses neuen Magazins begeisterten mich sofort. Ich mag es, Sport zu treiben und über Mode zu reden. Ich verfolge gespannt, wenn Prominenten-Ehen scheitern und alte Herren sich in junge Damen verlieben. Und ich bewundere Menschen, die an ihre Grenzen gehen wollen, um zu erfahren, wie es dort ist.

Meine Aufgabe war ganz neu für mich: die Reporterin, die nicht nur berichtet, sondern auch fühlt und erlebt und sich nicht scheut, sich der Kamera anzuvertrauen, die jubelt oder scheitert oder schreien möchte vor Freude oder sich am liebsten übergeben will.

Ich hatte in dem Augenblick, in dem mir Hans Mahr die Offerte unterbreitete, keine Ahnung, auf welches Abenteuer ich mich tatsächlich einlassen würde.

Ich sagte zu, weil ich zu neugierig bin und weil die lebenshungrige Birgit Schrowange der bequemen Birgit Schrowange niemals verzeihen würde, wenn sie zu feige gewesen wäre, Lust am Leben zu haben.

Am Dolphin Reef in Israel mußte ich einfach Lust haben zu leben.

Dieser Ort ist wirklich eine Attraktion. Es gibt Kritiker, die sicher sind, daß dort Delphine gequält werden. Vielleicht hätte ich ähnlich gedacht, wenn ich nicht selber unten gewesen wäre. Delphine sind sehr harmoniebedürftig, wurde mir erklärt. Ein freundliches Umfeld ist für sie wichtiger als die totale Freiheit. Die sie im übrigen im Dolphin Reef durchaus haben. Zwar sind auch hier Netze gespannt, um das Territorium der Delphine einzugrenzen. Doch die Organisatoren dieses riesengroßen Aquariums haben Ausgänge gelassen, durch die die Delphine schwimmen können, wenn sie wollen. Von Zeit zu Zeit werden sie sogar ins weite Meer hinausgeführt, um sich nicht zu sehr an die Nähe zum Menschen zu gewöhnen.

Skandalös sind meiner Meinung nach die Delphinarien in Zoos oder Tierparks. Delphine in beengten Bassins und in schlecht klimatisierten Hallen, begafft von Menschen, die den Charme des Tieres in einer solchen Umgebung überhaupt nicht erleben können. Hier haben Tierschützer recht, die mit Aktionen die Öffentlichkeit wachrütteln wollen.

So viel ist sicher: Delphinarien wird es weiter geben. Leider. Aber die Betreiber des Dolphin Reefs gehen mit dem Gedanken des Tierschutzes weitaus verantwortungsvoller um als jeder Zoo-Direktor mit seinen Delphin-Becken.

Delphine scheinen tatsächlich sehr empfindsame Lebewesen zu sein. Die Taucherin, die mich mit auf den Meeresboden nahm, erzählte mir zwei unglaubliche Geschichten. Zum Beispiel die des Schwimmers im Roten Meer. Ein Mann war zu weit hinausgeschwommen und erkannte zu spät, daß ein Hai menschliches Blut gewittert hatte. Er geriet in Panik und versuchte, so schnell wie möglich zum Ufer zurückzuschwimmen. Er hätte den Kampf verloren. Ganz sicher. Plötzlich bemerkte er, daß sich etwas um ihn herum bewegte. Es waren Tiere, aber sie kamen nicht näher. Sie drehten immer größere Kreise um ihn herum. Ein Spielchen, das ein Haifisch nicht veranstaltet hätte. Der Schwimmer brauchte ein paar Sekunden, bis er begriff. Ein Schwarm von Delphinen hatte gemerkt, daß ein Mensch in Lebensgefahr war. Sie hatten einen Rettungsring um den Mann gebildet und damit den Haifisch auf Abstand gehalten. So lange, bis er endlich am Ufer war.

Eine zweite Geschichte, die des beleidigten Delphins. Meine Tauchlehrerin war jeden Tag unten auf dem Meeresboden und hatte natürlich auch ihren Liebling, einen Delphin, der sofort zu ihr schwamm, wenn sie ins Wasser stieg. Eine zauberhafte Beziehung, wenn meine Tauchlehrerin nicht den Fehler gemacht hätte, einen anderen Delphin zu streicheln. Sie erzählte:»Ungelogen eine Woche lang schmollte mein kleiner Freund. Er beachtete mich kaum, drehte große Runden um mich, schwamm aber nicht weit genug davon, daß ich ihn aus den Augen verlor. Er achtete schon darauf, daß ich den Grund für mein schlechtes Gewissen nicht vergaß.«

Sie brauchte einige Tage, um die Gunst ihres Delphins wieder zu erlangen.

Zeit für mich. Auch ich wollte unbedingt Delphine kennenlernen. Es war faszinierend. Wir gingen auf Tauchgang. Es dauerte keine dreißig Sekunden, und die ersten Delphine näherten sich uns. Sie waren zutraulich, kamen mit ihren freundlichen Gesichtern, mit ihren grinsenden Mündern ganz nah, als ob sie ein Begrüßungs-Küßchen haben wollten.

Meine Tauchlehrerin bedeutete mir, sie zu streicheln. Wie Gummi fühlen sie sich an, weiches Gummi, ganz geschmeidig, ganz zart. Der Delphin, den ich streichelte, schaute so, als ob er gleich anfangen würde zu schnurren wie eine Katze.

Ich war wirklich in eine andere Welt abgetaucht. Ich hörte merkwürdige Pfeifgeräusche unter Wasser. Wie eine Kindertrompete. Später erklärte mir meine Begleiterin: »So unterhalten sich Delphine unter Wasser. Sie signalisieren einander, wo es etwas zu fressen gibt. Oder wo Liebkosungen zu erwarten sind.« Auch das war neu für mich: Delphine lieben Hautkontakt. Sie sind nicht scheu, wie die meisten Tiere. Sie kommen fröhlich auf den Menschen zu und freuen sich über jede Berührung.

Ich konnte mich nicht sattsehen an dieser Welt, die nur wenige Meter unter dem Meeresspiegel lag. Die Delphine hatten wunderbare glatte Linien, der Körper so elegant geformt, fast majestätisch. Die Natur hat schon gute Ideen gehabt, keine Frage. Ich war dreimal für jeweils eine halbe Stunde auf dem Meeresboden des Dolphin Reefs. Ich hätte es noch hundert Mal machen wollen. Ich war traurig, als wir uns verabschieden mußten. Trotz der unmenschlichen Hitze. Ich erzählte meinen Eltern später davon, als ich sie zuhause im Sauerland besuchte. Auch sie waren ganz verzückt.

Meine Mutter und mein Vater freuten sich vor allem darüber, daß ich ihnen diesmal von einem paradiesischen, sehr entspannenden Abenteuer, das ich erlebt hatte, erzählte. In den vergangenen Wochen war ihnen nicht immer wohl gewesen, wenn sie die Zeitung aufschlugen und lasen, daß ich beinahe beim Wildwasser-Rafting ertrunken wäre und daß ich trotz heftiger Grippe in eine russische Raumkapsel gestiegen war.

Ich möchte nicht, daß sie sich Sorgen machen.

Denn alles hatte furchtbar begonnen, damals im April 1958 in Nehden im Sauerland.

1958: Eine Ohrfeige im Gottesdienst

Die Nachbarn wollten es kaum glauben. Mein Vater spielte Trompete. An jenem Abend.

Normalerweise übte er zu Hause nur die Tonleiter rauf und runter. C, D, E, F, G, A, H, C. Üben, üben, üben. Das waren die Nachbarn gewohnt. Nicht aber, daß er all die schönen Melodien spielte, die es sonst nur bei seinen Auftritten zu hören gab. In diesen warmen Apriltagen des Jahres 1958 spielte er jeden Abend.

Am ersten Abend wunderten sich die Leute im Dorf. Am zweiten auch. Am dritten warteten sie beinahe schon darauf, daß Anton Schrowange seine Trompete rausholte und anfing.

Sie begannen leise zu tuscheln: »Schrowanges Birgit will wohl wieder nichts essen. Hoffentlich kommt die Kleine durch.« Und dann hörten sie noch ein bißchen zu, wie mein Vater spielte. Sie hörten, wenn er eine Pause machte, um voller Sorgen zu beobachten, ob ich doch etwas Milch aus der Flasche saugte.

Er schaffte es tatsächlich, mir das Leben zu retten.

Es war knapp. Beinahe wäre ich gestorben. Zu klein und zu schwach war ich. Meine Mutter erzählte sie mir immer wieder, die Geschichte von meinen ersten Tagen.

»Ein winziger Wurm bist du gewesen. Stillen lassen wolltest du dich nicht. Und geschrien hast du den ganzen Tag.«

7. April 1958: Mein erster Tag im Leben. Sonnig soll's gewesen sein. Für die Jahreszeit zu warm. Doch meinen Eltern war dennoch kalt. Ich war ihr erstes Kind, und sie wünschten sich nichts mehr als ein gesundes, kräftiges Mädchen.

Und dann dieses Drama. »Fünf Tage lang hat's gedauert. Dann warst du endlich über den Berg«, erzählte meine Mutter. Die Geschichte klingt fantastisch. Aber tatsächlich war es so, daß ich mich vor Freude verschluckte, wenn mein Vater zu spielen begann. Und dieses Glucksen nutzte meine Mutter, um mir die lebensnotwendige Milch einzuträufeln. Mühsam, aber effektiv. Ich kam durch, und nach ein paar Tagen mußten die Nachbarn auf Anton Schrowanges Zusatz-Konzerte in der Küche verzichten.

Anton Schrowange war für seine Künste bekannt. Nicht wenige Frauen aus der näheren Umgebung von Brilon, einem hübschen Städtchen im sauerländischen Niemandsland, haben für meinen Vater insgeheim geschwärmt.

Ein schöner Mann, damals wie heute. Schwarzes Haar, ein markiges Gesicht, brauner Teint. Ein Mann, dem selbst damals, in den puritanischen Spät-Fünfzigern, die Mädchen auf der Straße Blicke hinterherwarfen. Mehr noch. Wenn sich herumsprach, daß mein Vater mit seiner Kapelle einen Auftritt hatte, reisten seine weiblichen Fans an, um ihn anhimmeln zu können.

Er war fleißig, er war nett, er war umgänglich. Er konnte Motorrad fahren und machte am Wochenende die wildesten, abenteuerlichsten, aufregendsten Ausflüge ins Blaue – mit meiner Mutter auf dem Sozius. Und beherrschte die Trompete so, daß die jungen Damen schwach wurden.

Feuerwehrfeste, Sportfeste, Schützenfeste – das gesamte Repertoire. Mein Vater spielte mit seiner Band zum Tanz auf.

Meine Mutter allerdings gehörte nicht zu seinen Groupies. Sie wurde, ganz altmodisch, von meinem Vater erobert. An einem Samstagabend des Jahres 1955. Vater war da mit Freunden, Mutter mit ihrer Clique. Das künftige Traumpaar hatte sich schon mehrere Male gesehen, schüchtern gegrüßt, gewisse Sympathien füreinander empfunden. Doch Worte waren nie gewechselt worden.

Mein Vater traute sich nach langem Zögern, sprach meine Mutter an und besiegelte damit seinen Lebensweg. Keine vierundzwanzig Stunden später trennte er sich von seiner damaligen Freundin und lebte fortan glücklich und in Freuden an der Seite seines resoluten Lenchens.

Zwei Jahre lang passierte nicht viel, dann geschah es. Die junge Liebe bekam ihre ganz natürliche Eigendynamik. Lenchen Nolte war schwanger.

Der Sauerländer ist ein verträglicher Geist. Er ist friedlich, zumeist gutmütig, bisweilen etwas störrisch, in der Regel hat er das Herz auf dem rechten Fleck. Doch unverheiratete, schwangere junge Mädchen wurden nicht toleriert.

Lenchen wurde dicker und dicker und verdonnert, alsbald Anton zu heiraten. Aus Noltes Lenchen wurde Helene Schrowange.

Meine Eltern »mußten« heiraten. Sie taten es zwar gerne, aber der schönste Tag ihres Lebens wird der Tag der Hochzeit für meine Mutter nicht gewesen sein. Sie wurde genötigt, in Schwarz vor den Altar zu treten. Schließlich war sie nicht mehr unschuldig.

Dorf ist Dorf. Und Prinzip ist Prinzip.

Viele im Ort dachten insgeheim an eine Strafe Gottes, als meine ersten Tage sich zu einem Drama entwickelten. Ich wurde not-getauft. Die Ärzte im Krankenhaus von Brilon waren nicht sicher, ob ich durchkomme. Ich wollte nicht essen und nicht wachsen. Kein guter Start ins Leben.

Um für den schlimmsten Fall vorzusorgen, eilte sogar ein Pfarrer herbei, um dem Kind die Sakramente zu geben.

Bis meine Eltern den Trick mit der Trompete entdeckten. Mein Vater spielte, und ich war über den Berg.

Ich hatte eine glückliche Kindheit. Wenigstens erscheint sie mir so in der Erinnerung. Meine Eltern, meine Großeltern, mein Onkel, mein Bruder Thomas, zwei Jahre jünger als ich, und später auch meine Schwester Karin, lebten unter einem Dach. Als Kind genoß ich die Großfamilie. Nachbarn kamen, aßen bei uns, sagten danke und verschwanden wieder. Tauchte ich mittags nicht auf, brauchte sich meine Mutter keine Sorgen zu machen. Ich saß an irgendeinem Mittagstisch, aß mich satt und fühlte mich wie selbstverständlich eingeladen.

Das Dorf – eine große Familie? Auch ich habe lange an dieses Klischee geglaubt. Meine Mutter beschrieb mir später ihre ersten harten Jahre in einem für sie fremden Ort, obwohl sie nur wenige Kilometer entfernt aufgewachsen war.

Sie hat sehr unter der ersten Zeit gelitten. Sie war 23 Jahre alt, hatte vom Leben noch nicht allzuviel mitbekommen und war trotzdem innerhalb weniger Jahre schwanger, verheiratet und mit ihren Schwiegereltern unter einem Dach. Mein Vater hat es ihr so leicht wie möglich gemacht. Doch die Zeiten waren hart.

Typisch fünfziger Jahre. Das eigene Haus mußte

gebaut werden. Das Einkommen war karg. Und die gesamte Familie wollte einen vollen Tisch. Mein Vater arbeitete schwer. Erst als Maurer, dann als Vorarbeiter, später als Fliesenleger.

Sie haben mich niemals verwöhnt, weder mich noch meine Geschwister bevorzugt. Ganz im Gegenteil. Sie waren sehr streng, sehr religiös, sehr diszipliniert. Und schafften fleißig. Sie arbeiteten hart für unser Zuhause, für ein klein wenig Wohlstand und dafür, daß die alltäglichen Sorgen zu bewältigen waren.

Und dann kam ich. Kaum war ich über den Berg, mußten meine Eltern entdecken, daß ich nicht besonders hübsch war. Ich hatte zusammengewachsene Augenbrauen, schwarzes Haar, zu engstehende Augen. Meine Mutter nannte mich ihren »kleinen Raben«.

»Schnieders schwattes Ügel« – Schneiders (so hieß mein Urgroßvater, der Stammes-Ursprung in Nehden) scharze Eule – nannten mich die Nachbarn, weil ich genauso aussah. Wie eine schwarze Eule, die dumpf in die Welt glotzte.

Interessanterweise entwickelte sich meine kleine Schwester Karin später zu einer wahren Schönheit. Ein bildhübsches Kind mit großen Augen, langem, kastanienbraunem Haar, ganz schmal und zartgliedrig. Keine Ähnlichkeit mit Eulen. Ich sah jüngst wieder Kinderbilder von mir und mußte lauthals lagen. Große, tiefliegende Augen, schiefe Zähne, eine Frisur wie Prinz Eisenherz, eine Comic-Figur meiner Kindheit.

Sicher: Meine Eltern bewiesen nicht immer ein glückliches Händchen, wenn sie mir die Haare schneiden ließen. Wenn ich heute Fotos anschaue, muß ich zugeben, daß auch die Mode der frühen sechziger Jahre heute oftmals gräßlich wirkt. Welten von dem entfernt war, was Kinder heute anziehen dürfen. Vielleicht sollte ich dort den Grund dafür suchen, daß ich – im besten Sinne – eitel geworden bin. Ich mag mir gefallen. Und ich mag es, meiner Umwelt zu gefallen. Mir scheint, daß man das Eitelkeit nennt.

Tatsächlich liebte ich es, wenn ich einen Lippenstift oder einen winzigen Flakon Parfum geschenkt bekam. Ich stand stundenlang vor dem Spiegel, machte mich hübsch. Meine Kommunion wurde zum Fiasko, weil mich Schönheit schon damals blendete. Vorne am Altar bereitete der Pfarrer die Kommunions-Zeremonie. Meine Eltern verharrten ganz andächtig auf einer der hinteren Bänke. Und direkt hinter mir saß die Verwandte einer Freundin. Eine schöne Frau, gepflegt, geschminkt, mit einem überdimensionalen Hut auf dem Kopf. Ich konnte einfach meine Augen nicht von ihr lassen. Verzweifelt versuchte meine Mutter mich von hinten fernzusteuern. Sie hatte keine Chance.

Ich hätte fast die ganze Feier versäumt, weil ich so geblendet war von dieser anmutigen Person. Der strenge Pfarrer rief mich zur Raison. Doch seit diesem Tag war mir klar, daß ich eitel war.

Verwandtenbesuche gerieten zur Performance. Ständig spürte ich das Verlangen, im Mittelpunkt zu stehen. Immer wieder machte ich das Wohnzimmer zur Bühne. Und machte meinen Eltern mit diesem Hang Kummer. Denn ich war nicht nur eitel und egozentrisch, ich war auch großzügig. Mit ein paar Freundinnen marschierte ich in die Dorfkneipe und spendierte Cola. »Papa zahlt«, sagte ich – felsenfest davon überzeugt, ganz im Sinne meines reichen und mächtigen Vaters zu handeln. Der dachte anders und war mir lange böse.

In Nehden sprach sich rasch rum, welcher Sproß im Hause Schrowange heranwuchs. So wie sich alles rasch herumsprach im Nehden.

Ich mußte schon sehr klug sein, um die dörflichen Spione, die überall alles registrierten, auszutricksen. Kein eigenes Zimmer, keine kuscheligen Verstecke irgendwo im Wald. Für Mädchen wie mich, die früh begannen, eigene kleine Geheimnisse zu haben, war Nehden denkbar ungeeignet. Ich erinnere mich an meine erste hauchzarte Liebelei im Teenageralter. Sofort erfuhr meine Mutter davon. Der Reiz des Heimlichen war dahin. Oft ist es mir so ergangen. Meine erste Zigarette mußte ich im Schutz des breiten Kreuzes meines Großvaters rauchen. Alles andere hätte zu einer Katastrophe geführt – herbeigeführt durch die Buschtrommeln der gut funktionierenden Nachbarschaft.

Auf den breiten Schoß meines Großvaters väterlicherseits kletterte ich bevorzugt. Er war genau wie mein Vater ein lieber, gutmütiger, immer gut gelaunter Mann. Von ihm, so schätze ich, habe ich ein gewisses kreatives Potential geerbt. Sein Geld verdiente er als Waldarbeiter. Das war lange vor meiner Zeit; ich habe ihn erst als Pensionär kennengelernt. Allerdings als einen überaus regen Rentner. Er spielte sonntags die Orgel in der Kirche, er konnte auf der Geige herzzerreißende Melodien vortragen, er schnitt den Menschen im Dorf die Haare, bevorzugte zwar einen Einheitsschnitt, aber seinen Kunden gefiel's. Bis ins hohe Alter betrieb er ein bißchen Landwirtschaft hinter unserem Haus. Ein paar Kühe – eine wurde von mir auf den Namen Else getauft –, ein paar Schweine – gerade genug, um ständig den würzigen Geruch der Landwirtschaft in der Nase zu haben. Ich konnte damit Zeit meines Lebens wenig anfangen. »Schnieders schwattes Ügel« hatte zwei linke Hände und wenig Talent, wenn es darum ging, einfachste Tätigkeiten zu verrichten.

Eines Nachmittags beauftragte mich mein Großvater, die Kühe von der Weide zu holen. Unlustig trollte ich mich und begann, die Viecher lieblos in Richtung Stall zu bugsieren. Unglücklicherweise mußten wir eine Straße überqueren, auf der auch damals schon das eine oder andere Auto fuhr. Es kam zum klassischen Konflikt: Die Tiere wollten nicht, ich konnte nicht, wir mußten aber. Die Biester entschieden sich mitten auf der Straße zum Stop. Ich, nicht besonders krisenfest zu diesem Zeitpunkt, begann zu zetern und zu weinen, beobachtete verzweifelt herannahende Autos von rechts und von links. Die Fahrer hatten kein Verständnis für das heulende Balg mitten auf dem Weg. Ich sah nur eine Chance. Opa holen und dann ausbüchsen.

Nie wieder danach brauchte ich Kühe zu hüten. Kurz darauf versagte ich ein zweites Mal und wurde nicht mehr zur Feldarbeit eingeteilt. Großvater bat mich, Unkraut zu jäten. Wieder war es nicht Übereifrigkeit, sondern eher gedankenlose Unlust, die mich trieb. Einmal dabei, hieb ich alle Pflanzen gleich mit ab.

Ich habe ihn geliebt, meinen Großvater, dafür, daß er mich weder ausschimpfte noch mit düsterer Traurigkeit bestrafte. Stillschweigend entschied er, mich nicht mehr um Hilfe zu bitten. Seine Liebe blieb die gleiche, glücklicherweise. Dieser Mann, der Vater meines Vaters, war ein Engel.

Er hatte eine überaus gerechte Frau an seiner Seite. Meine Großmutter war, man würde heute wohl sagen, eine Frau von Format. Trifft man die richtigen Leute auf der Dorfstraße von Nehden, erzählen sie immer noch die Geschichten über das gut gebaute Rückgrat meiner Großmutter. Sie trotzte, schenkt man den Legenden Glauben, sogar den Nationalsozialisten.

Nur eine Geschichte: Als in der Dorfschule die Christus-Kreuze abgehängt und durch Hakenkreuze ersetzt wurden, rannte sie in die Klassen ihrer Söhne und hängte die Kreuze einfach wieder auf. Die Gestapo kam bei ihr vorbei, doch sie höhnte: »Nehmt mich doch mit. Ich habe vier Söhne großzuziehen. Um die müßt ihr euch dann kümmern.« Sie blieb aufrecht und hatte Recht damit. Sie überlebte den Krieg und blieb bei ihren Söhnen. Doch in all ihrer Größe warf sie bisweilen dunkle Schatten auf ihre Umgebung. Auch auf mich. So sehr ich sie bewunderte.

Ein Ereignis schaffte für den Rest unserer gemeinsamen Tage eine kühle Distanz zwischen uns. Ein Sonntag in unserer Gemeinde. Ich sollte an diesem Tag bei der Messe vorbeten. Meine Aufgabe bestand darin, an einer Stelle des Gebetes zu sagen: »Heilige Mutter, bitte für uns.« Alleine dieser Job kostete meine gesamte Konzentration. Ein Mädchen aus der Nachbarschaft stand neben mir und begann mich während der Messe zu ärgern. Sie kitzelte mich und trat nach mir. Das hätte meine Selbstdisziplin noch bewältigt. Doch immer, wenn ich »Heilige Mutter, bitte für uns« wiederholte, sprach meine Freundin leise mit und ließ den Satz mit einem zischenden, aggressiven, in der ganzen Kirche tönenden »Heilige Mutter, bitte für unssssss« ausklingen. Mehrmals. Ich schwitzte, wurde dann wütend und mußte doch in meinem kindlichen Gerechtigkeitssinn begreifen, daß ich ohnmächtig war. Voller Angst wartete ich auf meinen nächsten Einsatz. Und tatsächlich – wieder äffte mich die Göre neben mir nach und blamierte mich vor dem ganzen Dorf.

Schon allein diese Situation war überaus peinlich. Was aber meine Großmutter mir an diesem Sonntagmorgen antat, grenzte für mich an Hochverrat. Nie hat mich ein Mitglied der Familie dermaßen im Stich gelassen.

Wieder hallte dieser häßliche Zischlaut durch das

Kirchenschiff. Meine Großmutter erhob sich aus den Reihen der Dorfbewohner, schritt mit eisigem Blick nach vorne, baute sich vor mir auf. Ich wußte nicht, was geschah, und ich wollte es nicht glauben, als sie tatsächlich die Hand erhob. Meine Großmutter gab mir rechts und links eine schallende Ohrfeige, nahm mir das Gebetbuch ab, drehte sich um, schritt zurück und setzte sich wieder.

Welch eine Blamage. Und welch ein Beweis für die Unfähigkeit der alten, dominanten Frau, mit dem kleinen Mädchen in ihrer Familie umzugehen.

Ich schaffte es, die Messe ohne Tränen zu Ende zu bringen. Ich glaube sogar, noch einige Male »Heilige Mutter, bitte für uns« herausgepreßt zu haben. Hochrot und mit gesenktem Blick. Meine vorwitzige Freundin schickte natürlich nicht mehr ihr freches zischiges »S« hinterher. Sobald die Messe verklungen war, rannte ich heulend nach Hause, versteckte mich in den Armen meiner Mutter und wollte nicht mehr auf die Straße gehen.

Meine andere Großmutter war und bleibt eine Heldin in meinen Augen. Oma Wilhelmine war gerecht, sie war voller Stärke und Größe. Sie haßte weinerliche Menschen und mochte trotzdem die weichen. Und sie hatte ein Herz für mich. Zehn Kinder hatte sie zur Welt gebracht – fünf Jungen und fünf Mädchen. Ihr Mann verunglückte auf schreckliche Art und Weise. Mein Großvater verdiente sein Geld als Ziegler. Doch zehn Kinder haben großen Hunger. Er mußte auch an Wochenenden dazu verdienen. Im sauerländischen Sommer keine große Schwierigkeit. Er half bei der Ernte, beim Mähen und beim Dreschen.

Eines Sommertags kam er nicht mehr zurück. Er war in die Dreschmaschine gekommen und starb einen qualvollen Tod.

Meine Großmutter erzählte mir später manchmal

von dieser Zeit. »Zeit zur Trauer habe ich nicht gehabt«, sagte sie. »Zwei wichtige Fragen mußten Tag für Tag beantwortet werden: Was kommt auf den Tisch, und was ziehen wir an?« Und das mal zehn. Ich liebte sie für ihre Schwäche, die sie für mich hatte. So sehr, daß sie alle ihre Grundsätze vergaß, als ich jeden Morgen meine Schularbeiten abschreiben mußte. Sie kam vor Beginn der Schule mit und setzte sich hin, so, daß ich in aller Gemütsruhe abpinnen konnte.

Ich glaube, später konnte ich ihr etwas von dem zurückgeben, was sie mir geschenkt hatte. Die Anfänge meiner Moderatoren-Karriere erlebte sie noch mit. Und ich glaube, sie war sehr stolz auf mich.

Stolz – was für ein Begriff? Vaters warmer Blick, Mutters Besorgnis, die sich in ein Lächeln verwandelt, weil die Tochter doch ihren Weg geht. Ich merkte erst sehr viel später, daß ich meinen Eltern auf diese Weise viel Freude bereiten konnte. Es macht so viel Spaß, daheim anzurufen und zu sagen: »Mama, ich habe den Job. Ich kann dort anfangen. Und wenn ich mich gut mache, dann kannst du mich im Wohnzimmer im Fernsehapparat sehen.«

Das zu begreifen ist ein langer Prozeß. Aber irgendwann habe ich's gemerkt. Früh genug. Meine Eltern sind noch gesund. Und verfolgen meinen Weg – kritisch bis glücklich.

Die Schulzeit.

Die Fächer saß ich ab – Einser und Zweier waren die Regel. Alles schlechtere kam so selten vor, daß sich niemand darüber ernsthaft beklagte. Doch in einem Fach versagte ich regelmäßig. Unter der Überschrift »Betragen« stand Jahr für Jahr von meiner Lehrerin, Fräulein Gottschalk, notiert: »Birgit stört den Unterricht.«

Zum Verständnis: Nehden war so klein, daß ich in einer Zwergschule unterrichtet werden mußte. Fünfzehn, sechzehn Kinder zwischen sechs und zehn Jahren in einem Raum mit einem Lehrer. Doch ich spürte weder Hemmungen noch Schüchternheit. Die Großen respektierte ich nicht eine Minute lang.

Ich kannte keinen Respekt und ruinierte mir deshalb meinen Ruf.

Besonders litt mein kleiner Bruder Thomas unter mir. Er ist zwei Jahre jünger als ich und hatte große Schwierigkeiten, mir Paroli zu bieten. Noch heute ist er, so wie mein Vater, zurückhaltend, ausgeglichen und gutmütig. Heute mag er damit gut leben können. Als kleiner Junge muß es für ihn oft die Hölle gewesen sein.

Als neun-, zehnjähriges Mädchen war ich ausgesprochen geschäftstüchtig. Ich schloß mit meinem Bruder einen Handel ab. Ich machte seine Deutsch-Hausaufgaben und kassierte fünfzig Pfennig. Das Geschäft lief so gut, daß keiner den mündlichen Vertrag aufkündigen wollte. Später, als wir Fremdsprachen lernen mußten, erweiterten wir unsere geschäftlichen Beziehungen. Ich erhob eine Gebühr von einer Mark. Allerdings muß ich mich selbst etwas in Schutz nehmen. Denn bis auf eine Mark hat sich Thomas alles zurückverdient. Er spülte ab daheim, verschonte mich damit und kassierte seinen Lohn. Doch verlangt hat er's nicht. Ich habe freiwillig gezahlt – des schlechten Gewissens wegen.

Thomas hat meinen Vorsprung längst ein- und überholt. Heute ist er Elektroingenieur. Er führt ein ruhiges Leben mit seiner Frau und seiner Tochter und amüsiert sich manchmal über seine große Schwester, die für ihn jahrelang eine wahre Hexe war.

Keine Sorge: Ich habe meine Strafen bekommen. Andauernd mußte ich nachsitzen, wurde ständig ermahnt und galt als Störenfried – sogar im Zeugnis. Manchmal wundere ich mich selbst darüber, wie agil und rege ich als kleines Mädchen war.

Meine überschüssige Energie hat meinen Eltern ganz sicher Sorgen gemacht. Sie sahen nur einen Ausweg – die Läuterung. Alle drei, vier Wochen schickten sie mich zur Beichte. Ich habe diese Angelegenheit, sobald ich gewitzt genug war, abgebogen und bin zu Regina, meiner besten Freundin, marschiert. Die verpetzte mich nicht und sorgte dafür, daß ihre Eltern, Besitzer einer Gaststätte, große Portionen Pommes Frites mit Mayonnaise spendierten. Welche Sünde in den Augen meiner strenggläubigen Eltern. Doch der Herr im Himmel möge mir verzeihen, ich habe ihnen nicht gebeichtet, daß ich die Beichte geschwänzt habe.

Das Haus Schrowange war sehr religiös. Schon aus Tradition. Meine Eltern sind es bis heute. Ich aber hatte schon als Kind meine Probleme damit. Der Glaube hat mich niemals beruhigt und befriedigt. Im Gegenteil, die katholische Kirche hat mich – sie möge mir verzeihen, wenn ich zu streng mit ihr ins Gericht gehe – zu oft enttäuscht und entsetzt. Als Mädchen genauso wie später als Teenager auf der Klosterschule. Meiner Schwester hatte später ein böses Erlebnis, das meine gesamte Einstellung zur Kirche verändern sollte.

Die Geschichte von EXTRA
und einem Todeskandidaten

Montag ist immer ein besonderer Tag. Montag ist der Tag, an dem EXTRA gesendet wird. EXTRA ist die Sendung, die mein Leben verändert hat. Die mich zu einer Moderatorin gemacht hat. Extra ist die große Schwester von LIFE, die Lust zu leben. Vieles, was sich EXTRA auch bei mir erkämpfen mußte, hat LIFE ganz selbstverständlich bekommen. Extra ist ein Reportage-Magazin, LIFE, DIE LUST ZU LEBEN eines für Lifestyle.

Montags ist EXTRA-Tag. Ein besonders harter Tag, vor allem für die Reporter, welche die Beiträge anfertigen. Der Produktionsstreß ist ungemein groß. Wenn ich es einrichten kann, schaue ich mir alle Beiträge, die während der Sendung ausgestrahlt werden, an.

Doch das Geschäft ist schnell und aktuell. Viele Kollegen werden am Freitag noch losgeschickt, um einen Beitrag für die Montags-Sendung zu produzieren. Sie werden erst kurz vor 22 Uhr fertig – und natürlich habe ich dann keine Chance mehr, den Film zu sehen.

Eine Sendung ist wie ein Baukasten. Alles muß zusammen passen, jedes Detail muß stimmen, jeder zu seiner Zeit diszipliniert und konzentriert an seinem Platz sein. Der Beitrag muß fertig werden, und er muß gut sein. Er muß spannend sein. Er muß packen. Von der ersten bis zur letzten Minute. Das erfordert viel Fleiß und viel Flexibilität. Im Zweifelsfall muß der Reporter wenige Stunden vor der Sendung noch einmal in den Schnittraum, um zu kürzen oder zu verlängern, wo es not tut.

Mein Montag ist minutiös durchgeplant. Ich gehe sehr früh in die Maske. Ich werde geschminkt. Meine Haare werden gestylt. Meine Kleidung wird ausgesucht. Ich rede viel mit meiner Maskenbildnerin. Anfangs war immer wieder Kritik laut geworden. An meinen Haaren. Oder an meiner Kleidung. Manche sagten etwas, viele schrieben etwas. Jetzt werde ich beraten. Von Frauen, denen ich wirklich vertraue.

Zum Beispiel Ilse Firmenich, meine Stylistin. Sie wählt für mich die Kleiderordnung. Und sie macht das hervorragend. Sie hat meinen Geschmack und weiß den optimal umzusetzen. Schicke Schlichtheit am Montag-abend, während ich für EXTRA vor der Kamera stehe. Sportliches Ambiente, wenn ich für LIFE ein paar Tage später Windsurfen muß.

Ilse versucht mich stets zu beruhigen. »Zieh es an, schau in den Spiegel. Und wenn du glaubst, daß du zu dick aussieht, dann suchen wir etwas anderes.« Welche Geduld diese Seele mit mir hatte und hat.

Elisabeth und Sigrid, meine Maskenbildnerinnen, zwei weitere Vertraute. Ich brauche diese bekannten Gesichter um mich herum. Ich lasse kaum einen Men-schen so nah an mich heran. Eine von beiden ist Montag für Montag da. Und natürlich müssen wir uns verstehen. Sie muß wissen, was für mich gut ist. Sie muß wissen, wieviel Make-up, wieviel Lidschatten, wieviel Rouge ich vertragen kann.

Die richtige Dosierung der Farben im Gesicht ist

eine Kunst, die von vielen nicht als eine solche angesehen wird. Leider.

Ich weiß, wovon ich rede. Nahezu jeden Tag geschminkt zu werden, bedeutet, der Haut immer und immer wieder Fremdkörper zuzumuten. Mediziner werden nicht müde zu betonen, wie empfindlich das Organ Haut ist. Ich habe schon sehr früh damit angefangen, mich nach jedem Auftritt sehr sorgfältig abzuschminken. Und ich lasse keinen Tag verstreichen, an dem ich meine Haut nicht reinige und pflege.

Ich habe Glück. Meine Haut ist sehr gut. Ich habe meine Eltern in dieser Hinsicht beerbt. Dennoch muß ich mich vor jeder Sendung schminken lassen. Die Scheinwerfer sind unerbittlich. Ohne Puder auf dem Gesicht würde ich bald glänzen. Allerdings nicht so, wie ich es eigentlich sollte.

Wenn Zeit ist, setze ich mich still in die sogenannte Abnahme. Redaktionsleiter Frank Hoffmann schaut sich die Beiträge zusammen mit dem Reporter des Filmes genau an. Sind die Bilder interessant? Gibt es unlogische Bruchstellen? Sind manche Interviews vielleicht zu langweilig? Welcher Aspekt interessiert möglicherweise den Zuschauer und muß mit eingearbeitet werden? Ich bin fasziniert von dieser Prozedur. Teamwork.

Eine Fernseh-Reportage ist nur dann ein Miniatur-Kunstwerk, wenn alle Beteiligten professionell miteinander arbeiten: Je mehr Mühe investiert wurde, desto besser ist es in der Regel.

Ich habe gelernt, wie gut es für mich und die Sendung ist, wenn ich die Filme kenne. Ich weiß, was mich erwartet, und damit kann ich den Zuschauer besser darauf vorbereiten. Manchmal ist es nur eine Sache der Mimik, ein Detail, das Zuschauer für das Thema, das ich ankündige, interessiert. Aber diese Zuschauer bleiben in der Regel dabei. Und damit sind sie mir hochwillkommene Gäste.

Hinzu kommt, daß sich oft Abmoderationen anbieten, feine Abrundungen dessen, was gerade einem Millionenpublikum präsentiert wurde. Nicht immer bleibt im Montagsstreß die Zeit für Abschlußkommentare. Anmoderationen für Reportagen bei EXTRA und LIFE sind die Visitenkarte des Beitrags und deshalb aller Anstrengung wert. Oft sitzen wir gemeinsam zusammen und basteln an Formulierungen. Wieviel Information *muß* verraten werden? Wieviel *darf* verraten werden? Wie beginnt die Reportage? Wie also muß der Text, mit dem ich diese Reportage ankündige, möglichst enden, damit der Zuschauer mehr erfahren möchte?

Es funktioniert immer wieder. Und es macht Spaß, mittendrin zu sein.

Und noch eine Frage wird mir immer wieder gestellt: »Sind Sie noch nervös? Haben Sie Lampenfieber?« Die Antwort ist klar »nein«. Nach Tausenden von Sendungen, nach Abertausenden von Anmoderationen, nach vielen hundert Galas auf offenen Bühnen habe ich mir das Lampenfieber abgewöhnt.

Ich gehe durchaus routiniert ins Studio, freue mich, bekannte Gesichter zu sehen, plaudere ein bißchen mit den Kameramännern, halte einen kleinen Schwatz mit der Produktionsassistentin, höre die Stimme des Regisseurs, der mir durch den Lautsprecher Anweisungen gibt: »Birgit, mehr rechts vom Pult.« »Birgit, laß uns den Gang am Ende noch einmal proben. Nicht, daß du stolperst.«

Es gibt unendlich viele Kleinigkeiten, die auch bei der hundertsten Sendung zu beachten sind, weil sonst eine Katastrophe passiert.

Stichwort Katastrophe. Für EXTRA nutze ich häufig einen Teleprompter, eine Kamera, in die ich schaue, in der, nur für mich sichtbar, mein Text abläuft. Ein gängiges Mittel, an das ich mich gewöhnt habe. Eines Montags: Ich bin live auf Sendung. Um mich herum Stille und Konzentration. Ich rede. Ich höre meine Stimme. Ich lese den Text.

Plötzlich sehe ich ein schwarzes Loch. Prompter-Panne. Ich habe den Text der Anmoderationen nicht in der Hand.

So stehe ich da, vor vielen, vielen unbekannten Menschen, die jetzt, in dieser Sekunde, irgendetwas von mir hören wollen. Die sich zwar freuen würden, wenn ich beginnen würde zu stammeln. Pannen machen Spaß. Pannen beweisen, daß der perfekte Fernsehbetrieb von Menschen gesteuert wird.

Aber ich hasse Pannen, weil ich es hasse, wie ein Trottel ins Rotlicht zu starren. Mein Hirn arbeitet auf Hochtouren. Worum ging es in dem Beitrag? Fetzen in meinem Gedächtnis, Fragmente. Ich rede weiter – wie mir scheint stockend. Ich bringe den Satz, den ich gerade angefangen habe, zu Ende. Den nächsten auch. Dann noch einen.

»Oh mein Gott«, denke ich, »du stotterst und lallst und redest viel zu langsam.« Und weiter. »Komm irgendwie zum Ende. Find irgendeinen Schlußsatz.« Im Augenwinkel registriere ich eine Bewegung.

Versucht jemand, die Prompter-Kamera wieder in Ordnung zu bringen? Was passiert oben in der Regie? Noch ein Satz. Und dann: »Ein Beitrag meines Kollegen …« Wieder eine Krise geschafft.

Eins fürchte ich vor allem: Einen wirklichen Blackout zu haben. Schwarz im Kopf, kein Gedanke mehr. Aber vor dem bin ich glücklicherweise bislang verschont geblieben.

Die Studio-Arbeit für EXTRA ist eine Herausforderung, weil ein großes Team Individualisten so zusammenarbeiten muß, daß möglichst eine Sendung wie aus einem Guß entsteht. Doch diese Arbeit ist für mich zur Routine geworden. Lampenfieber kenne ich aber dennoch immer dann, wenn ich als Reporterin unterwegs bin.

Schon bevor meine Lifestyle-Sendung LIFE, DIE LUST ZU LEBEN startete, hatte ich Einsätze vor Ort. Einer davon führte mich nach Florida.

Es war eine Reise in die Ungewißheit. Denn ich war mit einem Mann verabredet, auf den der elektrische Stuhl wartete. Er würde mit an Sicherheit grenzender Wahrscheinlichkeit nie wieder als freier Mann durch die Straßen laufen. Ein erschreckender Gedanke. Und dennoch ein faszinierender.

Paul Hill hieß der Mann, der Amerika in zwei Lager spaltete. Die einen liebten ihn dafür, daß er todesmutig für seine Ideale eintrat. Die anderen haßten ihn, weil er borniert seine Haltung durchsetzen wollte.

Paul Hill ist einer, der kein Mitleid hat mit Frauen, die abtreiben. Der einen Arzt vor die Flinte bekommen hat, welcher Frauen dabei geholfen hat, ihr ungeborenes Leben nicht auszutragen. Hill erschoß den Arzt, ein Fanal für den Kampf gegen die Abtreibung.

Es war einer meiner ersten großen Einsätze als Reporterin bei RTL. Am Anfang hatte man nicht konkret geplant, mich auch so einzusetzen. Doch als die Idee geboren war, sagte ich schnell zu. Lange genug hatte ich meine kleinen Texte vor einer einsamen Kamera aufgesagt. Ich wollte wissen, wie eine Reportage entsteht.

Also los. Der Zeitplan war eng. Montagabend – EXTRA moderieren. Schnell nach Hause, noch packen. So etwas mache ich immer erst in letzter Sekunde und oft bis zum frühen Morgen. Mein Koffer ist immer voller als nötig. Aber ich hasse Überraschungen, wenn es um meine Kleidung geht. In diesem Fall war ich beruhigt. Es sollte nur eine kurze Reise werden, war mir gesagt worden. Zwei Tage. Ich sollte meine Überraschung noch bekommen.

Wir flogen nach Frankfurt und weiter nach Miami. Ich hasse frühes Aufstehen. Es bringt meinen natürlichen Rhythmus durcheinander. Frank Hoffmann, mein Redaktionsleiter, begleitete mich, ein weiterer Redakteur erwartete uns in Amerika. Ich wurde perfekt betreut. Und dennoch war ich angespannt.

Die Situation, die auf mich zukam, war unberechenbar. Wir konnten nicht proben, wir konnten keine Szenen stellen. Alles mußte sitzen. Gleich beim ersten Mal. Außerdem sollte ich einen Mann treffen, der einen Menschen getötet hatte. Und müde war ich auch.

Ankunft in Florida. Ich hatte mich wenigstens auf ein paar Plus-Grade gefreut. In Deutschland war es bitter kalt, wie üblich im grauen Februar. Florida enttäuschte mich. Es war unangenehm kühl und sollte auch so bleiben. Eine Nacht im Hotel. Am nächsten Morgen ging es wieder früh weiter. Jetlag in den Knochen, viel zu wenig Schlaf und eine heikle Geschichte vor mir – wieder einmal spürte ich dieses Magendrücken, das Profis Lampenfieber nennen.

Wir fuhren lange zu diesem legendären Gefängnis, gelegen mitten in einem Sumpf – Pensacola. Ein unheimliches Bild. Ein Gebäude scheinbar ohne Anfang und Ende. Letzte Herberge von menschlichen Wesen, die eine Grenze überschritten haben und denen deshalb nur noch Grenzen gesetzt werden.

Ich war noch nie in einem Gefängnis. Ich kenne keine Menschen, die jemals hinter Gitter gesessen haben. Diese Welt ist so abstoßend interessant.

Es war viel zu früh. Ich hatte noch nicht gefrühstückt. Und selbst wenn ich einen Kaffee bekommen hätte – er hätte meinem Magen nicht gut getan.

Später sollte ich erfahren: Zweitausend Menschen in diesem Riesengemäuer waren zum Tode verurteilt. Jeder von ihnen hatte mindestens einen Menschen getötet.

Mitleid? Hatte ich Mitleid mit ihnen zu haben? Immerhin waren es Mörder, die kein Mitleid mit ihren Opfern gehabt haben. Doch die Frage ist komplizierter. Eine Frage, die Heerscharen von Psychologen und Richtern immer wieder zu klären versuchen. Sie können keinen gültigen Nenner für alle Morde dieser Welt finden. Was bringt einen Menschen dazu, einen anderen Menschen zu töten? Ist es die kriminelle Energie? Oder der latente Wunsch zu töten, der in jedem Wesen schlummert? Sind es die Umstände? Oder ist es ein Blackout für den Bruchteil einer Sekunde? Ich möchte niemals in der Situation sein zu entscheiden, ob ein Mensch ein Mörder ist oder ob er nur einen anderen getötet hat.

Auch mein Treffen mit Paul Hill hat mich nicht klüger, nur erfahrener werden lassen. Die Eindrücke waren trübe. Überall Wachtürme. Überall Patrouillen. Waffen, Uniformen, Gitter, Gitter, Gitter. Und das inmitten eines Sumpfes, der den Flüchtigen, sollte er es schaffen, verschluckt. Wir waren angekündigt. Doch Freundlichkeit war nicht abgesprochen. Die Menschen hier schauten grimmig, als ob es im Arbeitsvertrag stand. Wir wurden durch diverse Pforten, Tore, Gitter geschoben. Immer weiter. Immer wieder Untersuchungen. Immer wieder riesige grimmige Wächter. Kaum einer zeigte eine menschliche Regung. Ein Ort ohne Gefühle.

Wir drangen ins Innere des Gebäudes vor. Vorbei an Menschenkäfigen. Die Gefangenen hockten darin und schienen schier auszurasten, als sie diese merkwürdige

Delegation sahen. Mehrere Männer, eine Frau. Meine Güte, wie lange müssen diese Häftlinge keine Frau mehr gesehen haben? Sie brüllten, kreischten, und ich dankte meinem Englischlehrer, daß er es versäumt hatte, mir Schimpfworte beizubringen. Sie gaben mir jeden unflätigen Namen, den man einer Frau geben kann.

Ein alter bemitleidenswerter Mann im Rollstuhl beschimpfte mich nicht, er schaute mich nur an. Ich sah zurück. So lange, bis ich mich für sein Schicksal interessierte. Der Wächter sagte mir, warum der Mann in Pensacola war. Der bemitleidenswerte Mann im Rollstuhl war ein Massenmörder.

Schnell weiter.

Wir wurden in einen kleinen Raum geführt, den Ort des Interviews. Wir mußten warten. Der Kameramann baute Scheinwerfer auf, montierte die Kamera. Ich bereitete mich vor. Alles sollte so authentisch wie möglich werden. In der Sekunde, in der Paul Hill die Zelle betreten würde, mußte ich meinen Text sagen. Auf den Punkt genau. Eine Wiederholung würde es nicht geben können, weil man in einem Gefängnis wie diesem heikle Szenen nicht einfach wiederholen durfte.

Ich war furchtbar aufgeregt. So aufgeregt, wie schon lange nicht mehr im Studio vor einer Sendung. In solch einer Situation war ich noch nie gewesen. Und gerade deshalb genoß ich sie. Ein Wächter kam herein, hinter ihm Paul Hill. Die Show begann.

Er sagte: »Nice to see you.« Er schien ein freundlicher Mann zu sein. Keine Spur von Gewalt in seinen Augen. Paul Hill hatte Überzeugungen, für die er bereit war zu sterben.

Seine Geschichte ist dramatisch. Schon immer war er wie besessen von der Idee gewesen, ungeborenes Leben zu schützen. Noch mehr als bereits ausgetragenen Babys

36

wollte er denen helfen, die keine Chance bekommen sollten. Er organisierte Demonstrationen, drehte tagelang Runden vor Abtreibungskliniken, stellte Verfechter von Abtreibungen zur Rede und Frauen bloß, die abgetrieben haben. Bis es zur Katastrophe kam.

Und jetzt saß er vor mir. Nett, unscheinbar, unauffällig – und zum Tode verurteilt. Paul Hill hatte keine Chance, die er nutzen konnte. Und genau darüber hatte ich zu berichten. Wir begannen das Interview.

Während ich mit ihm sprach, seine Geschichte hörte und zu verstehen versuchte, rumorte es in mir. Welch eine Tragik. Paul Hill war Familienvater. Er hatte drei kleine Kinder. Seine Frau konnte nicht mehr in dem Ort leben, in dem sie ein Haus besaßen. Sie war wie eine Geächtete geflüchtet, nachdem ihr Mann verhaftet worden war. Und er saß freundlich vor mir, in Handschellen, und beschrieb, warum er diesen Arzt nicht leben lassen konnte. Es war bitter und wurde bitterer von Minute zu Minute.

Paul Hill hatte ein wunderbar normales Leben geführt und hätte es bis zum Ende seiner Tage führen können, wenn er nicht ein Gefangener seiner Ideologie geworden wäre. Er saß in der Todeszelle und würde mit dem Tod bestraft werden. Das Urteil, das er über den Mann gesprochen hatte, der ungeborenes Leben nicht als Leben begreifen wollte.

Das Interview dauerte eine halbe Stunde und berührte mich ungemein. Dieser Mann, seine Intentionen, aber auch seine brutale Tat und die Uneinsichtigkeit. Denn er war sicher, das Richtige getan zu haben. Als wir uns verabschiedeten, sagte er: »Good-bye, Börgit«. Dabei lachte er wie ein kleiner Junge. Wächter brachten ihn aus der Zelle.

Menschen können brutal sein. Wir legten den

Spießrutenlauf wieder zurück und standen wieder im Sumpf. Zweitausend Menschen schauten uns im Geiste hinterher. Wir waren wieder frei und nutzten unseren Freiraum gnadenlos. Wir gingen essen. Steak und Fritten.

Die Geschichte aber war noch nicht zu Ende. Der Täter ist interessant. Die Straße, in der er gelebt hat, ist es mindestens ebenso. Wir fuhren in diesen kleinen Ort, wo Paul Hill sein ganz normales, bescheidenes Glück gelebt hat. Wir interviewten Nachbarn, wir trafen Kinder, die mit Hills Kindern gespielt haben. Keiner konnte uns sagen, wo die Familie jetzt lebte. Sie war geflüchtet – vor geschwätzigen Nachbarn und penetranten Reportern.

Einen festen Termin hatten wir noch. Überraschenderweise war es meinen Kollegen von der Redaktion gelungen, die Kinder des Arztes, den Paul Hill ermordet hatte, von einem Interview zu überzeugen.

Sie waren weit weniger sympathisch als Paul Hill. Und dennoch bleibt die Wirklichkeit der einzig ehrliche Maßstab für diese Geschichte. Hill war ein Mörder.

Der Ausflug nach Florida dauerte vier Tage, viel länger als geplant. Und er kostete mich sehr viel Kraft. Die Story beschäftigte mich.

Die Anspannung, als Reporterin zu arbeiten, machte Spaß und Mühe gleichzeitig. Für meine Auftritte vor der Kamera mußte ich mich selber schminken. Auch das ist nicht einfach. Denn der Anspruch ist: Vor der Kamera hat alles perfekt auszusehen. Und schlußendlich entschied Frank Hoffmann: »Wir haben so viel Material. Wir machen eine Sondersendung: Birgit Schrowange in der Todeszelle.«

Es wurde ein spannender Film, der mich stolz machte. Doch ich war froh, wieder zu Hause zu sein. Diese Geschichte ließ mich frösteln. Sie führte so nah an die Abgründe der menschlichen Seele.

1971: Eine enttäuschte Mutter und die erste Liebe

Langsam schliefen meine Beine ein. Ich spürte sie kaum noch.

In den ersten Minuten hatte ich die erzieherische Maßnahme sogar recht spannend gefunden. Denn anfangs konnte ich mir einfach nicht vorstellen, wie anstrengend es sein würde, einfach nur zu stehen, ohne sich zu regen. Nach einer Viertelstunde begannen sie dann: Juckreize und leichte Wadenkrämpfe. Ich stand und stand und durfte mich nicht rühren.

Die Wand war nur eine Armlänge von mir entfernt und doch unerreichbar. Denn die gestrenge Nonne, die vor mir saß und mich böse fixierte, achtete darauf, daß ich mich nicht einen Millimeter regte. Jeder Schwächeanfall, jedes Anlehnen an die kalte Wand in meinem Rücken hätte bedeutet, daß ich hier noch länger hätte ausharren müssen. Verständnis für wilde junge Mädchen gab es in jenen Tagen nicht. Ich hatte mich eines schrecklichen Vergehens schuldig gemacht und hatte dafür zu büßen.

Ich besuchte seit dem elften Lebensjahr die Private Mädchenschule von Brilon – benannt nach den Schwestern der christlichen Liebe. Meine streng katholischen

Eltern wünschten sich diese Anstalt für mich. Eine Realschule.

Die Allroundlehrer in der Zwergschule von Nehden hatte ich mit meiner raschen Auffassungsgabe beeindruckt. Die Lehrerin gab meinen Eltern den Rat, mich auf ein Gymnasium zu schicken.

Doch meine Eltern entschieden sich dagegen. Die Private Mädchenschule von Brilon garantierte eine gute, solide und religiöse Ausbildung. Wie geschaffen für ein Gör wie mich.

Doch eine private Mädchenschule ist eine private Mädchenschule. Spaß war erlaubt. Allerdings nur im Namen des Herrn.

Eine Stunde lang Stehen, ohne Regung, ohne Zuckung und ohne die Möglichkeit, mich einmal nur rasch anzulehnen. Ich war gerade vierzehn Jahre alt und wahrlich kein Kind von Traurigkeit. Deshalb endete ich auch in so jämmerlicher Pose.

Alles hatte mit einer Reise in eine Jugendherberge begonnen. Fern von Brilon, gemeinsam mit ein paar gutgelaunten Freundinnen, die mich gerne als Anführerin akzeptierten.

Klassenfahrten bedeuteten Freiheit. Keiner sollte uns davon abhalten, Spaß zu haben. Nur: Wie hat man Spaß? Mit Wein. Wir schmissen unser Taschengeld, kaum mehr als ein paar Mark, zusammen und besorgten uns aus dem Supermarkt ein paar Flaschen billigen Wein. Wir versteckten den Fusel in unserem Zimmer und warteten darauf, die Nachtruhe stören zu können. Kurz vor Mitternacht begann die Party. Keine von uns vertrug das Gesöff. Ein Glas reichte, und der Lärmpegel in unserem Zimmer alarmierte die aufsichtführende Nonne. Alkohol, mitten in der Nacht, angetrunkene Klosterschülerinnen – ein Skandal. Deshalb mußte ich büßen, mit nackten Füßen auf dem eiskalten Steinfußboden. Und die Nonne in Hab-Acht-Stellung: »Sieh dich nur vor«, murmelte sie ab und zu.

Nein, wir mochten uns nicht besonders, die Kirche und ich. Zum einen hatte ich große Probleme, in der gleichen Intensität an die Institution Kirche zu glauben, wie meine Eltern es taten und es sich von mir gewünscht hätten. Zum anderen war ich von der oft weltfremden, verbitterten, abgehärmten Lebensart mancher Nonnen auf meiner Schule abgestoßen. Und drittens hatte ich eine Geschichte von meiner Schwester erfahren, die mich entsetzte. Auch meine Schwester hatte zum Herrn Pfarrer zu gehen und tat das, so schien es mir, weitaus braver und gläubiger, als ich es jemals getan hatte. Doch während einer Beichte begann der Pfarrer, der extra aus dem Nachbarort Thülen angefahren kam, Karin ungebührlich nahezurücken und ihr unübliche Worte ins Ohr zu flüstern.

»Du bist etwas ganz besonderes«, soll der Geistliche gesagt haben, und »Gott hat dich ausersehen, ihm zu dienen«. Verbunden mit einem absolut überflüssigen Streicheln der Kniescheibe meiner kleinen Schwester.

Karin erzählte die gräßliche Geschichte meinen Eltern und wurde fortan davon befreit, diesem Herrn ihr Herz ausschütten zu müssen.

Diese Geschichte endete undramatisch, und ich bin dankbar dafür, daß meine kleine Schwester recht unschuldig mit diesem niederträchtigen Vorfall umzugehen verstand. Sie hat Glück gehabt. Viele Mädchen und Jungen haben dieses Glück nicht. Sie stehen völlig allein und völlig überfordert, der Situation gegenüber, vom Pfarrer ihrer Gemeinde berührt oder sogar mißbraucht zu werden. Oft gedeckt durch die Scheinheiligkeit dörflicher Glaubensgemeinschaften. Wenn es in der Gerüchteküche brodelt, ist es meistens schon passiert. Doch wer legt sich schon gern mit Gottes Vertreter auf Erden an? Schließlich möchte ein jeder irgendwann mit einem feierlichen Begräbnis auf dem Ortsfriedhof beerdigt werden. Und was wäre ein Tod ohne die ehrenden Worte des Herrn Pfarrer? Auf dem Lande herrscht diese Haltung.

Ich mußte diese Ungläubigkeit meinen Eltern gegenüber lange verschweigen. Sie hätten sie damals nicht verstanden und tun es bis heute nicht. Glauben, vor allem an Gott zu glauben, ist für mich gleichbedeutend mit der Freiheit, sich für oder gegen eine Religion zu entscheiden. Wer will für mich bestimmen, ob ich mich an jener übergeordneten gerechten Instanz orientiere oder es bleiben lasse?

Die Frage stellte sich schon sehr früh nicht mehr für mich. Obwohl bei mir tatsächlich die besten Voraussetzungen erfüllt gewesen wären, eine gläubige Christin zu werden. Meine Eltern lebten als Christen und zogen mich als solche auf. Sie versuchten nicht, mich autoritär zum Glauben zu verbiegen. Die kleine unappetitliche Geschichte, die meiner Schwester widerfahren war, hat sicherlich nicht ursächlich zu meiner Abkehr von einigen Priestern gesorgt. Dennoch gehört dieses Ereignis mit zu meinem Erfahrungsschatz.

Genau wie eine zweite Episode mit demselben Pfarrer, der meine Schwester angefaßt hat. Eines Sonntags, ich war nicht zugegen, beginnt er in seiner Predigt eine Frau aus der Mitte der Gemeinde zu beschimpfen. Eine Frau, von der ihm zu Ohren gekommen sei, sie lebe in wilder Beziehung mit einem verheirateten Mann, eine Frau, die eine Ehe zerstört, drei Kinder vaterlos gemacht habe, die sich – nur der Karriere wegen – einem Mann an den Hals geworfen habe, eine Frau, der scheinbar keine Gemeinheit zu niederträchtig sei, um eine bekannte TV-Moderatorin zu werden.

Er konnte nur mich meinen. Und das wurde meinen Eltern sehr schnell bewußt. Der Pfarrer bezog sich auf eine Beziehung, die ich später führen sollte. Mit einem Mann, Werner Schüsseler, der an mich glaubte und mit mir zusammen an meiner Karriere als TV-Moderatorin arbeitete. Der, so viel war wahr an der Predigt, einen Sohn hatte, nicht aber drei Kinder. Von seiner Familie lebte Werner schon einige Monate getrennt, als wir uns kennenlernten, aber dazu später mehr.

Der Pfarrer hatte gelogen, wohl kalkulierend, daß seine Schäfchen seine Worte nicht kontrollieren würden.

Meine Mutter wartete den Gottesdienst ab und stellte den Pfarrer, der scheinbar nicht gut auf Familie Schrowange zu sprechen war, zur Rede. Sie hat ihm die Meinung gesagt. Klar, deutlich und in gebotener Schärfe. Darin ist meine Mutter unschlagbar. Möglicherweise sind es nur einzelne Pfarrer, die einen schlechten Eindruck machen und damit der ganzen Kirche schaden. Ich kenne auch überaus gutmütige und kluge Pfarrer. Ich würde mich durchaus als Christin bezeichnen.

Bei den Schwestern der Christlichen Liebe in Brilon drehte sich alles nur um die Religion. Allmorgendliches Aufstehen kurz nach sechs. Frühstück. Busfahren. Beten. Lernen. Im Haus der Schwestern herrschten Keuschheit und Sitte. Tugenden, mit denen ich nach einer kurzen Zeit der respektvollen Eingewöhnung bald zu kämpfen begann. Meine angeborene Dreistigkeit brach auch in diesem frommen Haus rasch durch. Meine Freundin Angelika und ich, wir setzten uns schnell an die Spitze derer, die unbedingt beweisen wollten, daß nicht unbedingt alles nützlich ist, was uns die Schwestern erzählten.

Hauswirtschaftslehre zum Beispiel. Wir sollten lernen, den Tisch zu richten, ein vernünftiges Mahl zu bereiten, den Haushalt akkurat zu führen. Doch Angelika und ich wollten nicht kochen, sondern Spaß haben. Ich erinnere mich an jenen Tag, als Weinpudding gemacht wurde. Wieder boykottierten wir beide die Stunde und probierten heimlich, ohne daß unsere Hauswirtschaftslehrerin Xaveria uns dabei ertappte, vom köstlichen Nachtisch unserer Mitschülerinnen. Kurz vor der Pausenklingel hatten wir einen Schwips und mächtigen Ärger. Schwester Xaveria war eine herzensgute Person, die nur leider überhaupt keine Autorität besaß. Ich hatte oft ein schlechtes Gewissen, weil ich ihr so viel Ärger gemacht habe. Schwester Xaveria, bitte verzeihen Sie mir.

So wie meine Eltern mir immer wieder verziehen, wenn der Dorfbriefträger wieder einen blauen Brief aus Brilon in Nehden ablieferte. Auch da fehlte es mir an Verantwortungsgefühl. Ich war kein klassisches Sorgenkind. Ich war recht klug. Klug genug für passable Noten. Fräulein Gottschalk aus der Zwergschule, ich hab's erst später erfahren, hatte sogar angeregt, mich aufs Gymnasium zu schicken. Meine Eltern waren zu bescheiden: »Nein, sie geht zur Realschule. Danach können wir immer noch weitersehen.«

Ich machte meinen guten Notenschnitt. Zumeist sogar recht lässig. In den Pausen hatte ich nur wenig Zeit für ein Schwätzchen mit meinen Freundinnen. Ich mußte rasch einen Aufsatz schreiben.

Meine kleinen Geschichten wurden in der Regel gut benotet. Ich durfte mich zeitweise sogar als Primus der Klasse fühlen. Auch dank der Sympathien, die Schwester Christhilde, meine Deutschlehrerin, für mich empfand. Diese untypische Nonne, die, ähnlich wie in aktuellen Werbespots für Kreditkarten, ständig mit wehenden Gewändern durch die Flure eilte und scherzte, mochte mich und sorgte für einen der wenigen Momente des Stolzes im Herzen meiner Mutter. Sie bestellte sie zur Sprechstunde ein, um ihr mitzuteilen: »Ihre Tochter, Frau Schrowange, ist klasse.«

Meine zweite Stärke jener Tage: Handarbeiten. An den Namen der Handarbeitslehrerin erinnere ich mich nicht mehr. Aber auch sie mochte mich. Sie war keine Nonne, sondern ein weltlicher Einkauf der Schwestern. Als ich später von ihrer Geschichte erfuhr, hatte ich noch einen Grund mehr, sauer auf die Kirche zu sein. Die Lehrerin wurde schwanger, ohne verheiratet zu sein (eine Unmöglichkeit in dieser Anstalt!), sie wurde heimlich, still und leise versetzt und hinterließ, wenigstens für mich, eine große Lücke. Vielleicht hätte ich doch noch mein Abitur gemacht, wenn ich nur mehr sympathische Lehrer getroffen hätte.

Nach guten Noten luden uns unsere Eltern immer gerne zu wunderschönen Wochenendausflügen ein. An manchen Samstagen und Sonntagen herrschte bei uns die reine Harmonie. Wir fuhren zum Diemelsee und machten Bootstouren, wir zelteten auf Campingplätzen und brieten Würstchen in der untergehenden Sonne, wir fuhren nach Wuppertal und kletterten in die Schwebebahn. Welch ein Abenteuer.

Wuppertal war damals für mich die große Welt. Menschen, Autos, wunderschöne Kleider, Geschäfte überall. Und wenn's dunkel wurde, glitzerten sie so herrlich, die Lichter der Großstadt.

An solchen Tagen war die Welt heil. Sie blieb es nicht lange. Ich wurde dreizehn Jahre alt und machte meiner Mutter wieder Ärger.

Auf einer Urlaubsreise, fernab meiner strengen Frau Mama, fühlte ich mich zu allem fähig.

»Du traust dich nicht zu klauen«, lästerte eine Schulkameradin und ließ mich mit dieser Schmach stehen. Wieviele Kinder haben sich schon derart bös provozieren lassen? Wieviele haben – nach einem harten Kampf – erkannt, daß Feigheit in diesem Fall Mut bedeutet? Und wieviele wurden nach dieser Stichelei zum Gelegenheitsdieb? Ich gehöre dazu.

Meine Eltern hatten mich in den Ferien mit der Caritas ins Landschulheim nach Fulda geschickt. Ein paar Freundinnen waren dabei. Alles war gut. Bis diese Sache mit der Klauerei begann. Wir Mädchen begannen alles zu stehlen, was herumlag und süß war. Meine erste Sünde war eine Tafel Schokolade. Ich teilte gerne. Stolz, wie nach einer erbrachten guten Leistung. Am nächsten Tag wollte ich mehr. Und ließ zwei Tüten Bonbons verschwinden. Überzeugt davon, nicht dabei erwischt werden zu können. Bis ich schließlich heulend am Schreibtisch dieses Filialleiters saß, der meinen Namen und meine Adresse notierte und mir den Rest des Urlaubs ordentlich versaute. Meine Eltern wurden nicht sofort informiert. Sondern erst nach meiner Rückkehr in Nehden. Plötzlich standen zwei Frauen des Jugendamtes vor der Tür und beäugten meine Mutter, die Mutter einer Diebin, wie eine Aussätzige. Ich glaube, damit habe ich ihr wirklich weh getan. Sie hat geheult und war verzweifelt und konnte nicht begreifen, daß ich zu so einer Tat fähig war. Wie hätte ich ihr erklären sollen, daß ich gehänselt und provoziert worden war?

Mütter dürfen so etwas nicht verstehen, sonst wären sie keine guten Mütter. Meine Mutter ist eine sehr gute Mutter. Weil sie über ihren Schatten gesprungen ist, um mir aus der Patsche zu helfen.

Eine kleine Geschichte, die von meiner Mutter handelt: Ich war ein faules Kind. Faulheit wird bestraft. Mit schlechten Noten. Als es sich häufte, mußte ich Mutter irgendwie besänftigen. Erst mußte mein gutmütiger Vater die eine oder andere Unterschrift an meiner Mutter vorbeimogeln. Dann wollte ich ihn nicht mehr ausnutzen und übte so lange, bis ich Mutters Signatur beherrschte, wie ich glaubte. Meine Lehrerin erkannte den Schwindel. In der Hoffnung, mir ordentlich eins auszuwischen, bestellte sie meine Mutter und konfrontierte sie mit der dreisten Fälschung. Meine Mutter entwickelte sich in Sekundenschnelle zur Heldin: »Woher nehmen sie die Frechheit zu sagen, meine Tochter fälscht Unterschriften? Natürlich ist das meine Unterschrift.« Sprach's, stand auf und ging. Direkt nach Hause, in mein Zimmer, um mich zu bestrafen. Ich geb's zu: Ich hatte es verdient und meine Lektion gelernt.

Genug kriminelle Energie. Ich war nicht *nur* schrecklich, aber doch überwiegend. Vor allem, als Andrea mehr und mehr Bedeutung in meinem Leben gewann. Im Dunstkreis der riesigen Verwandtschaft meiner Eltern – meine Mutter mit ihren neun Geschwistern, mein Vater immerhin mit zwei Brüdern – tauchte immer wieder Andrea auf. Wir beide kannten uns schon im Kinderwagen. Andrea, die Tochter der Schwester meiner Tante, gehörte zwar nicht zur Blutsverwandtschaft der Schrowanges, war aber dennoch der wichtigste Bezugspunkt meines jungen Lebens. Sie lebte mit ihren Eltern in Essen und verbrachte ihre Ferien immer in Nehden bei ihrer Tante und ihrem Onkel. Und immer erzählte sie mir von der großen Stadt, von der Mode, von den Diskotheken. Sie war sicher nicht ganz schuldlos an der Unruhe, an meiner wachsenden Abneigung gegen das beschauliche Dorfleben. Immer wenn die Ferien kamen, waren Andrea und ich wie süchtig aufeinander. Ich habe sie bewundert für ihre Freiheit. Nur zu gerne habe ich mich von ihr überzeugen lassen, daß junge, abenteuerlustige

Mädchen alles Recht der Welt hatten, ihre Eltern hier und da zu betuppen.

Der alte Trick – ich sagte: »Ich schlafe bei Andrea.« Andrea: »Ich schlafe bei Birgit.« Die Lüge wirkte. Wir waren frei. Kichernd und prustend zogen wir beide los, dreieinhalb Kilometer durch den Wald nach Alme, wo die einzige Diskothek weit und breit war. Wir taten nichts Böses. Aber bewegten uns dennoch auf verbotenem Terrain.

Eines Abends dann die Katastrophe. Albern stolperten wir in die Dorfdisko. Und begriffen, daß es aus war. Meine Mutter und ihre Informanten aus der Ortschaft – ich weiß bis heute nicht, wer uns damals verpfiffen hat – hatten herausgefunden, wie wir uns vergnügten. Die Show war vorbei. Die nächsten Samstage verbrachte ich hübsch daheim.

Mein Freundeskreis war groß damals. Regina, Megges Regina genannt, Tochter des Gastwirts, bei dem ich als Kind immer Pommes Frites mit Mayonnaise abgestaubt habe. Oder Ute Finger. Fingers hatten eine Schreinerei. Immer wenn ich an diese Werkstatt denke, habe ich Millionen von Spänen vor Augen. Nachmittagelang haben wir darin gespielt. Oder Petra mit ihren beiden netten Brüdern Jürgen und Arnold, die uns immer mit auf dem Trecker fahren ließen. Es gab noch Bettina, mit der ich mich gut verstand. Und Angelika. Aber Andrea blieb mein wichtigster Kontakt zur Außenwelt. Später lockte sie mich in die große weite Welt, als sie nach Köln zog. Sie überredete mich, es ihr gleichzutun, wir verliebten uns sogar in die gleichen Männer. Ich war süchtig und sehnsüchtig nach dem Leben in der Stadt. Egal, in welcher. Ich wollte weg aus Nehden, weg aus dem Sauerland. Doch ein paar Jahre mußte ich noch warten. Denn Harald kam dazwischen. Harald, meine erste Liebe.

Ein bißchen Schwärmerei für diesen oder jenen

Mann hatte es schon vor Harald gegeben. Herrn Schmücker zum Beispiel habe ich sehr gemocht. Er war später Deutschlehrer auf der Mädchenschule und eroberte als erster mein Herz. Er sah eigentlich recht normal aus. Verstohlen vertraute ich meinem Heft an, daß ich ihn liebte. Herr Schmücker war nett, aber streng. So streng, daß er mich und meine damalige Lieblingsfreundin Dorothea auseinander setzte, weil wir uns zu gut verstanden. Da war ich nicht mehr verliebt in Herrn Schmücker.

Ich habe auch Thomas gemocht. Thomas ist eine historische Größe in meinem erotischen Lebenslauf. Er hielt als erster Händchen mit mir. Im Wald. Passiert ist nichts. Meine Mutter hatte dank der Dorfspione sowieso alles unter Kontrolle.

Oder Markus, der Bursche, der mich zum erstenmal küßte. Es passierte – ich kann mich daran erinnern wie heute – in St. Goarshausen. Wieder auf einer Klassenfahrt. Eine Freundin hatte mir davon erzählt: »Es ist ein komisches Gefühl. Man preßt die Münder aufeinander, und dann schiebt der Mann seine Zunge durch deine Lippen.« Ich hörte ihr staunend zu. »Muß das der Mann machen?«

»Was?«

»Na das mit der Zunge?«

Sie schwieg ein paar Sekunden. »Keine Ahnung. Wahrscheinlich. Ich hab's bislang nur so herum erlebt.«

»Und ist das nicht eklig?«

»Och. Eigentlich ist es ganz nett.«

Ich holte es nach – und war wenig begeistert.

Bis Harald kam. Harald eroberte mich.

Eine Leidenschaft mit Hindernissen. Harald war Stammgast in jener Diskothek, in der ich mich wochenlang verbotenerweise amüsiert hatte, bis meine Mutter auf mich hinter der Tür wartete.

Ich bekam Hausarrest und hatte Samstagabends zu lernen. Wenn ich brav war, durfte ich in dieser Zeit vielleicht mal Rudi Carrells »Am laufenden Band« sehen. Aber der Weg nach Alme blieb zunächst verboten. Bis Mutter ein Einsehen hatte, vermutlich beeinflußt von meinem Vater, der einfach gespürt haben muß, wie seine junge, lebenslustige Tochter unter der Strafe litt.

Kurzum – ich durfte wieder tanzen gehen. Diesmal hochoffiziell. Mein Vater hatte sich eine Vorsichtsmaßnahme ausgedacht, sicher nicht zuletzt zur Beruhigung meiner Mutter. Er fuhr mich hin und holte mich wieder ab. Das ersparte mir den Waldspaziergang, die Lügerei und war sehr bequem. Und wenn es allzu nett war, dann wartete mein Vater geduldig im Wagen. Noch heute bin ich ihm dankbar dafür.

Ob er an jenem Abend vor der Tür wartete, an dem mich Harald zum erstenmal zum Tanzen aufforderte, weiß ich nicht mehr. Ich kann mir vorstellen, daß ich in dieser Nacht nichts dagegen gehabt hätte, wenn mein Vater vorm Fernsehapparat eingenickt wäre. Harald kam über mich wie die erste Liebe über junge Mädchen zu kommen pflegt. Bedingungslos, hemmungslos und überaus romantisch. Harald, zwei Jahre älter als ich und damit ein Erwachsener, lebte in Bleiwäsche, ein Dorf unweit von Nehden.

Harald wurde der Mittelpunkt meines Lebens. Er war immer und überall. Er war groß, gut gebaut, sah blendend aus, war nett, lieb, zuvorkommend. Und er hatte ungemein interessante Eltern. Ich habe Zustände wie dort nicht mehr erlebt. Seine Mutter, eine schöne, modische Frau, stilvoll gekleidet, dezent, aber stets attraktiv geschminkt, war keine Frau wie jede andere in der dörflichen Idylle.

Haralds Vater war ein erfolgreicher Fabrikant. Aber

Haralds Mutter hatte außerdem einen Hausfreund, einen Geliebten, der wie natürlich mit im Hause lebte, mit am Essenstisch saß, ein Familienmitglied war. Gewiß war ich damals viel zu schüchtern, um die komplizierten, wahrscheinlich sogar tragischen Hintergründe dieser Dreiecksgeschichte zu erfragen. Ich beobachtete die Lage erstaunt. Gleichzeitig genoß ich es. Harald führte mich in eine Welt des Abenteuers, auch des Reichtums, denn seine Eltern waren vermögend. Und ich, die Tochter des Fliesenlegers aus Nehden, gehörte jetzt auch zur Familie.

Fast drei Jahre ging ich mit Harald. Drei Jahre, die mich ein bißchen weltoffener und toleranter machten. Harald machte mich mutiger, er weckte meinen Appetit auf Abenteuer, aber auch auf angenehme Äußerlichkeiten. Denn seine Eltern und er genossen das Leben. Immer, wenn ich mein Wochenende bei ihnen verbrachte – und ich verbrachte fast jedes Wochenende dort – aßen wir gut, feierten ein bißchen und fanden das Leben sehr lebenswert. Wahrscheinlich war das das Geheimnis der entspannten Atmosphäre in diesem Hause. Haralds Eltern und deren geheimnisvolles Anhängsel in Person eines tolerierten Geliebten verjagten alle Sorgen.

Später sollte ich merken, daß so etwas nur für kurze Zeit geht – wie bei einem Rausch. Meine Eltern gefiel mein neuer Umgang nicht besonders. Ich zu jung, Harald zu unstet, seine Familie zu unpassend. Sie ahnten, daß sich ihre Tochter Birgit, die sowieso wenig Hang zum konventionellen Dorfleben entwickelte, durch diese Liebe weiter von ihnen entfernte. Harald bedeutete Unruhe in ihrem und in unserem Leben. Haralds Eltern mühten sich redlich, sie luden meine Mutter und meinen Vater ein, verbrachten gemeinsame Wochenenden mit ihnen, entfalteten ihren ganzen Charme. Meine Eltern waren beeindruckt, aber sie blieben mißtrauisch. Heute würde ich sagen: Sie blieben bodenständig. Denn natürlich paßte ihre Tochter nicht wirklich in diese Welt. Doch dazu später mehr.

Ich bewunderte Harald. Er war der Sproß einer ganz und gar nicht gewöhnlichen Familie. Und er nahm sich ganz einfach das Recht, keine Lust auf seine Arbeit zu haben. Er absolvierte eine Lehre als Industriekaufmann und war wenig talentiert. Nein, falsch: Er war nicht dumm, er nahm nur nichts, auch nicht seine Ausbildung, wirklich ernst. Und das war kein guter Einfluß für mich.

Ich selber bewarb mich gerade für eine Lehre. Meine Eltern bestimmten kategorisch: »Eine solide Ausbildung machst du. Feierabend.« Sie erfuhren von einer Lehrstelle bei einem Rechtsanwalt und bewarben sich in meinem Namen. Ich tauschte die Klosterschule ein in eine Rechtsanwalts- und Notarkanzlei. Ich habe diese drei Jahre tatsächlich hinter mich gebracht. Heute weiß ich nicht mehr wie. Anfangs habe ich mich gelangweilt. Ich mußte ständig für die Bürovorsteherin Kopien anfertigen oder Akten ins Gerichtsgebäude schleppen. Ich habe den klassischen Kaffee gekocht und mich bemüht, die Berufsschule zu schwänzen. Ich war faul. Mein Gott, war ich faul.

So langweilig das Berufsleben war, so spannend waren die Männer, die ich in der Kanzlei kennenlernte. Verantwortlich war Herr Lohman, ein guter Chef, ein guter Ehemann und ein guter Vater. Lohmann hatte sieben Kinder, eine Tatsache, die mir die Chance gab, Pluspunkte bei ihm zu machen. Seine kleine Tochter Juliane hatte mich in ihr Herz geschlossen. Ständig malte sie mir Bilder, und immer, wenn sie bei ihrem Vater in der Kanzlei war, was nicht selten vorkam, belagerte sie mich. Auch ich mochte Juliane. Die Kleine war süß und verschaffte mir das perfekte Alibi, nicht arbeiten zu müssen.

Eine zweite beeindruckende Gestalt, an die ich mich erinnere: Herr Rotter. Er war ein Phänomen. Er trank zwei Flaschen Cognac am Tag, hielt sich mit Valium auf Trab, zankte sich ständig mit seiner Freundin und stand im Ruf, der beste Scheidungsanwalt des mittleren Sauerlandes zu sein. Er konnte trinken, so viel er wollte: Seinen Job beherrschte er perfekt. Er hat sich zu Tode gesoffen. Schade, welch ein brillanter Geist.

Das Leben war langweilig, aber nett. Ich machte meinen Job und freute mich aufs Wochenende, auf Harald und auf seine spendablen Eltern. Wir gingen oft essen, kleideten uns neu ein. Ein Leben in Saus und Braus. Selbst in den Urlaub nahmen sie mich mit. An die Ostsee.

Zu diesem Zeitpunkt war es schon passiert, das erste Mal. Es geschah an einem verschwiegenen, ziemlich unromantischen Ort, in einem Wohnwagen. Ich glaube, ich habe Glück gehabt mit Harald. Er hatte schon Erfahrung und war ziemlich zärtlich. Es wurde ein netter Brauch, daß ich auch im Haus von Harald nächtigte. Meine Eltern haben wohl heimlich gehofft, daß Haralds Eltern genauso katholisch dachten wie sie. Sie taten es nicht, und ich sah keine Veranlassung, Haralds Eltern zu verpetzen.

Auch die Lehre schritt voran. Andere Auszubildende rückten nach und gaben mir die Freiheit, meinen Kopf zu gebrauchen. Man lehrte mich, Notariatsverträge aufzusetzen. Ich durfte Rechtsanwälte begleiten. Und ich entwickelte eine weitere Leidenschaft. Ich stöberte in Scheidungsakten. Kopfschüttelnd, welche Dramen sich hinter der Fassade von kleinbürgerlicher Idylle abspielten. Eine dieser Akten verhalf mir schon kurze Zeit später zu einer neuen Liebe. Doch bevor die kam, wollte ich mich verloben.

Die Sache war klar für mich. Harald war der Mann fürs Leben. Warum also nicht schnell klar Schiff machen? Endstation Ehe. Ich kaufte eine Flasche Sekt, betrat das Wohnzimmer, setzte mich freudestrahlend zu Mutter und Vater und verkündete: »Wir sind verlobt.« Meine Eltern starrten mich entsetzt an. Diesmal hatte selbst mein Vater größte Schwierigkeiten, verständnisvoll zu sein. Wäre er es gewesen, hätte meine Mutter mit Scheidung gedroht. »Das kommt überhaupt nicht in Frage«, sagte sie. Sie behielt recht und bewies mir damit, daß Harald tatsächlich nicht der Mann fürs Leben gewesen sein kann.

An diesem Abend, an dem meine Eltern mir die Verlobung verboten haben, wäre ich mit Harald am liebsten verschwunden. Romantisch und illegal irgendwo im Ausland. Ich bin froh, daß ich geblieben bin. So sehr ich diesen ersten Mann in meinem Leben mystifizierte, so schnell starb die Romantik. Ich glaube, daß ich mich durchaus bemüht habe um uns, daß ich tatsächlich darum gekämpft habe. Doch wir waren auf der schiefen Bahn und rutschten ab. Harald veränderte sich. Aber ich mich nicht mit ihm.

Die nächsten Monate, die unserer Trennung, waren schmerzhaft. Denn natürlich vollzieht sich das Ende nicht innerhalb weniger Tage. Es kündigt sich an, verschwindet wieder, bleibt schließlich immer da und vermiest die Zweisamkeit. Genauso war's bei uns. Genauso schmerzhaft und tragisch, wie ich befürchtet hatte.

Die Geschichte von Todesangst und glücklicher Rettung

An diesem Nachmittag wäre ich fast gestorben. Später habe ich mich gefragt, ob ich so etwas wie Todesangst gehabt habe. Nein, ich glaube, ich habe nicht wirklich gedacht, an diesem Nachmittag mein Leben zu verlieren. Aber gestorben wäre ich dennoch beinahe. In dem Augenblick, in dem sie mir sagten: »Dreißig Menschen insgesamt sind schon dabei zu Tode gekommen. Sie sind gegen spitze Felsen geschleudert worden, sie wurden erschlagen, sie sind ertrunken.« Und an diesem Nachmittag hätte es mich beinahe auch erwischt.

Wir reisten in die Nähe von Salzburg. Hier gibt es die reißendsten Flüsse, die von den Alpen abwärts fließen und gerade nach der Schneeschmelze so viel Wasser führen, daß sich kleine Bäche zu mächtigen Strömen sammeln.

Ich sollte raften. Raften ist Bootsfahren für Menschen mit Hang zum Extremen. Rudern für mutige Sportler. Geschicklichkeitsfahren für die, die sich im Kanu langweilen. Ich lernte Nick Stillwell kennen, die gelungenste Mischung von amerikanischer Lebensart und österreichischem Charme. Er steckte mich an mit seiner Begeisterung für diesen Sport, der so gefährlich ist, daß auf dem Fluß, den wir passieren würden, innerhalb von sechs Jahren fünfzehn Menschen starben.

»Sie haben nicht aufgepaßt. Und sie haben einfach geglaubt, sie könnten alles.« Stilwell schüttelte den Kopf und zeigte mir dann, um seine Worte zu unterstreichen, den reißenden Fluß. Rafting muß im wilden Wasser ausprobiert werden, sonst ist es Bötchen fahren. Und Stilwell wirkte nicht wie einer, der Spaß daran hat, belanglos umherzupaddeln.

Der Strom war so laut, daß wir uns kaum miteinander unterhalten konnten. In den vergangenen Tagen hatte es stark geregnet. Das Wasser strömte aus dem Gebirge rund um uns herum.

Nick Stilwell genoß die Fügung der Natur. Für ihn war dieser Tag ideal für eine kleine Bootstour. Ich allerdings hätte am liebsten abgewunken. Die Crew überzeugte mich. Ich bekam einen Neopren-Anzug, der mich wärmte und vor dem Wasser schützte. Nick und seine Crew erklärten mir, was ich zu tun hatte. Ich saß vorne rechts im Boot, mußte ein klein wenig steuern und unter anderem auch darauf achten, eine gute Figur zu machen.

Ich lauschte Nicks kleiner Einführung wie eine gelehrige Schülerin. Er erzählte davon, wie wichtig es ist, auf dem Rücken zu schwimmen, sollte man ins Wasser fallen. »Nur so kannst du disch mit die Füße abstoßen von die spitzen Felsen«, radebrechte er. Er war so sympathisch. Und mir doch unheimlich. Nick – wieder einer dieser Jungs, die ich in den vergangenen Monaten zuhauf kennengelernt hatte. Wie soll sich sie nennen? Außenseiter unserer Gesellschaft? Knallharte Kerle, die ihre Kraft nicht an Karriere oder Kommerz vergeuden? Oder vielleicht Idealisten, die davon träumen, daß noch nicht jedes Gefühl gefühlt und noch nicht jede Gefahr ausgestanden und noch nicht jede Angst besiegt ist?

Ich habe keine wirkliche Beschreibung für sie. Ich weiß nur, daß auch ich ein wenig so bin. Stets im Kampf mit mir selbst. Ich will das Abenteuer Leben so intensiv wie möglich würzen. Und dennoch will ich niemals die warme, weiche Bequemlichkeit der bewußten Faulheit missen. Nicht arbeiten, nicht fleißig sein, nein, nicht einmal denken müssen.

Wie langweilig wäre es nur so? Doch wie unerträglich wäre es auch ohne die kleine Flucht in die eigene Faulheit?

Nick flüchtet nicht in die Ruhe. Nick flüchtet in die Gefahr. Wir, insgesamt sieben Mann Besatzung, bezogen Position in unserem Rafting-Boot. Wir wollten eine Viertelstunde die Salzach abwärts manövrieren. Eine Viertelstunde ist rasch vorbei, dachte ich. Sechs starke Kerle in meiner Nähe würden mich schützen. Nick rief uns noch einmal zu: »Denkt dran, wenn's gefährlich wird, immer zusammenrollen und ins Boot hineinkippen. Dort kann euch am wenigsten passieren.«

Wir stießen uns ab vom Ufer und begannen unsere kleine wilde Tour hinein in die Schlucht, die ausgerechnet auch noch die Teufelsschlucht genannt wird. Es ruckelte und schlingerte. Das Boot machte mir nicht den stabilsten Eindruck. Aber es war auch eine Lust, hier zu sein. Lust, eine starke und wilde Natur zu fühlen, die an diesem Fleckchen Erde ganz sicher stärker und wilder und auch unberechenbarer ist, als ich es mag. Doch auf den ersten Metern unseres Kurses hatte ich das Gefühl, Herrin über diese Art der Fortbewegung zu sein. Meine sechs Bodyguards im Rücken riefen sich Kommandos zu. Ich tat, was ich konnte und was ich im Schnellkurs gelernt hatte.

Alles lief prächtig. Wir schrammten alle paar Meter an eklig spitzen und großen Felsen, die aus dem Wasser ragten, entlang. Aber der Abstand schien komfortabel. Doch von einer Sekunde auf die andere passierte etwas, was ich, im Boot sitzend, nicht wirklich begriff. Wir wurden wie bei einer Vollbremsung abgestoppt. Ich krachte mit meinen Knien gegen den Bootsrand. Es schmerzte höllisch. Nick Stilwell brüllte mir irgendetwas zu. Ich verstand ihn nicht, weil das Wasser so einen Lärm machte und weil ich angefangen hatte, hysterisch zu kreischen. Das Rafting-Boot, mit dem wir in wahnwitziger Geschwindigkeit Richtung Teufelsschlucht sausten, saß fest.

Vor uns ein riesiger Baumstamm, der sich quergelegt hatte. Der starke Strom rüttelte uns vor und zurück, wollte uns nicht in Ruhe lassen. Die Kraft des Wassers machte mir Angst. Ich begann zu schreien, hysterisch und unkontrolliert. Ich hatte keine Kontrolle mehr über mich. Ich begriff nur, daß irgendetwas passierte, für das ich ganz entschieden zu schwach war. Ich ruderte noch hilflos mit meinem Paddel hin und her, versuchte verzweifelt Halt und Stütze zu finden.

Doch der Strom war stärker. Hinter mir brüllten die Männer, und an der Lautstärke ihrer Stimmen konnte ich hören, daß die Situation zu eskalieren begann. Nick Stilwell klang nicht mehr beruhigend, sondern besorgt. Und ich? Ich war nicht besorgt, ich war panisch. Denn das Boot kippte um und warf mich ins Wasser. Ganz langsam. Aber gerade das war, was mich schreien ließ. Ich hatte das Gefühl, in einen Sarg zu fallen. Und ich registrierte jede Sekunde so überbewußt, daß sich meine Angst vervielfältigte.

Ich glitt in dieses eiskalte Wasser. Und das machte mit mir das, was es zuvor mit unserem Boot gemacht hatte: Es ergriff mich und schien mich fortzuschleudern. Ich registrierte die bösartigen Felsmassive rechts und links.

Sie hatten scharfe Vorsprünge, spitz genug, um mich auf-
zuschlitzen. Ich hörte die Rufe von hinten: »Birgit, bleib
ganz ruhig, wir holen dich raus!« Ich weiß nicht, wer das
rief. Ich weiß nur, daß ich wenig drauf gab. Ich kreischte ohne Unterlaß. Ich konnte keinen einzigen vernünftigen Gedanken mehr fassen.

Plötzlich spürte ich von hinten zwei starke Arme.
Ich hatte keine Ahnung, wer mich auf einmal beruhigend
zu führen begann. Meine Panik war blitzartig einer gesunden Vernunft gewichen. Ich begann, mich ruhig zu bewegen, mich auf den Rücken zu legen, geführt von meinem
Retter, den ich immer noch nicht identifiziert hatte. Im
Bruchteil einer Sekunde war ich gelassen und ruhig. Ich
mußte nur die Regeln befolgen, die Nick mir vorgebetet
hatte. Durch einen starken Wasserstoß wurde ich auf die
Seite geworfen. Ich erkannte den Mann, der mich Richtung Ufer bugsierte. Es war Martin Schäfer, Producer
unseres Teams, der Mann für alles, für die Organisation,
für die reibungslose Planung, für Flüge, Hotels, gute Stimmung. Und zuständig für die Rettung seiner Moderatorin.

Martin Schäfer redete beruhigend auf mich ein. Er
hatte seine Arme um mich gelegt und kämpfte sich mit
mir durch die reißende Salzach. Später konnte ich auf
dem Rohmaterial, das ein aufgeregter Kameramann mitgedreht hatte, nachrechnen. Sieben Minuten dauerte der
Kampf. Am rettenden Ufer schaute ich in die Kamera,
die immer noch lief. Ich war völlig erregt und rief: »Ich
dachte, ich saufe ab. Ich dachte, ich überlebe das nicht.
Ich hätte doch mit dem Kopf gegen die Felsen schlagen
können. Mit mir nicht. Das muß ich nicht haben.« Ich
war mir ganz sicher, nie wieder in ein Rafting-Boot zu
steigen.

Fünfundvierzig Minuten später war ich schon wieder auf dem Wasser. Daß ich mich an diesem aufregenden Nachmittag noch einmal überreden ließ, eine Raftingtour zu machen, hat mir sehr gut getan. Wir ließen das Boot an einer anderen Stelle noch einmal zu Wasser. Dort, wo es ruhiger war. Wir exerzierten die gesamte Übung noch einmal durch. Ohne dramatische Zwischenfälle.

Nick Stilwell hatte recht gehabt. »Es ist wie beim Autofahren. Setzt du disch nach deine ersten Unfall nicht mehr hinter die Steuer, wirst du niemals mehr fahren.«

Wir rafteten noch eine halbe Stunde und am Abend sagte ich, todmüde und erschöpft: »Es hat Spaß gemacht.«

Fünfzehn Menschen sind dort, wo ich heute unfreiwillig gebadet habe, schon gestorben. Fünfzehn Menschen, die bei einem Extremsport einen Fehler gemacht haben und dafür mit dem Leben bezahlt haben.

Und plötzlich schien es mir, als ob ich an diesem Nachmittag, während ich im Wasser ruderte und nicht mehr wußte, wo oben und wo unten war, doch so etwas wie Todesangst gehabt hatte.

1973/74: Ein Schutzengel
und eine lesbische Vermieterin

Mutter mußte aus dem Zimmer. Vater auch. Meine Geschwister fauchte ich so patzig an, daß sie flüchteten. Ich wurde zur Furie an solchen Abenden, und meine Familie lernte, meine Macke zu tolerieren.

Immer samstags, alle zwei Wochen, gehörte das Wohnzimmer mir ganz allein. Ich duldete niemanden neben mir und vertrieb jeden, der zwischen halb und viertel nach acht den Raum betrat.

Feierlich holte ich meinen kleinen, schäbigen Cassettenrekorder aus meinem Zimmer, trug ihn zum Fernsehapparat, drückte die schwarze und die rote Taste zusammen mit dem Pausenknopf und wartete darauf, daß es losging. Dann war die Werbung endlich zu Ende. Es konnte nur noch Sekunden dauern. Die Musik ertönte. Auf dem Schirm war für Sekunden alles schwarz.

Ich drückte auf »On«. Mein Cassettenrekorder lief. Und schon hatte ich diese fremde, aufregende, große weite Welt der Mattscheibe in meiner kleinen, schäbigen Billigcassette eingesperrt.

»Licht aus«, krähte es aus dem Fernsehapparat.
»Spot an«.

Und dann: Frenetischer Beifall, wildes Gekreische der Zuschauer.

Im gleißenden Licht: Ilja Richter.

Ich habe ihn viele Jahre später kennengelernt und ihm davon erzählt, daß ich keine seiner Sendungen verpaßt habe. Ilja Richter spielt mittlerweile viel Theater. Als TV-Moderator arbeitet er nur noch selten. Er ist sehr nett, sehr zugänglich. Er hat mir seine Telefonnummer gegeben. Ich soll ihn in Berlin besuchen. Bei ihm könnte ich mir sogar vorstellen, die Einladung anzunehmen.

Der schmächtige Junge mit der hohen hektischen Stimme, das Idol von Millionen Teenies, er gehörte fünfundvierzig Minuten lang mir. Er und all das, was um ihn herum passierte. Fernsehen. Was für ein Abenteuer. Ich war fasziniert von flimmernden Bildern. Ich habe wohl damals, als sechzehnjähriges Mädchen gespürt, daß kein Arbeitsplatz Glamour, Eitelkeit und Wohlstand so geschickt miteinander verwebt wie der des Fernseh-Moderators. Ich starrte wie hypnotisiert auf diese Show, die den Samstagabend einläutete, und spürte Fernweh. Die Welt wartete, und ich saß in Brilon im Sauerland und staubte Akten bei einem Rechtsanwalt ab.

Gut, zugegeben: Die Ausbildung hat mir gutgetan. Ich mußte lernen, viel und diszipliniert zu arbeiten. Ich saß zumeist morgens um halb acht an meinem Schreibtisch und verließ kaum vor halb sieben am Abend das Büro. Manchmal hatte ich mächtig schlechte Laune.

»Ich glaube, ich möchte lieber Modedesignerin werden«, maulte ich meine Kolleginnen voll.

»Modedesignerin? Du? Kannst du denn zeichnen?«

Die Idee war nicht so abwegig. Ich zeichnete wirklich gerne. Ich entwarf gerne Kleider. Warum also nicht das Fach wechseln? Dennoch blieb ich, wo ich war. Ich machte meine Arbeit, weil ich sie machen mußte und weil es in meiner Familie nicht üblich war, Angefangenes vorzeitig abzubrechen. Ich machte meinen Job nicht schlecht. Schließlich hatte ich mich entschlossen, zwei Ausbildungen gleichzeitig zu machen. Als Rechtsanwalts- und Notargehilfin. Beides wäre auch einzeln möglich gewesen. Aber da ich schon mal dabei war, langte ich richtig zu.

Ich war allerdings nicht besonders ehrgeizig. Ein Charakterzug, der mich bei meinen Kolleginnen nur beliebter machte. Vier Frauen in einem Büro – wir hatten viel Spaß miteinander.

Eine Kollegin zum Beispiel. Trotz meines jugendlichen Alters, ich war gerade siebzehn, erzählte sie mir in Fortsetzungen die Tragik ihrer verkorksten Ehe. Verheiratet mit einem Araber, Arzt und eine Schönheit wie Adonis, machte ihr Leben zur Hölle. Im Hause meiner Kollegin herrschte die Kultur des Orients. Weil ihr Gatte das so wollte. Immer und immer wieder erzählte sie mir ihr Leid.

Sie erzählte von ihrer Tochter Suela. Ich lernte Suela eines Tages kennen. Ein bildschönes Kind. Ihr Vater sorgte dafür, daß Suela keine Freiheiten hatte und der westlichen Welt entfremdet wurde. Eine Ungerechtigkeit ohnegleichen, wie ich fand. Ich versuchte, meiner Kollegin Selbstvertrauen einzuflößen. Ich wollte sie stark machen. Ob sie sich getrennt hat von ihrem Mann, weiß ich bis heute nicht. Aber mir hat es gutgetan. Zuhören zu können, zureden zu können, Menschen ein bißchen Mut machen zu können. Ich war nicht nur egoistisch. Zumindestens dann nicht, wenn es um Frauen ging, die zwanzig Jahre älter waren als ich.

Bei gutaussehenden Männern, die in unsere Kanzlei kamen, war ich die unangefochtene Nummer Eins. Aus der kleinen häßlichen Eule aus Nehden war ein hübsches

Ding geworden. Fand auch Klaus. Ein Scheidungsfall. Und was für einer. Bestes Alter – gerade dreißig. Gutaussehend, sportlich, wohlhabend. Porsche inklusive. Er mochte mich und ich ihn. Denn mein Herz war wieder frei. Die erste große Liebe war vorbei. Sie tat sogar nicht mal mehr weh, auch, wenn ich nächtelang heulend in meinem Zimmer gelegen habe und aus Gram über die zerstörte Endgültigkeit unserer Gefühle nicht schlafen konnte.

Die erste große Liebe starb, als ich herausbekam, daß Harald mich angelogen hatte. »Ich habe meine Prüfung bestanden«, erzählte er mir eines Tages und freute sich sogar richtig. »Eine Stelle habe ich auch. Ich kann sofort anfangen zu arbeiten.«

Ich war stolz auf ihn. Und ein bißchen auch auf mich. Monatelang hatte ich ihn ermahnt zu arbeiten, zu lernen, pünktlich loszufahren, weniger zu trinken. Manchmal hatte ich das Gefühl, daß ich ihm zu spießig war. Die Freiheiten seiner Kindheit und Jugend, die ich zwei Jahre lang gemeinsam mit ihm genossen hatte, wurden zu einer Falle. Er konnte nicht mehr unterscheiden zwischen dem unbequemen Alltag und dem Freiraum, es sich angenehm zu machen. Harald sackte ab. Zur Prüfung war er nicht einmal angetreten, und eine Stelle hatte er schon gar nicht.

Ich brauchte nicht mehr als ein paar Tage, um das herauszufinden. Ich war entsetzt und tödlich beleidigt.

Ich möchte nicht angelogen werden und bemühe mich nach Kräften, selbst immer die Wahrheit zu sagen. Wer könnte von sich behaupten, nie gelogen zu haben? Ich sicher nicht. Aber Menschen, die mir viel bedeuteten, waren mir die Wahrheit immer wert. Harald sah's anders. Die erste Liebe wurde zur großen Enttäuschung.

Ein bißchen Trauer, zwei, drei Flirts. Und dann kam

Klaus. Natürlich beeindruckte er mich. Er, der Sohn eines bekannten Lokalpolitikers, hatte eine Versicherungsagentur und dank unserer Kanzlei bald eine Ex-Frau. Für Klaus kein großes Problem. Er hatte den schmeichelhaften Ruf, einer der begehrten Playboys von Brilon zu sein, was ihn für mich nur noch interessanter machte. Und er war großzügig.

»Willst du meinen Porsche fahren?« fragte er mich.

Ich schaute ihn ungläubig an. »Du würdest ihn mir geben?«

»Natürlich.«

»Hast du keine Angst?«

»Du wirst ihn schon nicht zu Schrott fahren.«

Hatte Klaus eine Ahnung. Mit Unfällen hatte ich so meine Erfahrung. Vaters Wagen mußte zweimal geradegebogen werden.

An einen Unfall erinnere ich mich besonders gut. Ich nenne ihn heute noch den Schutzengel-Unfall. Es muß das erste Glatteis meines Lebens am Steuer eines Pkw gewesen sein. Ich hatte kein Gefühl für eisige Straßen und probierte mit reichlich Speed, wie es sich fahren ließ auf vereisten Straßen. Neben mir saß eine Freundin, die gerade an einer Zigarette zog, als ich bremste. Als wir ein paar Sekunden später aus dem Wrack krochen, hatte sie die Zigarette immer noch im Mund. Und die Zigarette brannte sogar noch.

Ich erzählte Klaus diese kleine Anekdote nicht, sondern genoß das Gefühl, mit einem Porsche zur Berufsschule zu fahren. Und – jawohl – der Wagen paßte exzellent zu mir.

Dieses Leben gefiel mir. In der Berufschule dumpf vor mich hin zu dämmern war nicht mein Ding. Die Berufschullehrer überforderten mich nicht gerade mit ihrem Stoff. Also entschied ich mich mehr und mehr, vor der Berufschule rechts abzubiegen, mir ein paar Glanz- und Glamourheftchen zu kaufen und ganz verzückt die High Society in einem Cafe sitzend, einen Kakao schlurfend, zu studieren. Der Frust kroch in mir hoch.

»Ich sitz hier in Brilon, und draußen tobt das Leben«, dachte ich die ganze Zeit. So intensiv, daß ich mich immer weiter von meinem sauerländischen Leben entfernte. Die Lehrer der Berufschule waren sich einig. »Sie sind sehr intelligent, Birgit«, sagten mir einige von ihnen. »Aber unglaublich faul.« Ich zuckte mit den Achseln und entschied mich immer für den einfacheren Weg. So war es auch schon in der Realschule. Französisch hätte ich damals als Fach belegen können. Ich habe mich für Sozialkunde entschieden. Da gab's weniger zu lernen. Heute sehe ich manches anders und bereue oft meine damalige Faulheit.

Ich interessierte mich für ganz andere Seiten dieses spannenden Lebens. Neben Ilja Richter und seiner TV-Disco mochte ich Margret Dünser. Die große Dame der seriösen deutschen Klatsch-Kultur zeigte mir alles von dem, was mich faszinierte. Gutaussehende begabte Menschen, die sich brillant darzustellen wußten, schöne Damen mit Kleiderschränken größer als das Erdgeschoß unseres Hauses in Nehden, charmante Menschen, welche die Fernsehdame Dünser auf ihre Chaiselongue baten.

Und ich saß im Wohnzimmer und starrte aus meinem Käfig in die Freiheit. Klaus, meine neue Liebe, bedeutete unbeschwerte Leichtigkeit. Partys, Porsche, Prominenz – und daheim die zeternde Mutter, die mit meinem Sinneswandel so gar nicht einverstanden war.

»Er ist verheiratet«, motzte sie.

»Noch.«

»Er meint es nicht ernst mit dir.«

»Doch.«

»Du könntest dir langsam einen Mann fürs Leben suchen.«

»Oh Gott.«

Oft hat mir meine Mutter auch peinliche Auftritte nicht erspart. Besonders beim alljährlichen Höhepunkt der dörflichen Gemeinschaft. Schützenfest in Nehden – welch ein Theater. Zeit für meine Mutter, wieder jung und ausgelassen zu werden. 1972, ich war gerade vierzehn Jahre alt, wurde meine Mutter sogar zur Schützenkönigin gekürt. Beim obligaten Umzug durchs Dorf marschierte sie an der Spitze. Und alle Nehdener tuschelten: »Schau mal, dort kommt Königin Silvia.« Tatsächlich glich meine Mutter der Schönheit, die damals von der Hosteß bei den Olympischen Spielen zur Traumkönigin Schwedens an der Seite von Carl Gustav hochzeitete. Ich platzte vor Stolz.

Allerdings war's mit der Harmonie zwischen Mutter und mir regelmäßig vorbei, wenn sie beim Schützenfest nicht mehr ganz nüchtern Männer ihrer Wahl ansprach, um für ihre Tochter zu werben.

»Du«, sagte sie dann, »bist genau der Richtige für unsere Birgit.« Und ich biß vor Ärger in den Tisch.

Meine Mutter hatte immer ganz konkrete Vorstellungen von dem Mann an meiner Seite. Und Klaus paßte gar nichts ins Konzept. Also entschied sie für mich, was zu tun sei. Sie fuhr zur Wohnung von Klaus, klingelte und zischte ihn an, als er öffnete: »Lassen Sie meine Tochter zufrieden. Sie ist zu schade für Sie.«

Sprach's, drehte sich um und hatte damit eine weitere meiner Beziehungen ge- und zerstört.

Klaus lebt heute noch in Brilon. Damals wurde er geschieden. Er hat eine neue Frau und immer noch seine Versicherungsagentur.

Ich war wieder frei. Also ließ ich meine Phantasie

spielen. Meine Lehre hatte ich in der Zwischenzeit abgeschlossen. Mangels Alternative blieb ich, wo ich war. Ich mußte nicht lange warten. Denn eines Tages saß ich mit meiner Freundin aus Pubertätstagen kichernd zusammen. Andrea lebte in Köln, arbeitete beim Finanzamt und schwärmte vom Leben in der »Metropole«. Sie lud mich ein. Nur zwei Tage war ich bei ihr. Genug, um zu wissen, daß das Sauerland der Vergangenheit angehörte.

Nur: Was tun? Leben in der Großstadt ist teuer.

Andrea sagte: »Warum bewirbst du dich nicht beim Westdeutschen Rundfunk?«

Westdeutscher Rundfunk – *Fernsehen*. Das Zauberwort. Der Glanz im Wohnzimmer aus der flimmernden Kiste. Das Fernweh trieb mich an die Schreibmaschine. Ich schrieb einen Brief an den WDR, der ungefähr folgenden Wortlaut hatte: »Sehr geehrter Herr Personalchef, hiermit bewerbe ich mich bei Ihnen um eine Stelle. Ganz egal wo, ganz egal wie. Hauptsache, Sie nehmen mich.«

Die Antwort kam prompt. Einladung zum Vorstellungsgespräch. Zeit, meinen Eltern von der geheimen Aktion zu erzählen. Ich wußte, wie sehr es sie treffen würde. Aber ich wußte auch, daß ich binnen weniger Monate im Sauerland Schimmel ansetzen würde.

Mein Egoismus setzte sich durch. Ich schwebte nach Köln zum Gespräch. Ich lief – hochmotiviert und sehr selbstbewußt – durch das Vierscheibenhaus in Köln, dem Sitz der WDR-Personalverwaltung, und wußte: »Sie nehmen dich.« Sie nahmen mich.

Ich mußte beweisen, daß ich stenografieren kann, ein bißchen Schreibmaschine, ein bißchen freundlich lächeln: Qualitäten, die schon immer gefragt waren. Ich hatte den Job und die angenehme Aufgabe, nach Brilon zu fahren und meinen Chef, Herrn Lohmann, zu informieren: »Ich geh zum Fernsehen.«

Oh, wie waren sie neidisch. Die Damen in meinem Büro hatten mit Veränderungen in ihrem Leben bis zum Grab bereits abgeschlossen. Und ich wehte rein, bedachte sie mit einem mitleidigem Blick und einem Stück Kuchen zum Ausstand und verschwand.

Ich habe viel gelernt in diesem kleinen Büro. Disziplin zum Beispiel, oder die Fähigkeit, auch Unliebes halbwegs liebevoll zu leisten. Damals wußte ich es noch nicht zu schätzen. Heute tue ich es um so mehr. Später, bei Moderationen, bei Gala-Shows, die ich präsentierte, oder in harten Zeiten, als es nicht so vorangehen wollte, zehrte ich von der Lehre. Anfeindungen, Mobbing, auch schon nach kurzer Zeit beim WDR, Neid anderer Frauen – all das prallte nicht an mir ab. Aber mein gesundes Selbstbewußtsein und das Wissen um das, was ich gelernt habe, signalisierten anderen Menschen: »Mit mir nicht.« Ein gutes Gefühl.

Die Zeit des Abschieds aus der Kindheit kam. Meine Eltern schauten mich traurig an und versuchten noch tagelang, mich umzustimmen. Sie litten nicht lange. Denn ich wollte rasch weg. Es waren nur ein paar Tage. Packen, mit Andrea telefonieren, die mir ein möbliertes Zimmer suchte, und mit Vater einen Termin absprechen, wann er mich nach Köln fahren kann.

Meine Eltern wußten: Es war kein Abschied für lange Zeit. Denn ich fuhr in schöner Regelmäßigkeit, bisweilen zweimal im Monat, heim zu Muttern. Erstens der Wäsche wegen, zweitens um das Gefühl der Gemütlichkeit zu genießen, das um so wohliger wird, wenn man weiß, daß es zeitlich begrenzt ist.

Bisweilen geriet meine Wochenend-Rückkehr zum peinlichen Schock für meine Mutter. So, als ich eines Tages mit pink-gefärbter Frisur aus dem Zug stieg. Meine Kleidung war für die Menschen in Nehden die pure

Provokation. Wahrscheinlich hat meine Mutter montags immer alle Dorfbewohner beschwichtigen müssen. Aber ich mußte jedem, vom Greis zum Gör, beweisen: »Ich, Birgit Schrowange, lebe in der Großstadt Köln. Ich rieche Düfte, ich sehe Dinge und spreche Sätze, die euch, braven Menschen aus der Provinz, niemals ins Bewußtsein dringen werden.«

Die Wochenendbesuche hatten schon ihren eigenen Charme. Voller Ruhe und wohltuend normal. Denn vom ersten Tag an traf ich in der Großstadt schon recht merkwürdige Menschen. Die Vermieter meiner ersten Wohnung beispielsweise. Der erste Eindruck war noch gut. Sie war sehr gut gekleidet, er ruhig und nett. Meinen allerersten Abend in der Kölner Freiheit verbrachte ich in ihrem Wohnzimmer, nippte an einem Glas ihres Weines. Doch bald bemerkte ich den Spleen. Die Dame des Hauses verbot mir Männerbesuche und putzte ohne Unterlaß. Und ihr Gemahl schaute nächtens immer mal wieder gerne bei meiner Mitbewohnerin vorbei, die auf der gleichen Etage wie ich wohnte, Küche und Bad mit mir teilte. Mein Herr Vermieter unterhielt einige Monate ein Verhältnis mit der jungen Frau. Seine Frau schien es nicht zu stören.

Bald begriff ich, warum. Sie machte mir Avancen. Sie begann, mich lasziv anzusehen, mir Komplimente und später sogar kleine Geschenke zu machen. Doch ich merkte erst, daß sie mehr von mir wollte als nur einen Plausch beim Wein, als ich mit Andrea darüber redete. Andrea, viel erfahrener als ich, machte dieselben Erfahrungen wie ich mit meiner Vermieterin. Zum ersten Mal erfuhr ich etwas von gleichgeschlechtlicher Liebe.

Ich zog aus, aus meiner ersten Wohnung ohne Telefon und ohne Fernsehgerät. Ein paar Tage war ich frustriert, ein paar weitere Tage irritiert. Aber dann hatte ich mich wieder beruhigt. Schließlich gehörten Abenteuer dieser Art auch zur großen weiten Welt. Ich hätte ja auch in Nehden bleiben können.

Mit neunzehn Jahren fing ich richtig an zu leben. Alles war spannend, aufregend, ein bißchen schmerzhaft, warum auch nicht?

Ich habe oft drüber nachgedacht, wie unterschiedlich drei Menschen aus der gleichen Familie sein können. Meine Schwester Karin: Sie blieb da, wo sie war – im Sauerland. Sie lebt dort mit ihrem Mann ein ruhiges Leben und schüttelt nur geringschätzig den Kopf, wenn ich ihr von meinen Erlebnissen erzähle. Manchmal vergleichen wir – und sie möchte nicht einen Tag lang mit mir tauschen. Sie gönnt sich eine andere Art von Luxus: Gemeinsam mit ihrem Mann verreist sie gerne. Gerade waren sie in Amerika. Sie genießen es, sich ihr Leben so zu gestalten, wie sie es für richtig halten.

Thomas, mein Bruder, lebt im Hause meiner Eltern. Meine Mutter und mein Vater bewohnen das Erdgeschoß, er hat die obere Etage für sich und seine Familie ausgebaut. Auch er bevorzugt ein ganz anderes Leben als ich.

Und ich? Ich war niemandem mehr Rechenschaft schuldig, ich konnte mich amüsieren, wann immer ich wollte, ich konnte Männer treffen, die nicht gleich meiner Mutter ein Heiratsversprechen für ihre Tochter abzuleisten hatten.

Als ich all das wirklich zu schätzen lernte, begann ich, ehrgeizig meinen Weg zu gehen. Kaum war ich in Köln, kaum war ich beim WDR, begann ich Gas zu geben. Trotz aller Widrigkeiten und trotz aller unangenehmer Aufgaben, die ich an meinen ersten Tagen zu bewältigen hatte.

Ich begann als Sekretärin. Als eine, die täglich neu

eingeteilt wurde. Der Vorteil war mir schnell klar – ich wechselte ständig die Abteilungen und lernte viele Menschen kennen. Ein bezahlter Rundgang durchs Haus. Reich konnte ich mit meinem ersten Job in der großen weiten Welt allerdings nicht werden. 1700 Mark monatlich – brutto.

Meinen Kopf mußte ich während der ersten Tage beim WDR nicht unbedingt anstrengen. Verwaltungsjobs in den Abteilungen Personal, Verwaltungsdirektion, Honorare und Lizenzen. Und noch eine Erfahrung machte ich gleich in der ersten Woche: Ich spaltete die Büros. Die Herren mochten mich, die Damen weniger. Einige Tage verbrachte ich ausschließlich am Kopiergerät, um unwichtige Verwaltungsvorschriften hundertfach zu vervielfältigen. Weil meine jeweilige Vorgesetzte das so wollte.

Gut ging's mir immer dann, wenn die Männerfraktion im Büro in der Mehrheit war. Ich muß erklären: In den ersten Tagen meiner neuen Karriere lernte ich Ulrike kennen. Wir sahen und mochten uns und waren als Duo die pure Provokation. Beide jung, beide gut gelaunt, sie blond, ich dunkelhaarig. Kein Wunder, daß so mancher griesgrämig wurde, wenn wir ins Büro kamen und uns nicht darum scherten, wenn andere keinen Spaß am Leben haben wollten.

Manchmal, wenn ich mich bei meinen älteren Kolleginnen besonders unverstanden fühlte, heulte ich mich aus. Bei einer Frau, die bis heute eine meiner besten Freundinnen ist. Sie heißt Anna Alte, war seinerzeit die rechte Hand des Chefredakteurs und schloß mich in ihr Herz. Anna ist eine der faszinierendsten Frauen, die ich kennengelernt habe. Heute ist sie pensioniert. Sie ist und bleibt eine schöne Frau, eine mit Charisma, eine mit Lebens- und Übermut. Sie verstand zu leben.

»Warum soll ich mir Männer in meiner Altersklasse suchen?« fragte sie mich, wenn sie wieder in Begleitung eines weitaus jüngeren Lebensabschnittsgefährten auftauchte. »Ich möchte das Leben genießen. Und die Männer werden langweilig mit der Zeit.« Ich sollte das anders sehen. Aber dazu später mehr.

Anna entwickelte sich im Kölner Dschungel zu einer Art Ersatzmutter. Ich konnte ihr alles erzählen und ich tat es auch fleißig. Ich erzählte ihr beispielsweise von meiner neuen Wohnung, und sie amüsierte sich köstlich.

Das Abenteuer mit meiner wildgewordenen Vermieterin hatte mir nicht besonders gefallen. Ich besorgte mir ein noch kleineres, noch schäbigeres Zimmer in der Kölner Heinsbergstraße. Damals nicht unbedingt die erste Adresse des Rheinlandes. Mein Eigentum war ein Bett, eine Kochnische, ein Schrank und ein Waschbecken mit ausschließlich kaltem Wasser. Die Dusche war im Keller. Aber das war nicht so tragisch. Was mich jedoch sehr störte, war das ständige Klingeln an meiner Haustür. Ich war verdutzt. Kaum einer wußte, daß ich umgezogen war. Außer Andrea und ein paar andere Freundinnen. An der Pforte aber waren Männer. Und die wollten nur das eine.

Ich wies sie freundlich, aber bestimmt ab. Als gerade mal Ruhe war an meiner Tür, schlich ich auf die Straße und schaute mir das Haus in unmittelbarer Nachbarschaft näher an. Tatsächlich – ein Bordell. Studentinnen verdienten sich ein paar Mark nebenbei – sicher schneller als ich. Meine »Freier«, die, welche nie zum Zug kamen, hatten sich in der Hausnummer geirrt. Gut, daß ich damals nicht schwach geworden bin. Ich hätte mir ein paar schicke Klamotten erlauben können. Aber das Kapitel ließe sich jetzt ausgesprochen schwer erzählen.

Meine Mutter war entsetzt, als ich ihr meine neue

Nachbarschaft beschrieb. Ich konnte mich nicht daran stören.

Ich hatte andere Sorgen. Beim Fernsehen war ich schon mal. Doch leider auf dem falschen Flur. Ich mußte eine Strategie entwickeln. Ich wollte vor die Kamera.

Ein weiter Weg. Der erstmal kurvig wurde. Denn für kurze Zeit verlor ich mein Ziel aus den Augen. Ein Mann war schuld. Und was für einer.

Er hieß Hans, war zweiundzwanzig Jahre älter als ich, verdiente sein Geld als Finanzdirektor. Mein ganzes zwanzigjähriges Kapital war ein treuer Augenaufschlag. Er war ein Herr in höherer Position.

Hans war einfach anders. Er war spannend, intelligent und schon damals alternativ. Und er machte, was er wollte. Peinlich an der ganzen Geschichte war nur: Hans war nicht solo, als wir uns kennenlernten. Er hatte eine wunderbare, liebe, süße Freundin. Eine, die ich kannte, die ich mochte, der ich vieles zu verdanken hatte. Hans war der Mann an der Seite jener Frau, ohne die ich immer noch in der Provinz gesessen hätte. Hans war der Freund von Andrea.

Die Geschichten von der Lust daran, eine gute Figur zu machen, und Futter für Löwen zu spielen

Früher Morgen. Ich schaue in den Spiegel. Schrowange pur. Nur wenige kennen mich so.

Ich bin oft geschminkt. Ich muß es sein. Mein Beruf verlangt das von mir. Doch ich mag mich ungeschminkt am liebsten. Mein Alltagsgesicht ist mir lieb. Das, das ich ganz früh morgens im Spiegel sehe. Diese wunderbaren Titel, die mir verliehen wurden, haben mir gefallen, klar. »Erotischste Frau des Jahres 1994.« Warum nicht? Ich habe mir nicht viel darauf eingebildet. Eben, weil ich mich normal fühle und normal bin. Je weniger geschminkt, desto besser.

Mein Gesicht ist sicherlich hübsch. Aber was schön, schöner, am schönsten ist, läßt sich sicherlich nicht mit einer Schlagzeile erklären. Ich finde auch meine Figur passabel. Ich bin relativ klein. Ein Meter 65 Zentimeter. Eine Größe, bei der jede Frau vorsichtig sein muß. Ich erinnere mich an meine Teenager-Zeit. Damals neigte ich dazu, Pfunde anzusetzen. Ein bißchen pummelig war ich. Bis ich schließlich begann, darauf zu achten, was ich esse und in welchen Mengen.

Mein Schönheitsideal sind die großen, schlanken, hochaufgeschossenen Frauen mit langen Beinen, langem

Hals. Oft genug habe ich mir so eine Figur gewünscht. Ich bewege mich gerne. Ich mache gerne Sport, renne auch schon mal, bis ich keuche. Ich muß dabei zwar Sport-BHs tragen. Die sind sehr praktisch, auch wenn sie etwas einengen.

Ich will Spaß haben. Ich will nicht mein Dasein damit verbracht haben, schlecht gelaunt gewesen zu sein, nur weil ich mir alles, was mir Freude gemacht hätte, verboten habe.

Ich hatte so eine Phase vor ein paar Jahren. Ich fand mich fett, häßlich, unansehnlich. Ich machte eine Diät nach der nächsten. Irgendwann war ich wieder in der Form, die ich ideal fand. Aber gelacht habe ich in dieser Zeit selten.

Ich habe ein paar Regeln, an die ich mich sklavisch halte: Irgendwie muß ich es schaffen, meine Gewichtsgrenze nicht zu überschreiten. Das sind 58 Kilogramm. Nähere ich mich dieser Marke, kaufe ich mir Wassermelonen und hungere. Mein Körper meint es recht gut mit mir und entschlackt schnell. Rücken die 58 Kilogramm wieder weiter weg, wird wieder ein bißchen intensiver gelebt. Und wenn es denn bei einem Menü zum Abend sechs Gänge sein müssen – warum nicht?

Eine weitere Regel: Morgens nur Obst. Das hilft, macht frisch für den Tag, nicht dick und gestattet mir den Luxus, ab und zu über die Stränge schlagen zu dürfen.

Ein bißchen Disziplin, ein gesundes Verhältnis zum eigenen Körper und viel Lust auf viel Leben – aus dieser Mixtur versuche ich mir mein Leben zusammenzumischen. Meistens funktioniert's.

Wenn ich mir all diese Gedanken jeden Morgen machen würde, wäre ich wahrscheinlich noch später dran, als ich es sonst schon bin. Also belasse ich es dabei. Aber den Luxus gönne ich mir eben.

Die Jungs von meinem Team wurden immer lauter da draußen. Sie grölten und erzählten schmutzige Witze, und zwar in einer Lautstärke, die auch die wildesten Tiere verschreckte. Ich wälzte mich hin und her. Ich wollte schlafen. Nichts anderes: weil ich todmüde war. Und weil ich in ein paar Stunden aufstehen mußte. Wildsafari in Tansania – ein Riesen-Abenteuer. Allerdings eines, für das ich ausgeschlafen sein wollte.

Die Leute von meinem Team sahen es anders. Sie genossen es, in diesem Luxuscamp mitten in der Serengeti unter einem unglaublichen Sternenhimmel ein fröhliches Fest zu feiern. Mit Betonung auf fröhlich.

Bis zwei Uhr nachts habe ich gewartet. Dann gab's Ärger. Ich zog mir meinen Bademantel an, schlüpfte in meine Schuhe, schnappte mir eine Taschenlampe und nahm mir vor, den Kollegen ordentlich Bescheid zu sagen. Wütend stapfte ich hinüber und begann die Truppe rund zu machen. Und die – bekamen einen Lachanfall. Einer nach dem anderen.

Sie sahen mich zum ersten Mal mit einer dicken Fettcreme im Gesicht, mit wirrem Haar und wirrem Blick, schimpfend wie ein hungriger Vogel.

»Ich habe die Schnauze voll von eurem Krach. Ich muß morgen früh raus«, brüllte ich. Und die angesäuselten Jungs hielten sich die Bäuche vor Lachen.

»Biggis, die was wollen, kriegen was auf die Bollen«, begann einer und die anderen sangen mit.

Das ging ein paar Minuten, bis ich begriff, daß ich diesen Haufen nicht in Griff kriegen würde.

Schlaf habe ich erst ein, zwei Stunden später bekommen. Weil ich viel zu aufgekratzt war. Auch, weil mein kleiner Ausflug nicht ganz ungefährlich war.

Das Camp inmitten der Wüste ist ein Abenteuerspielplatz für Menschen mit dickem Portemonnaie. Dieser Teil der Wüste ist kaum erschlossen, deshalb so exklusiv und so teuer. Einige hundert Dollar kostet allein die Unterkunft. Pro Nacht. Urlaub in einer luxuriösen Zeltstadt mit goldenen Wasserhähnen – mitten in der schwarzafrikanischen Wildnis.

Alle Tiere, auch die gefährlichen, leben hier und zeigen wenig Scheu vor Menschen. Vor allem nachts nicht. Manchmal schleicht sich ein Löwe bei Dunkelheit ins Camp und stillt seinen Durst im Swimmingpool.

Das oberste Gebot heißt deshalb: Bewege dich bei Dunkelheit nie ohne bewaffneten Ranger vorwärts. Ich habe diese Regel wütend gebrochen – Gott sei Dank ohne Folgen. Aber der Ranger hat mich wenigstens wieder in mein Zelt zurückgeleitet.

Diese Reportage ist eine der schönsten meiner Zeit bei LIFE geworden. Zusammen mit Desiree Nosbusch flog ich nach Nairobi. Dann sind wir mit einem kleinen Privatflugzeug weitergeflogen. Von Kenia nach Tansania und dort weit hinein ins Land. Wir wurden empfangen wie die Kolonialherren vor hundert Jahren. Es gab Champagner. Köche kredenzten ein traumhaftes Mahl. Diener offerierten uns die herrlichsten, schmackhaftesten, saftigsten Früchte – Mangos, Ananas, Papayas. Doch wir waren nicht der Völlerei wegen nach Afrika geflogen. Desiree und ich wollten Tiere sehen und drehen – sie für ihr Tiermagazin NATÜRLICH!, ich für LIFE.

Niemals habe ich geglaubt, so nah an wilde Tiere herangehen zu können. Wir haben Giraffenherden beobachtet, Elefanten, große wie kleine. Tiere voller Würde. In ihrer Heimat in Afrika wirken sie viel selbstbewußter, natürlicher eben, als in unseren Zoos.

Die Löwen ließen sich von uns nicht an ihrer Brunft hindern. Der König der Tiere ist ein triebhaftes Wesen. Alle zwanzig Minuten wird gezeugt. Und die Ergebnisse sind überaus süß. Kleine Löwen haben einen putzigen Charme.

Ganz im Gegensatz zu Flußpferden. Wir beobachteten einige von ihnen beim Schlammbaden. Aus Versehen bin ihnen ein bißchen zu nah zu kommen. Ein willkommenes Fressen. Blitzschnell, viel schneller als ich ihnen zugetraut habe, sprangen sie mir entgegen und rissen ihr mächtiges Maul auf.

Ich schaffte es gerade noch, mich hinter dem bewaffneten Ranger zu verstecken. Afrika – wildes Land.

Vier Tage dauerte der Kurztrip, für den andere viel Geld bezahlen müssen. Ich habe diese Zeit genossen wie kaum ein anderes Abenteuer für LIFE. Als ich wieder daheim in Köln war, habe ich mir sofort einen Film auf Video ausgeliehen. Weil ich ein bißchen Heimweh hatte: »Jenseits von Afrika.«

1978: Ein Einbruch und meine
erste große Chance

Abgründe taten sich auf. Die Lage war kompliziert. Kaum besser als in einem Groschenroman. Genauso trivial. Und genauso schmerzhaft.

Meine neue Liebe Hans – er war's. Ich war sicher. Und zwischendrin Andrea. Meine Freundin. Seine Freundin. Meine Vorgängerin. Wie kompliziert. Und tragisch.

Natürlich hatte ich Magenschmerzen, wenn ich daran dachte, ihr die Wahrheit zu sagen. Ausgerechnet in ihren Freund mußte ich mich verlieben.

Ich weiß nicht, wieviele Heiratsanträge ich diesem Mann mit meinen zwanzig Jahren gemacht habe. Immer wieder versuchte ich, ihn in die Ehe zu nötigen. Und immer wieder gab er mir einen Korb.

Hans – wie habe ich ihn geliebt. Der erste Mann, mit dem ich mir, jung und naiv, wirklich vorstellen konnte, alt zu werden. Wenigstens älter als zwanzig.

Hans war 42 Jahre alt und gab mir reichlich Ruhe in dieser unglaublich aufregenden Zeit. Ich in Köln, unerfahren, schüchtern und doch beseelt von der Vorstellung, reich und berühmt zu werden.

Er bremste, führte, leitete und bugsierte mich durch die Zeit. Der Direktor, tagsüber ein Schlips- und Kragen-

Typ, verwandelte sich nach Feierabend in einen hochmodernen, junggebliebenen Mann. Er war spannend, bewunderungswürdig und liebenswert. Also liebte ich ihn. Ziemlich kompromißlos. Damals konnte ich das noch.

Wenn da nicht Andrea gewesen wäre. Sie hatte mich davon überzeugt, das Sauerland zu verlassen und mein Glück in der Großstadt zu suchen. Sie hatte mir den entscheidenden Impuls gegeben, mein Leben zu verändern. Und jetzt – jetzt spannte ich ihren Freund aus.

Tagelang bastelte ich an Formulierungen, wie ich es ihr beibringen könnte. Ich malte mir aus, wie entsetzt sie sein würde, wie sie mich wie eine Furie aus ihrer Wohnung jagen würde. Fast weinend schleppte ich mich zu ihr, bereit, eine gute Freundin für einen Mann zu opfern. Und dann? Dann sagte sie: »Kein Problem. Du kannst ihn haben. Wir wollten uns sowieso trennen.«

Sie war jung, sie war hübsch, sie hatte keine Lust, sich jetzt schon für immer zu binden. Und sie war sowieso gerade auf dem Sprung ins nächste Paar starker Arme.

Hans und ich erlebten eine tolle Zeit. Er trug kurze Jeans und T-Shirts und liebte die Extreme. Bergtouren nach Indien und in den Himalaya – ganz alleine und wochenlang. Ohne mich. Aber das störte mich nicht. Wichtig war nur, daß er solo unterwegs war. Mein Hans allein – okay. Doch wehe, eine Frau näherte sich ihm. Ich halte mich schon für ein umgängliches Wesen – es sei denn, ich bin eifersüchtig. Beste Freunde haben Probleme, mich dann noch zu mögen. Aber später mehr zu diesem Thema.

Hans und ich verliebt Hand in Hand – ich hatte mein Leben im Griff. Auch ihn schleppte ich brav nach Nehden, um ihn zu präsentieren. Hans' Alter beunruhigte meine Mutter allerdings. Ein 42jähriger Mann an der Seite ihrer jungen Tochter – das war ihr suspekt. Hans machte seine Sache jedoch sehr geschickt. Er schlug sich auf die Seite meiner Großmutter und erzählte ihr von seinen Reisen. Indien war ihr gemeinsames Lieblingsthema. Und immer, wenn wir wieder ein nettes Wochenende im Sauerland verbracht hatten, soll meine Großmutter meine Mutter beiseitegenommen haben und gesagt haben: »Sei bloß froh, daß Birgit ihren Hans hat.«

Meine Mutter war dennoch schwer zu beruhigen. Sie hörte auch aus Köln immer nur dubiose Dinge von mir. Fernsehen, Kameras, Karriere, eitle Menschen, schöne Menschen. Und ihre Tochter in der Verwaltungsabteilung und dort kreuzunglücklich. Ich entwickelte mich zu einer ausgesprochen unbequemen Arbeitnehmerin.

Nur wenig Zeit brauchte ich, um mich einzuarbeiten. Und noch viel weniger Zeit, mich zu langweilen. Ich wollte ständig unterhalten, ständig gefordert sein und wußte dennoch, daß ich nicht vorwärts kam. Nicht wirklich, wenn ich mich ernsthaft fragte, wo denn die Reise hingehen sollte. Ich wollte gesehen werden.

Nur wie weiterkommen?

Ich hatte mir in der Zwischenzeit ein sicheres Auftreten angewöhnt. Weil's besser war und weil es mich nicht zweifeln ließ. Ich mochte mich, so wie ich war.

Der WDR des Jahres 1980. Ich war mittlerweile zur Redaktionsassistentin »Kommentare und Feature« aufgestiegen. Ein Glück in zweierlei Hinsicht. Erstens war die Zeit der klassischen Sekretärin Vergangenheit. Nie wieder wollte ich nur bloße Schreibkraft sein. Zweitens hatte ich in dieser Redaktion einen Chef, den ich mochte, der mich mochte, der mir später, als es hart auf hart ging, ein paar Steine aus dem Weg rollte. Klaus Stiebler – ein Mann mit einem großen Herzen. Ich mochte seine Gutmütigkeit. Und seine kleinen menschlich-männlichen

Schwächen. Er begann mich über die Maßen zu schätzen, als er eines Tages in seinen langweiligen Konferenzunterlagen das Foto einer wenig bekleideten, appetitlichen Dame fand. Eine kleine Freude mit großer Wirkung. Wir perfektionierten unser Spielchen. In Endlosbesprechungen fand Klaus Stiebler immer öfter optische Leckerbissen für den Mann von Geschmack. Wenig später sollte sich auszahlen, daß ich ein gutes Verhältnis zu meinem Chef pflegte.

Ich schwöre, ich verwöhnte ihn nicht aus Berechnung mit Pin-Ups. Ich mag Menschen mit Herzenswärme. Sie sind's, die dem Alltag Charme geben. Und sie haben die Stärke, ihre Schwächen zuzugeben. So einer war er, mein Chef. Und er bewies sein großes Herz ein paar Monate später, als meine Karriere, von der ich immer nur heimlich zu träumen wagte, plötzlich Konturen annahm.

Die Chancen waren damals kaum größer als heute, eher geringer. Es gab die ARD mit ihren angeschlossenen Dritten Programmen und das Zweite Deutsche Fernsehen. Beste Karten hatte auch seinerzeit schon der mit dem richtigen Onkel auf dem richtigen Sessel.

Ich hatte liebenswerte Eltern im Sauerland. Und verfügte über Eitelkeit, Ehrgeiz und den nötigen Mut, mich während eines Betriebsfestes neben den Chefsprecher des WDR zu setzen und voller freundlicher Dreistigkeit zu sagen: »Ich möchte gerne Hörfunksprecherin bei Ihnen werden.«

Neben dem Chefsprecher saß der Unterchefsprecher und neben dem noch viele andere Sprecher. Sie lauschten amüsiert, um mich dann zur Komikerin des Abends zu küren. »Sie? Mit ihrem westfälischen Akzent?«

Welcher westfälische Akzent? Wenn er meinen breiten Akzent meinen sollte, der aus jeder Kirche eine Ki-a-che machte, aus jedem Dorf ein Do-a-f, so sollte er sich doch bitte nicht an derlei Kleinigkeiten aufhalten.

»Stellen Sie sich das bitte nicht so einfach vor«, bremste der Chefsprecher süffisant. »Alle diese Damen und Herren hier an diesem Tisch haben lange und hart gearbeitet.« Und dann widmete er seine Aufmerksamkeit wieder einem anderen Thema.

Ich ließ nicht locker:

»Sie haben auch ihre Chance bekommen«, sagte ich, so dreist wie nötig, so charmant wie möglich. Die Diskussion – für mich entwürdigend, für den Herrn mit seinen Lakaien am Tisch augenscheinlich höchst witzig – dauerte noch ein Weilchen an. Dann sagte er den Satz, der vermutlich entscheidend für den weiteren Verlauf meiner Karriere gewesen ist: »Gehen Sie zu Schüssler«, und verabschiedete mich damit in den lauten, alkoholgetränkten Abend.

»Gehen Sie zu Schüssler.« Ich kannte seinen Namen, ich wußte, wie er aussah, ich hörte seine Stimme gerne im Radio und ich wußte, daß er die Sprecher des WDR ausbildete. Werner Schüssler. Ich ging zu ihm.

»Ich möchte gerne Sprecherin werden«, sagte ich. »Hörfunksprecherin.« Er schaute mich an. »Hörfunksprecherin? Dazu sind sie viel zu hübsch. Sie müssen doch auf den Schirm.« Und dabei lächelte er mich das erste Mal so an wie später noch oft.

Werner und ich sollten kurze Zeit später ein Paar werden. Eine wichtige Weichenstellung für mein Leben. Es ging in eine andere Richtung. In die entscheidende. Aber das wußte ich in diesem Moment noch nicht.

Ein Problem gab es jedoch noch. Hans – meine Liebe, von der ich glaubte, sie sei fürs Leben. Wir reisten viel durch Europa, zelteten in Jugoslawien, machten Wochenendtrips nach Holland, alberten in billigen T-Shirts durch

Touristenzentren, spielten unsere pubertären Phasen nach und waren nichts anderes als etwas ältere Teenager. Ich mochte Hans, weil er so sein konnte. Aber mehr und mehr begannen mich Details unserer Partnerschaft zu irritieren. Wir trafen uns nie in seiner Wohnung. Immer nur in meinem möblierten Zimmer. Hans kam treu und brav und schien sich in meiner Bude wohl zu fühlen.

Ich fragte ihn: »Warum gehen wir nicht zu dir?« Er fand Ausreden. Meine Freundin Maria Rosa bestärkte mich: »Der Bursche hat doch etwas zu verstecken«, sagte sie.

Eines Nachts, als Hans wieder bei mir übernachtete, klaute ich seinen Schlüssel und machte tags darauf schnell einen Nachschlüssel, bevor ich ihm sein Exemplar wieder zuschummelte. Am nächsten Tag rief ich Maria Rosa an: »Ich habe seinen Schlüssel. Was machen wir jetzt?«

»Wir gehen hin.«

»Wir können doch nicht einfach in seiner Wohnung herumschnüffeln.«

»Natürlich.«

Wir warteten den richtigen Abend ab. Hans war nicht zu Hause, wir beide nicht miteinander verabredet. Wie in einem Kriminalfilm schlichen Maria Rosa und ich zu dem Haus, in dem er wohnte. Zum ersten Mal betrat ich die Wohnung des Mannes, mit dem ich seit fast zwei Jahren liiert war. Welch ein Geheimnis verbarg er?

Wir öffneten leise die Tür, traten ein. Ein kleines, bescheidenes, wenig aufregendes Appartment. Abgenutzte Möbel, viel zu bescheiden für einen Mann in seiner Position. Wir begannen uns ein bißchen umzusehen. Wir schnüffelten in seinen Schränken, in seinen Taschen und auch in seinen Schubladen. Und entdeckten – Geld. Viel, viel Geld. Hunderter in Bündeln.

Nein, mein Hans war kein Bankräuber. Er war chronisch geizig. Er hortete sein Geld. Er tut's wahrscheinlich heute noch. Ich fühlte mich nicht besonders wohl, als wir die Wohnung wieder verließen. Weder in meiner Haut noch in dieser Beziehung, die mir plötzlich sehr fremd geworden war. Wer war dieser Mann, immerhin mein Partner, immerhin ein Mann, von dem ich dachte, ich würde mein Leben mit ihm teilen?

Das schlechte Gewissen mischte sich mit Enttäuschung über Geheimnisse, von denen ich wollte, daß er sie mit mir besprach. Ich trennte mich von ihm. Einmal, zweimal. Hans wollte mir nicht glauben. Er ließ mir keine Ruhe.

»Mäuselchen«, nannte er mich immer. »Tu mir das nicht an.«

Ich wurde weich. Die nächste Trennung. Diesmal erzählte ich allen Freunden davon, um den Druck zu erhöhen. Wieder: »Mäuselchen. Bitte, bitte.« Tränen, Tragik, Dramatik – die ganze Palette. Ich fühlte mich hundsmiserabel. Ich mochte ihn ja. Aber der Dampf war raus.

So oft hatte ich ihn gebeten: »Laß uns heiraten.«

»Nein.«

Ich wollte von ihm wissen, warum er Geheimnisse vor mir hatte. Er zuckte mit den Achseln. Unser pubertäres Trennungsgehabe, immerhin zwischen einer Zweiundzwanzigjährigen und einem vierundvierzigjährigen Mann, ging über Monate. Dann war Schluß. Ich wollte nicht mehr. Ich heulte, ich fror in meinem kleinen Zimmer und hatte den prächtigsten Liebeskummer meines Lebens. Aber ich hatte den endgültigen Schlußstrich gezogen. Ich hatte von ihm eine Perspektive gefordert – Ehe, Kinder und dergleichen. Er pochte, bei allem Gejammer, auf seine Freiheit. Merkwürdig.

Verheiratet bin ich bis heute nicht. Ob ich es jemals

sein werde, weiß ich nicht. Doch damals war klar für mich: Ich würde bald heiraten. So war meine Welt. Hans wollte nicht. Gut. Dann eben nicht.

Ich habe keinen Kontakt mehr zu ihm. Wir sahen uns damals noch hier und da. Er begann irgendwann, mir von seiner neuen, auch wieder wesentlich jüngeren Freundin zu erzählen. Er hatte Liebeskummer und suchte Trost. Den bekam er – mehr aber nicht. Der Entzug dauerte ein paar Wochen.

Werner und ich sahen uns inzwischen regelmäßig. Wann immer ich Zeit und etwas Erspartes in der Tasche hatte, rief ich an. »Wollen wir uns wieder zum Unterricht treffen?«

»Gerne«, sagte er und ich spürte, daß er sich darauf freute.

Wir trafen uns zunächst noch unregelmäßig. Ich nahm die Stunden auf eigenes Risiko und bezahlte aus meiner Tasche.

Lehrgeld für die Erfahrung, noch viel lernen zu müssen. Tatsächlich sagte ich noch monatelang »wi-a-klich«, »ä-hrlich«, »F-ä-rnsehen«. Meine Stimme kam mir plötzlich so hoch vor. Wie die einer hysterischen, keifenden Furie. Werner quälte mich mit Sprechübungen. Stundenlang mußte ich sinnlose Worte wie »Phumonumo« oder »WipWapWup« herbeten, um meine Stimme nach unten zu zwingen. Ich war verzweifelt. Werner fand immer neue Fehler. Und meine Kolleginnen im Ressort »Kommentare und Feature« ließen mich bitter auflaufen. »Du bist Sekretärin und wirst es bleiben.«

Andere Sprecher im Haus müssen meine Entwicklung höchst aufmerksam verfolgt und kommentiert haben. Gerüchtefetzen kamen mir zu Ohren: »Die schafft es nie.«

Einer aber hat mich immer unterstützt und bestärkt.

Mein Chef, Klaus Stiebler. 50 Mark hat mich das Abenteuer Sprechunterricht pro Stunde gekostet. Bei einem Brutto-Verdienst von 1700 Mark im Monat eine mühsame Ersparnis.

Und dennoch gut angelegtes Geld. Denn die neue Phase bekam eine Eigendynamik, die mein Leben für das nächste Jahrzehnt verändern sollte.

Es begann ganz zaghaft. Werner, das wußte ich, war regelmäßig beim WDR. Er verdiente sein Geld nicht nur als Sprecherzieher, er war auch ein glänzender Moderator. Also drückte ich mich zur rechten Zeit, immer hübsch präpariert, vor der Studiotür herum. »Ach, Herr Schüssler, wie schön Sie zu sehen. Wann treffen wir uns mal wieder zum Unterricht?«

Plötzlich balgte ich mich wieder um Tätigkeiten, vor denen ich mich seit Monaten gedrückt hatte. Sprechertexte verteilen beispielsweise. Der Zufall ist zu launisch, als sich auf ihn zu verlassen. Wir trafen uns. Er bog meine ungelenke Aussprache gerade und lud mich immer öfter zum Essen ein. Er war ein Typ, der mir gut gefiel. Zwölf Jahre älter als ich, ein wortgewandter und gebildeter Mann. Er lud mich in sein Haus ins Bergische Land ein, er bekochte mich, er verwöhnte mich, und er erzählte mir aus seinem Leben. Mitten in der Scheidung, Verantwortung für sein fünfjähriges Kind – er lebte ein schwieriges Leben, als wir uns kennenlernten.

Werner hatte eine Ausbildung als Opernsänger hinter sich – nichts, was ihn weniger attraktiv machte. Er sang unheimlich schön. Aber er hatte nie daran gedacht, wirklich Geld damit zu verdienen. Statt dessen begann er, zu moderieren und Sprecherinnen und Sprecher auszubilden.

Werner hatte eine spannende Kindheit. Keine, die zu seinem Leben paßte. Seine Eltern Fabrikanten, seine Mut-

ter eine Geschäftsfrau mit eiskaltem Gespür für gewinn-
trächtige Bilanzen. Sie unterstützte ihn nicht in seinen
künstlerischen Plänen. Opernsänger? Was für ein Unsinn.

Werner hatte wenig Geschäftssinn, aber eine kreati-
ve Ader, auf die er stolz sein konnte. Ich war's. Denn ich
war verliebt.

Meine Freundin Anna war restlos begeistert, als sie
ihn sah: »Der ist gut, der Mann«, wisperte sie mir zu, als
wir beide ihn in einer Teestube trafen.

Es ging blitzschnell. Wir verliebten uns, ich kündigte meine winzige Wohnung, und wir zogen zusammen. Das Paradies. Ein älterer Mann, damals noch mein
Traum, an den ich mich anlehnen konnte und der mich
ganz nebenbei auch noch für meine Karriere fit machte.
Und wie er das tat. Bei jedem Lapsus, den ich mir im Alltag erlaubte, kritisierte er mich. Auch vor anderen Leuten.

»Werner, ich habe wi-a-klich keine Lust mehr, hier
zu bleiben.«

»Wie heißt das?«

»Wie hat dir denn der Pfi-a-sichkuchen ge-
schmeckt?«

»Wie war das?«

Er war hart. Er war ungnädig. Ich habe ihn gehaßt.
Und ich habe ihn geliebt. Denn er formte mich zu einer
guten, sicheren Sprecherin. Ein Kapital, das mich noch
heute ausgezeichnet ernährt.

Innerhalb weniger Monate hatte sich mein Leben
komplett verändert. Endlich eine Perspektive. Werner
hatte sich in den Kopf gesetzt, mich zu seiner Vorzeige-
schülerin zu machen. An jeder Ecke hörte er nur: »Die
packt's nie.« Doch Werner war ehrgeizig. Er zwang mich
zur Disziplin. Er gab mir Selbstvertrauen. Und er hatte
die Ohren an den richtigen Wänden.

»Das Schulfernsehen sucht eine Ansagerin«, erzählte er mir einige Monate später.

Ich schaute ihn an: »Soll ich mich melden?«

»Schon geschehen.«

Werner fragte nicht lange. Das Casting war gebucht. Ich, Birgit Schrowange, sollte zum ersten Mal vor einer Kamera stehen. Da war sie also, die Chance, auf die ich gewartet hatte. Ein Casting. Mein erstes. Ohne solch ein Casting ist noch kein Star geboren worden.

Ein Casting ist eine große Chance. Und eine unglaubliche Belastungsprobe. Das Scheinwerferlicht – ich fühle mich recht wohl dort, wo's grell hinscheint. Aber das erste ist immer noch das schwerste Mal. Die argwöhnischen Blicke der Redakteure. Sie sehen Hunderte von bildhübschen Frauen. Viele von denen halten sich von Geburt an für Stars und benehmen sich auch so. Gott segne ihr Selbstbewußtsein.

Das Casting – ein Hindernis-Parcours. Nur, wer ein gefestigtes Nervenkostüm hat, kommt durch, ließ ich mir sagen. Und dann war da noch die Stimme im Ohr, die sagte: »Birgit, das ist sie, die große Chance. Nutzt du sie nicht, kommt sie vielleicht nie wieder.«

Ich habe nicht besonders gut geschlafen in diesen Tagen. Nur wenig Zeit hatte ich, um mich vorzubereiten. Chancen pflegen sich nicht anzumelden. Kurz nach Werners Anmeldung wurde ich angerufen. Antreten zum Test.

Werner quälte mich in den wenigen Tagen zuvor.

»Wi-a-sing.«

»Ki-a-sche.«

»I-a-land.«

Oh mein Gott.

Reden, reden, reden. Akzentfrei, lupenrein hochdeutsch.

Der Tag des Castings brach an. Ich habe nicht gut geschlafen. Und wieder diese Stimme: »Hast du einen schlechten Tag – ist der Job futsch. Soll heißen: keine Karriere. Akten, Ablagen, angespitzte Bleistifte bis zum Lebensende.« Der Sendeleiter führte mich ins Studio. Ich setzte mich akkurat hin. Ich mußte Nachrichten vorlesen. Das klappte gut. Dann Anmoderationen für Filmbeiträge. Auch noch kein Problem. Die erste Hürde: Ein Filmriß. Plötzlich war das Rotlicht an der Kamera wieder an.

»Äh, meine Damen und Herren, wir haben ein technisches Problem.«

Nun ja – nicht genial, aber immerhin doch souverän.

Die nächste Panne: Der anmoderierte Filmbeitrag kam nicht. Die tiefe Stimme des Regisseurs – der Zuschauer mag solche Pannen, die Moderatorin haßt sie – scholl durch das Studio. »Wir machen mit dem übernächsten Beitrag weiter.« Zetteltauschen und einfach weiter lesen.

Ich fühlte mich wohl in dieser Welt. So viele Pannen wie in dieser halben Stunde habe ich später allerdings kaum noch erlebt. Dennoch: Die Krisen forderten mich heraus. Noch ein-, zweimal: »Entschuldigung, liebe Zuschauer.« Ich holte mein bezauberndstes Lächeln aus den Mundwinkeln, ich ließ die Augen strahlen und beendete meine erste Sendung, die niemand zu sehen bekam. Dann verließ ich das Studio. Ohne Gefühl dafür, ob die Karriere nun beginnen konnte oder nicht.

Wie es ausging, ist bekannt: Ich wurde genommen. Die Moderatorin war geboren. Und was für eine. Arrogant wie eine Diva.

Eine Kollegin aus dem Redaktionssekretariat sprach mich kurz nach dem Casting an: »Frau Schrowange, stehen Sie doch bitte nicht herum. Kopieren Sie diese Unterlagen.« Ich tastete sie ab mit meinem Blick – von oben nach unten und zurück. Und dann sagte ich: »Diesen Job mache ich nicht mehr lange. Ich werde jetzt Fernsehansagerin.« Die Zunge habe ich nicht herausgestreckt. Aber für den dummen Spruch habe ich mich wochenlang geschämt.

Ein paar Wochen später sollte meine Karriere tatsächlich beginnen. Die erste Anmoderation in einem richtigen Studio vor richtigen Kameras mit richtigen Zuschauern irgendwo. Zwei Monate hatte ich Zeit. Dann stand ich plötzlich auf der Besetzungsliste.

Die Geschichte von einem ekligen Superstar und einem überreizten Magen

Es war wie ein Traum. Heute sollte ich ihn kennenlernen. Einen Mann, den ich am Bildschirm angehimmelt habe, weil er immer so süß lächelte und immer so unglaublich lässig wirkte.

Michael Douglas sollte als Stargast eine Party krönen, zu der auch ich eingeladen war. Michael Kromer, ein Münchener, der mit seinen Ledertaschen eine Weltkarriere gemacht hat, lud in New York zur Präsentation einer neuen Kollektion ein.

Ich war häufig in New York und freute mich über die Abwechslung, aus New Jersey hinüberfahren zu dürfen. Durch den Holland-Tunnel mitten hinein in dieses pompöse Chaos von hupenden Cabs, wie die Taxen dort genannt werden, dem eiskalten glitzernden Charme der Wolkenkratzer und dem atemberaubenden Tempo, das von jedem Menschen dort scheinbar in pure Energie verwandelt wird.

Ich fuhr zur Party und schaute mich um, sah schöne Models, gut gekleidete Herren, einen lachenden Michael Kromer, der mich herzlich begrüßte. Und dann sah ich ihn. Michael Douglas, der mich durch die »Straßen von San Francisco« begleitet hatte, den ich als Finanz-Hai

Gekko in »Wallstreet« hassend bewundert hatte, dessen Seitensprünge ich in der Klatsch-Presse heimlich, aber unheimlich gerne verfolgte.

Da stand er nun. Ich musterte sein Gesicht. Faltig und alt. Ich sah seine Augen. Mürrisch und unlustig. Ich schaute mir seinen Körper an. Oh mein Gott. Dick und schlaff. Er machte an diesem Abend wahrlich keinen drahtigen, dynamischen Eindruck. Okay – vielleicht hatte er einen schlechten Tag. Auch ein Superstar darf sich das erlauben. Aber die Aura, mit der sich Mister Douglas an diesem Abend umgab, verströmte eine Lustlosigkeit, mit der er lieber zu Hause geblieben wäre.

Irgendwann spülte mich der Strom der Menschen auch an die Seite des unwirschen Stars. Ich wollte ihm noch eine Chance geben und lächelte ihn freundlich an. Ich weiß, ich kann das sehr gut, wenn ich will.

Er musterte mich: »Hi«, sagte er, »how are you doing.«

»Oh, I'm fine, thank you.«

Das war's.

Er hatte wenig Interesse an mir. Das hätte auch an mir liegen können. Aber Mister Douglas hatte an diesem Abend an niemandem Interesse. Nicht einmal an einer reizenden kleinen Person, die ich wenige Sekunden nach meinem ersten und einzigen direkten Kontakt mit Michael Douglas kennen- und schätzenlernte. Mrs. Ruth Westheimer.

Ein quirliges, lustiges Energiepakt. Sie ist mit ihren 1,55 Meter die Sexualexpertin Amerikas. Es kommt nicht ganz von ungefähr, daß eine nette Oma von den prüden Amis als Guru für Fragen und Probleme des zwischenmenschlichen Körperkontaktes akzeptiert wird. Denn Sex ist in Übersee ein ganz heikles Thema. Es sei denn, jemand wie Ruth Westheimer geht so unbefangen und entspannt und unschuldig damit um.

Wer ihre Sex-Beratung im TV sucht, kann sich immer noch hinter der Behauptung verstecken, gar nicht so sehr die Lösung für ein wirkliches Problem haben zu wollen, sondern einen direkten Kontakt zu diesem umwerfenden Menschen gesucht zu haben. Wir alle, die um sie herumstanden und fasziniert auf ihre anderthalb Meter herunterschauten, amüsierten uns prächtig über ihre Anekdoten. Ruth Westheimer ist ein Naturereignis, ein kleines Gottesgeschenk. Sie rettete für mich diese Party. Zum Glück. Sonst hätte ich hier schreiben müssen: Michael Douglas hat mit einen ganzen Abend versaut.

Ich möchte niemals so sein wie Michael Douglas an diesem Abend. Ein bißchen mehr Charme, und er hätte mich entzückt. Dabei ist es gar nicht so schwer, sich selbst zu motivieren. So wie heute.

Geplant war die nächste große Reportage für LIFE – DIE LUST ZU LEBEN. Gleitfliegen. Mitten in den Schweizer Alpen, auf dem Monte Generoso. Ein Master, so wurde er genannt, instruierte mich, was zu tun war.

Wir planten einen Tandemsprung. Ich gekoppelt an einen professionellen Gleitflieger. So abenteuerlustig ich mich auch gebe – ich bin kein Selbstmordkandidat. Und deshalb willige ich gerne ein, wenn mir Sicherheit angeboten wird.

Ich ließ mich gerne guiden von diesem Mann, André Hediger, einer der besten Akrobatikflieger der Welt. Tausende von Sprüngen hat er hinter sich.

Vor zehn Jahren hatte er mit dem begonnen, was jetzt zur Mode werden könnte. So etwas nenne ich Weitblick.

Stundenlang machten wir Trockenübungen. Ich sehe

ein, daß die sein müssen. Aber sie strengten auf Dauer ungemein an. Immer wieder Hang rauf, Hang runter.

Es war unglaublich mühsam. Einen halben Tag lang bereitete mich der Master darauf vor.

Dann kamen wir in die heiße Phase. Meine Experte beschrieb mir die korrekte Haltung, die richtigen, im Zweifelsfall lebensrettenden Handgriffe, dann schnürte er mich an der Stange des Gleiters fest und machte sich bereit, mit mir zusammen abzuheben. Parallel war natürlich auch ein Kameramann eingewiesen worden. Er sollte neben mir herfliegen und mein verzerrtes Gesicht, meine Schreie, aber auch mein Entzücken festhalten.

Es ging los. Wir rannten bis zum Keuchen den Hang hinunter, stießen uns ab und schwebten sanft und ruhig. Es war herrlich. Fast ein bißchen wie im Swimmingpool. Ich begann bald Vertrauen zu dem Gerät, das mich in der Luft hielt, und meinem Master zu fassen. Vierhundert Meter in der Luft schwebend. Der alte Traum. Keine brummende Maschine und auch kein Fesselballon. Nichts als ein paar Seile und Fetzen Nylon hielten uns in der Luft. Und wir schwebten wie im Paradies.

Bis André begann, mir imponieren zu wollen. Er machte das ganze Programm. Steilspiralen, Sturzflüge, Loopings, rasantes Abbremsen, Kurven rechts wie links. Fünfzehn Meter Höhenverlust pro Sekunde. Die Fliehkräfte quetschten meine Eingeweide zusammen. Mein Magen meldete sich. Er kitzelte. Er drückte. Er kehrte sich von unten nach oben. Ich fühlte mich elend. Ein Gefühl, das ich bislang noch nicht kannte.

Meine Eltern konnten mir früher gar nicht genug Achterbahnfahrten spendieren. Je steiler es rauf und je wilder es runter ging, desto begeisterter juchzte ich. Ich konnte niemals genug kriegen. Bei einem Besuch auf dem Jahrmarkt kaufte ich mir zehn Tickets von dem Geld, das mir meine Eltern gegeben haben. Immer wieder hoch und runter und schreien und brüllen vor Entzücken.

Mein Luftakrobat wollte mir unbedingt beweisen, was er drauf hatte. Mein Magen rebellierte weiter. An diesem Tag sollte er sich nicht mehr beruhigen. Selbst später, als ich wieder auf dem Boden war, versagten meine Beine.

Aus den Augenwinkeln beobachtete ich: Mein Kameramann machte schlapp. Er hatte eine Viertelstunde in der Luft mitgedreht. Ob er so blaß war, wie ich mich fühlte, weiß ich nicht. In jedem Fall signalisierte er seinem Master, daß er es vorzog, Totalen von mir drehen zu wollen. Bilder von unten, die mich als Punkt am Horizont zeigten.

In mir tobte ein Kampf. Ich mußte mich natürlich beruhigen. Ich redete mir ein, daß mein Magen vollkommen unter Kontrolle war. Sie werden das kennen, vielleicht wenn Sie hassen, in der letzten Reihe in einem Bus zu sitzen, oder wenn Sie es manchmal nicht schaffen, auf dem Rücksitz eines Autos ein Buch zu lesen. Das einzige, was hilft, um die kalten Schweißausbrüche zu stoppen: Augen zu und die Situation so schnell wie möglich beenden.

Aber was sollte ich tun? Meinem Master zubrüllen: »Mach Feierabend, Junge. Ich will nach Hause.« Oder: »Mir ist kotzübel. Abwärts, Meister!«

Ich wollte mir einfach nicht eingestehen, daß ich schlappmachen könnte. Ich war immer stolz auf meine Unempfindlichkeit gewesen. Ich hatte mich köstlich amüsiert, wenn ausgewachsene Männer mit breiten Schultern blaß aus irgendwelchen Jahrmarkt-Attraktionen wankten, während ich das Billet für die nächste Runde zog.

Ich wollte mir auf gar keinen Fall die Blöße geben.

Nicht vor diesem Tandemmaster, der alle Register zog. Nicht vor dem Kameramann da unten, der alles fleißig mitdrehte. Und vor allem nicht vor mir. Fünfundvierzig Minuten, eine satte Dreiviertelstunde, schwebten wir hin und her. Eine normale Tour dauert fünfzehn Minuten.

Der Kitzel, sonst eher ein Motivationsschub bei mir, wurde schlimmer und schlimmer. »Nur nicht an meinen Mageninhalt denken.«

Was für ein Bild: Eine sich übergebende Birgit Schrowange in der Luft, jämmerlich an einem Gleiter hängend. Natürlich würde ein gnädiger Redakteur diese Bilder nicht der Öffentlichkeit preisgeben. Aber mir wär's peinlich.

Während wir eine Pirouette nach der anderen drehten, schossen mir Fragen durch den Kopf, die ich André gestellt hatte.

»Kann eigentlich nichts passieren?«

»Aber klar kann viel passieren«, hatte er fröhlich gemeint. Windscherungen beispielsweise, Höhenwinden, die plötzlich ihre Richtung ändern und den Fallschirm außer Kontrolle geratenlassen. Er erzählte davon, daß sich der Schirm regelmäßig verhakt und er ein Extremmanöver machen muß. Heftiges Ziehen an den Leinen – der Schirm kracht in sich zusammen und bläht sich, mit ein bißchen Glück, wieder auf.

Er plauderte auch davon, daß er bisweilen zu hart an der Steuerleine zieht. Der Schirm bricht aus, der Gleiter trudelt. Und falls er nicht wieder Herr des Schirms wird, kracht er zu Boden.

André schien mir heute beweisen zu wollen, wie hart er imstande ist, Steuerleinen zu ziehen. Mein Master hatte nach einer weiteren halben Stunde ein Einsehen und lenkte den Schirm zu Boden.

An diesem Tag habe ich viel für meine Figur tun

können. Mein Magen rebellierte schon, als mir der Duft einer aromatischen Tasse Kaffee in die Nase stieg. Und eine Achterbahn habe ich seit dem Tag auch nicht mehr von innen gesehen.

1982: Plötzliche Atemnot –
und eine Reise zum ZDF

Heute kraxele ich an wolkenkratzerhohen Felsen herum
oder gleite durch die Lüfte oder rede mit Todeskandi-
daten.

Damals mußte ich kleine Texte, nicht länger als
zwanzig Sekunden, vortragen. Texte, die sich mit der Auf-
klärungstheorie des Immanuel Kant oder Genetik von
Flora und Fauna oder mit der Zeit nach Bismarck beschäf-
tigten.

Mein Vater hatte sich an diesem Tag freigenommen.
Meine Mutter hätte am liebsten der gesamten Bekannt-
schaft im Dorf Bescheid gesagt: »Unsere Birgit ist im Fernsehen. Im Westdeutschen Rundfunk.« Sie hat's nicht
getan. Unsere Stammzeitung, die WESTFALENPOST, hatte
an diesem Tag auf der lokalen Titelseite einen Bericht
über mich veröffentlicht. In meinem Büro schielten meine Kolleginnen aus dem Sekretariat zum Fernsehapparat,
der an diesem Morgen lief. Daheim im Bergischen, wo
ich mittlerweile mit Werner zusammen wohnte, hockte
er, meine neue Liebe und mein Einpeitscher, im Wohnzimmer und kaute wohl nervöser als ich an den Fin-
gernägeln. Und dann bekam ich das erste Thema meiner
ersten Moderation bei meiner Premiere vor einer lau-

fenden Kamera in die Hände und war beinahe zu Tränen
gerührt. »Unser schönes Sauerland.«

Welch ein Tag. Ich hatte es tatsächlich geschafft. Ich
stand im hellen Fernsehstudio und alle Scheinwerfer
waren nur meinetwegen eingeschaltet worden, die Kamera war auf mich gerichtet. Nur auf mich.

Und wie eine glückliche Laune durfte ich bei meinem ersten Auftritt überhaupt von meiner Heimat
schwärmen.

Ich habe nie geleugnet, was so normal und bieder
und langweilig begonnen hat. Ohne Skandal, ohne gute
Beziehungen zur Chefetage. Ich merke auch, wie schwierig es heutzutage ist, eine Chance zu bekommen. Ich
wollte sie unbedingt und lernte rasch, was es heißt, durch-
setzungsfähig zu sein, kompetent und willens, seine Ellen-
bogen zu gebrauchen. Was noch lang nicht reicht: Glück
ist ganz und gar wichtig. Und die Fähigkeit, ein Ziel zu
haben und es mit aller Energie zu verfolgen.

Niemand hätte es mir ausreden können. Vielleicht
war mir Werner deshalb so lieb. Er bestärkte und unterstützte mich. Er war von meinem Talent überzeugt.

Werner – der richtige Mann zur richtigen Zeit. Ich
hätte ihm unsympathisch sein können – niemals hätte er
mich gefördert, gequält und geformt. Er hätte mir nicht
gefallen können – ich wäre ihm sicher nicht hinterher-
gehechelt, um mich von ihm belehren zu lassen. Er hätte in einer glücklichen Ehe leben können, mit seinem
süßen Sohn in der Nähe – schon hätte er weniger Zeit
für mich gefunden. Ich hätte Hans vielleicht von der Heirat überzeugt – wäre längst Hausfrau, Mutter und wäre
mit ihm ins Sauerland gegangen. Und wahrscheinlich
wäre es mir nicht im Traum eingefallen, am frühen Morgen vor dem Fernsehapparat zu hocken und mich beim
Schulfernsehen zu langweilen.

War alles Zufall? Oder Fügung. Ich habe mir damals keine Gedanken über Glück in meinem Leben gemacht.

Ob der Zufall nun ein Zufall war oder nicht, ließ mich kalt. Ich war ehrgeizig.

Hätte ich an diesem Morgen gewußt, als ich hochgradig nervös vom schönen Sauerland erzählte, wie oft ich noch verzweifeln würde dieser Fernsehwelt wegen, in der ich so gerne leben wollte, wäre ich vielleicht gegangen.

Aber ich hielt durch. Ich hatte einen Platz gefunden, und den wollte ich verteidigen. Auch wenn meine Stimme an diesem Morgen zu hoch war, etwas weinerlich klang, zu kippen drohte. Ich verhaspelte mich nicht. Sehe ich es heute, amüsiere ich mich eher. Aber das ist normal, sagen alle.

Ich war Moderatorin. Ich war einmal im Fernsehen gewesen. Ich hatte mir meinen Traum erfüllt und fühlte mich großartig. So großartig, daß ich, bevor ich an diesem Tag wieder an meinen regulären Arbeitsplatz zurückging, ein paar Minuten durch die Fußgängerzone von Köln schlenderte und den Menschen, die mir entgegenkamen, direkt in die Augen schaute.

»Hey«, hätte ich ihnen am liebsten zugerufen. »Sagt, kennt ihr mich eigentlich nicht. Ich bin Birgit Schrowange und war gerade im Fernsehen. Ihr wollt mir doch wohl nicht allen Ernstes erzählen, daß ihr mich nicht gesehen habt.«

Sie erkannten mich nicht, und ich ging an meinen Arbeitsplatz – ein bißchen ernüchtert, aber nicht demotiviert. Warum auch? Von nun an gestalteten sich ein- bis zweimal wöchentlich meine Tage wie folgt: In aller Frühe aufstehen, schnell eine Tasse Kaffee trinken, wenig frühstücken, zum WDR fahren, Texte üben, Schminken, Anmoderationen lesen, Langeweile während der oft dreißig-

oder fünfundvierzigminütigen Filme, Small-Talk mit dem leitenden Redakteur im Studio. Dann kurze Mittagspause und zurück in die Abteilung Kommentare und Feature. Denn natürlich hatte ich meine solide feste Anstellung nicht aufgegeben. Meine Mutter hätte es niemals zugelassen. Außerdem brauchte ich das Geld und mochte meinen Chef Klaus Stiebler viel zu sehr, als daß ich ihn ohne die niedlichen Nackedei-Fotos, die ich ihm in die Unterlagen schmuggelte, in seine schrecklichen Konferenzen hätte gehenlassen können.

Werner rief mich an. »Du warst gut.«

»Fandest du?«

»Natürlich, Schatz. Ein bißchen weniger leiern, hier und da ein bißchen freundlicher schauen, und schon bist du perfekt.«

Ich wollte ihm gerne glauben.

»Glaubst du, ich darf noch einmal moderieren?« fragte ich, denn skeptisch war ich immer.

»Natürlich«, sagte er. »Und wenn ich höchstpersönlich dafür sorgen muß.«

Er brauchte seine Beziehungen nicht mehr spielen zu lassen. Ich gehörte von nun an zur Moderatorenriege. Zum Ärger einiger meiner Kolleginnen aus dem Sekretariat. Manche von ihnen kniff die Lippen zusammen, wenn sie mich sahen und schauten rasch beiseite. Ich verstand sie nicht. Keine von ihnen hatte auch nur mit einer Silbe erwähnt, vor die Kamera zu wollen. Als ich es einfach versuchte und Erfolg hatte, neideten sie es mir.

Ich verstehe diese Menschen nicht. Immer ängstlich und stets auf Sicherheit bedacht. Doch wenn andere die Chancen ergriffen, vor denen sie sich stets fürchteten, reagierten sie neidisch. Ich wiederum war sehr hilflos. Wie sollte ich mit ihnen umgehen? Sollte ich sie ignorieren? Sollte ich strahlend auf sie zugehen? Sollte ich sie anschubsen, zum eigenen Glück zwingen und mich später zur Verantwortung ziehen lassen, wenn es bei ihnen nicht klappte?

Werner und ich liebten uns wie die Teenager. Ich war zu ihm gezogen in sein kleines hübsches Häuschen, in dem er vor ein paar Monaten für mich gekocht und damit mein Herz erobert hatte. Jeden Abend verwöhnte er mich. Seine Frikadellen waren ein Traum. Wenn Gäste kamen, zelebrierte Werner ein Festmahl mit Sauerbraten oder Rinderrouladen – und ich spielte die Hausdame. Das kleine Haus am Waldesrand wurde der beliebteste Treffpunkt unseres Freundeskreises. Wir feierten wilde Feten. Laut, im Garten. Eine unbeschwerte Zeit. Abends lernte ich.

Werner feilte an meinem Stil. Er machte es unberechenbar. Und das gefiel mir nicht immer.

»Du bist so unglaublich talentiert«, murmelte er mir zuweilen mit seiner Radiostimme ins Ohr. »Du verstehst, was ich meine, und lernst viel schneller als die anderen, die ich unterrichte.«

Schon Minuten später konnte er sich in einen nörgelnden Oberlehrer verwandeln.

»Begreif doch endlich, was ich meine. Du mußt dein Gesicht öffnen, deine Zähne zeigen. Du mußt sie anspringen, die Zuschauer, mit deinem Esprit. Stell dich bitte nicht so dumm an.«

Ein guter Lehrer muß so sein, glaube ich. Natürlich war es nicht einfach für mich als Schülerin, mich von meinem Lebenspartner belehren zu lassen. Das Gleichgewicht einer Beziehung leidet, wenn der eine auf einem Gebiet alles und der andere wenig weiß. Wir haben uns oft gezankt. Aber nach jedem Streit hatte ich ein bißchen mehr gelernt.

Wieviel mir noch fehlte, merkte ich, als ich nach ein

paar Monaten Schulfernsehen in aller Hergottsfrühe ins Abendprogramm wechseln wollte. Die Spielfilme und Magazine am Abend waren spannender und wurden von viel mehr Menschen gesehen. Also wandte ich mich gemeinsam mit Werner an die zuständige Person. Und wurde eiskalt abgeschmettert. Werner erhielt einen Brief vom damaligen Sendeleiter. Und der machte unmißverständlich klar: »Die Dame gehört aufs Abstellgleis. Ansagen für den Schulfunk sind dem Publikum gerade noch zuzumuten. Mehr aber nicht.«

Konkret stand in jenem Schreiben, das ich heute noch manchmal lese, damit ich nicht vergesse, wie schnell Erfolg Vergangenheit ist:

»Frau Schrowange ist eine sympathische Erscheinung und gleichwohl keine Figur, die sehr viel zum Zuschauer transportieren vermag. Woran das liegt, weiß ich natürlich nicht. Auch wenn sie noch mehr Kamerasicherheit gewinnt, wird sie wahrscheinlich von diesem persönlichen Eindruck nicht loskommen. Deshalb prophezeie ich ihr nur einen Schulfernseheinsatz, dagegen keinen im Abendprogramm.«

Punkt.

Das saß. Das Ende ganz knapp nach dem Anfang. Werner war wütend, als er den Brief las: »Dieser Ignorant«, zischte er. »Dieser Mann hat nicht die geringste Ahnung davon, wie man ein Fernsehprogramm richtig verkauft.«

»Vielleicht hat er recht«, murmelte ich. Denn natürlich durften wir nicht vergessen, daß Werner nicht nur mein Lehrer, sondern auch mein Liebhaber war. Viele im WDR, die meinen Werdegang verfolgten, sahen darin einen gewissen Zusammenhang. Ich erzählte Werner davon: »Kannst du mich wirklich objektiv beurteilen?«

Seine Leidenschaft war geweckt. »Das lassen wir uns

nicht gefallen«, sagte er später bei einem Glas Wein. Er war wirklich überzeugt von mir, ungeachtet aller Gefühle, die er für mich empfand.

»Was kann dieser Mann nur gegen mich haben?« fragte ich ihn.

»Ich weiß es nicht«, brummte er unwillig. »Eitelkeiten. Irgend jemand möchte nicht, daß du vorwärts kommst. Wo du bist, kann niemand anders stehen. Und Plätze vor der Kamera sind so rar wie Wasser in der Wüste.«

Er kannte die Schlangengrube TV-Geschäft viel besser als ich. In all meiner Naivität war ich davon ausgegangen, daß mich alle Menschen mögen, so wie ich die meisten erst einmal mag. Ich war und bin einfach kein mißtrauischer Mensch. Hinter jeder Ecke Mißgunst zu erwarten, macht das Leben zu einem unbequemen Spießrutenlauf. Wie sollte ich mit meinen vierundzwanzig Jahren die Gesetze kennen?

Die gesamte Entwicklung – Umzug nach Köln, Job beim WDR, Redaktionsassistenz, schließlich Moderation – hat mich überfordert. Ich fühlte mich wie ein Teenager und wollte vom Ernst des Lebens überhaupt nichts wissen. Vorwärts kommen, kämpfen, beißen, kratzen macht wenig Spaß.

Ich wollte auf dem Weg nach oben niemandem die Luft nehmen und kam plötzlich selber in Atemnot.

Werners Schulter war breit in dieser Zeit. Seine Erfahrung, seine Disziplin, sein Wille und vor allem sein Vertrauen in meine Fähigkeiten taten mir unendlich gut. Allein, ohne ihn, hätte ich es niemals geschafft. Mit seiner Penetranz und seinem Perfektionismus machte er mir oft das Leben schwer. Aber ich hing an seinen Lippen.

Neun Jahre waren wir insgesamt miteinander befreundet. Und deshalb wollte ich mir viele Monate nicht eingestehen, daß auch mein Werner, die dritte große Liebe meines Lebens, manchmal sehr schwierig war. Zuweilen war es harte Arbeit, ihn zu mögen. Doch ich hatte gerade keine Zeit, mich darum zu kümmern. Ich mußte Karriere machen. So entschied Werner für mich und verschwendete keine Zeit.

Nur wenige Tage nach der Schmach, als untauglich für das Abendprogramm zu gelten, zeigte mir Werner eine Ausschreibung:

»Sie suchen eine Programmoderatorin.«

Zweites Deutsches Fernsehen stand auf dem Briefkopf.

Ich blickte Werner entsetzt an: »Ich soll mich beim ZDF bewerben?«

»Natürlich. Worauf willst du warten? Daß sie dich anrufen?«

»Nein. Aber soweit bin ich noch lange nicht.«

»Das wird sich zeigen. Versuch's ganz einfach.«

Ich setzte mich hin und schrieb meinen Lebenslauf. Ich flunkerte ein bißchen journalistische Erfahrung vor, denn die war Einstellungsvoraussetzung. Ich schilderte so prall wie möglich meine Moderationserfahrung und packte die Bewerbungsunterlagen im sicheren Glauben zusammen, sehr bald einen großen braunen Umschlag zurückzubekommen.

Werners Philosophie leuchtete mir ein. Greife nach der Chance, auch wenn sie höher hängt, als du glaubst, springen zu können. Doch jetzt hätte ich am liebsten gesagt: »Vielen Dank. Das ist eine Nummer zu groß für mich.«

Gerade hatte ich mich daran gewöhnt, nicht zusammenzubrechen, wenn ich vor die Kamera der Schulfernseh-Redaktion trete. Und jetzt sollte ich mich bewerben, um vielleicht bald vor Millionen Menschen in ganz Deutschland zu stehen.

Die Angst vor der eigenen Courage hätte mich gebremst, wenn Werner nicht gewesen wäre.

Er war der Motor. Er sagte: »Laß uns arbeiten. Du mußt an deiner Haltung zur Kamera feilen. Du mußt offener werden. Dich besser präsentieren. Nur so kannst du dein Thema gut verkaufen.«

Angesichts der kleinen Fernseh-Revolution, die mit den privaten Fernsehprogrammen über uns hereingebrochen ist, war Werner ein äußerst weitsichtiger Mann. Vom Verkaufen verstand er etwas.

Ich fragte mich oft: »Warum drängelt er mich so? Warum will er mich zur perfekten Moderatorin machen?«

In jedem Fall tat auch ich ihm gut. Sein Sohn Sven fehlte ihm sehr. Seine Ex-Frau war wieder in ihre Heimat nach Schleswig-Holstein zurückgekehrt und arbeitete dort als Tontechnikerin beim Norddeutschen Rundfunk. Werner konnte seinen Sohn nur selten sehen und litt sehr darunter.

Ich war froh, daß ich nicht der Grund für das Scheitern dieser Beziehung war. Tatsächlich hatten sich die beiden schon einige Monate vor unserem ersten Augenkontakt zur Trennung entscheiden. Für Werner ein schwerer Schlag. Ihm fehlte die Familie, und ihm fehlte der Junge, in dem er sich selbst sah.

Werner war ein faszinierender Mann – gesegnet mit vielen Talenten. Ein guter Sprecher, ein charmanter Moderator, ein ausgebildeter Opernsänger. Doch keine dieser Gaben konnte er zu einer wirklichen Karriere nutzen. Später sollte uns sein ständiges Grübeln vor große Probleme stellen. Doch jetzt hatte ich erst einmal eine ganz andere Sorge.

Ich bekam Post. Vom Zweiten Deutschen Fernsehen.

Kein großer brauner, sondern ein kleiner weißer Umschlag.

»Sehr geehrte Frau Schrowange, wir freuen uns über Ihre Bewerbung und möchten Sie zu einem Casting einladen.«

Von Stund' an hatte ich keine Ruhe mehr.

Ich sollte mich dem Test stellen. Ein Casting beim ZDF: In meiner Phantasie verwandelte sich die TV-Anstalt zu einem Monster mit neun Köpfen. Ich fieberte. Immer wieder malte ich mir aus, was sie alles mit mir anstellen würden, um mich aus der Fassung zu bringen. Von Zeit zu Zeit fragte ich mich, ob ich mich auf diese Herausforderung wirklich freute. Oder ob sie nur ein logischer und damit vernünftiger Schritt in die richtige Richtung war.

Das Schulfernsehen für ein paar Tausend Zuschauer zu präsentieren ist eine Sache. »Wetten daß…« vor fünfzehn oder zwanzig Millionen Menschen anzusagen – oh mein Gott.

Ich hatte Angst.

Hinzu kam eine Hürde, die mich ganze Nächte kostete: »Wir möchten Sie während des Castings bitten, uns Texte zu präsentieren, die Sie selbst vor den Moderationen geschrieben haben.«

Ich hatte noch nie wirklich getextet. Nicht aus dem Stegreif und schon gar nicht für Medienmanager, die gut dafür bezahlt werden, professionelle Schreiber zu sein. Werner beruhigte mich und übte schreiben. Wie mit einer Anfängerin.

»Schau dir diesen Spielfilm an, überleg, wie du ihn interessant anmoderieren würdest, und faß es in drei, vier klare verständliche Sätze.«

Ach, so einfach ist das?

Wir hatten nicht viel Zeit für die Vorbereitung. Gerade zwei Wochen. Frühmorgens moderierte ich, nachmittags organisierte ich den Redaktionsbetrieb von Klaus Stiebler, abends büffelte ich. Eine Stunde schwierige Sprechübung. Eine Stunde Texten. Eine Stunde selbstverfaßte Programmoderationen vorlesen. Werner spielte Publikum. Ein Runzeln der Stirn, eine hochgezogene Augenbraue zeigten mir: Er ist unzufrieden.

»Sei lockerer. Sprich mit mir und nicht mit einer Kamera«, sagte er. »Stell dir immer vor, daß du mit mir oder deiner Mutter sprichst. Du mußt ihr etwas erklären. Sie muß es begreifen. Innerhalb weniger Sekunden und gleich beim ersten Mal.«

Ich schaute ihn wie eine verängstigte Schülerin an, übte wieder ein gequältes Lächeln und fing von vorne an: »Meine Damen und Herren…«

»Meine Damen und Herren« – Hunderttausende, Millionen Menschen sitzen in ihren Wohnzimmern und schauen mich an. Jede Regung wird registriert, jeder Versprecher könnte am nächsten Tag von der Boulevardpresse ausgeschlachtet werden. Carmen Thomas, eine Kollegin, die beim Westdeutschen Rundfunk durch ihren Ü-Wagen zu einer Radio-Legende geworden ist, muß noch heute damit leben, »Schalke 05« gesagt zu haben.

Als Karl-Heinz Köpcke nach einem Urlaub plötzlich mit einem Schnauzbart die Tagesschau moderierte, wurden teure Umfragen in Auftrag gegeben: »Schnäuzer – ja oder nein?« In den Wohnzimmern wurde entschieden: Kein Bart. Karl-Heinz Köpcke mußte sich beugen.

Moderator sein heißt Verkäufer sein. Deine Ware ist das Programm, und das ist in der Regel so gut, wie du es darstellst.

Die Programmansagerin beim ZDF hatte noch eine ganz andere Bedeutung: Sie war das Gesicht, das Aushängeschild der Anstalt. Ein Aushängeschild muß immer glänzen. Was prägte Mitte der achtziger Jahre das Image einer Fernsehanstalt? Zwei, drei Sendungen, die Abendnachrichten, Derrick oder Tatort, ab und zu eine aufsehenerregende Serie und die Programmansagerin. Heute gilt noch viel mehr als damals: Zuschauer freuen sich über Bezugspersonen. Wen sie kennen, dem vertrauen sie.

Programme anzusagen heißt nicht, Texte vorzubeten. Programmoderatorin bedeutete damals, Identifikationsfigur zu sein. Wie trägt sie die Frisur? Welche Farbe bevorzugt sie für ihre Kostüme? Das machte Mode. Und das machte mir manchmal Angst.

Aber von all dem hatte ich noch keine Ahnung, als ich mit Werner im Wohnzimmer saß und paukte. Ich arbeitete mich langsam in einen Rausch.

Am Abend vor dem Casting in Wiesbaden hatte mich Werner soweit: »Jetzt will ich's wissen. Ich will diesen Job«, trichterte ich mir ein. Werner beobachtete mich genau. Genau so wollte er mich sehen. Und – punktgenau – hatte er mich heiß gemacht. Das Casting konnte kommen.

Es wurde ein langer Tag. Morgens um neun Uhr sollte ich dort sein. Werner fuhr mich hin. Wir verabredeten uns für den Abend in der ZDF-Kantine.

Ich wartete. Blätterte in diesem kargen Wartezimmer in diesem kühlen ZDF-Ausbildungszentrum in den herumliegenden Zeitschriften. Ich saß ganz alleine dort. Ein paar Mal sah ich eine gutaussehende Mitbewerberin über den Flur tippeln. Und jedes Mal dachte ich: »Meine Güte, sieht die gut aus. Die bekommt den Job bestimmt.«

Die Stunden verrannen. Irgendwann kam ein Mann herein, gab mir ein paar Programmzeitschriften und forderte mich auf, ein paar Texte zu bestimmten Spielfilmen zu schreiben.

Ich war froh, endlich etwas tun zu können. Obwohl: Nervös war ich schon vorher nicht mehr gewesen.

»Augen zu und durch«, murmelte ich immer dann, wenn ich dieses leichte Ziehen in der Brust spürte. Ich schaukelte mich in eine sehr entspannte Stimmung, schrieb meine Texte und wartete.

Es wurde 16.30 Uhr. Der junge Mann, der mir die Programmzeitschriften gegeben hatte, holte mich ab. »Wir gehen jetzt erst in die Maske. Dann bekommen Sie noch einmal Gelegenheit, ihre Ansagen zu korrigieren. Und dann gehen wir ins Studio.« Es hörte sich alles so leicht, so selbstverständlich an. Warum sollte ich nervös werden?

»Bin ich die letzte?« fragte ich.

»Sie sind die letzte.«

»Haben Sie gelost?«

Er zuckte mit den Achseln. »Fragen Sie den Personalchef. Ich habe keine Ahnung.«

Natürlich ist es nicht schlecht, bei so einem Casting die letzte Testkandidatin zu sein. Hat man einen guten Tag, ist der Eindruck frisch, wenn die Jury ihre Entscheidung fällt. Steht man aber als erste am Castingtisch, ist die Gefahr sehr groß, blasser zu werden, angesichts all der anderen hoffnungsfrohen Damen.

Ich war die letzte und tat mein Bestes, am Ende die Erste zu sein. Und das alles überraschend entspannt.

Eine tiefe Stimme kam aus dem Lautsprecher:

»Guten Tag, Frau Schrowange, Sie bekommen jetzt die Anmoderationen, und wir spielen die dazugehörigen Beiträge ein«, sagte die Stimme.

Ich war gewappnet. Es würde irgend etwas passieren. Ich las. Der kurze Filmbeitrag kam. Ich las den zweiten Text. Der Beitrag kam. Der dritte. Ah ja. Der Beitrag paßte überhaupt nicht zu meiner Anmoderation. Das

Ende des Filmes. »Meine Damen und Herren, natürlich haben Sie gemerkt, daß wir nicht perfekt sind. Ein kleiner Fehler, ein falscher Beitrag.«

Ich faßte kurz inhaltlich die Anmoderation zusammen, die ich wenige Sekunden zuvor schon einmal vorgetragen hatte. »Ich hoffe, daß ich Sie nicht noch einmal enttäusche.« Gewaltiger Pluspunkt für mich.

Andere Mitbewerberinnen sollen an diesem Punkt in Tränen ausgebrochen sein. Ich blieb souverän.

Die nächste Hürde: »Würden Sie jetzt bitte die Texte lesen, die Ihnen der Kollege reinreicht.«

Ich las – und brach mir fast die Zunge. Fremdwörter purzelten aus meinem Mund. Aktuelle Nachrichten, die irgendwo von einem fürchterlicher Bürgerkrieg in Tadschikistan berichteten, Meldungen aus Hinterindien, wo man sich bei der Namensgebung von Ministerpräsidenten überhaupt nicht um die Aussprachegewohnheiten deutscher Moderatorinnen schert.

Ich war hochkonzentriert. Ein paar Fehler machte ich. Aber ich glaube, ich habe sie recht charmant aufgefangen.

Der letzte Test. »Frau Schrowange, würden Sie bitte den Herrn, der sich gleich zu Ihnen an den Tisch stellt, über die neueste Mode-Frühjahrskollektion, die bei der IGEDO in Düsseldorf präsentiert werden soll, befragen.«

Was für ein Glück. Das Thema »Tarifabschlüsse in der Automobilindustrie« hätte mir größere Probleme bereitet. Ich interviewte den Komparsen, der mein Stichwortgeber war. Er hatte viel weniger Ahnung als ich und – was wichtig war – er gab mir keine hinterlistigen Antworten.

In so manchem Casting wurden hoffnungsvolle Talente zur Verzweiflung gebracht, weil der Interviewpartner nur mit »Ja« oder »Nein«, oder, was noch gemeiner ist, mit Gegenfragen antwortete. Mein Gespräch war sehr angenehm. Wir verabschiedeten uns, ich verabschiedete mich von meinem ersten großen Publikum.

Licht aus.

»Danke, Frau Schrowange. Wir melden uns.«

»Bitte«, murmelte ich leise. Ich war müde, aber im Grunde sehr zufrieden mit mir. Grobe Fehler habe ich nicht gemacht. Recht sympathisch muß ich auch gewirkt haben. »Werner in der Kantine treffen«, erinnerte ich mich. Ich ließ mir von einem Ton-Assistenten den Weg beschreiben und schlenderte langsam dem Ende dieses aufregenden Tages entgegen.

Doch bevor ich nur die Glastür erreicht hatte, von der es hier viele gibt, kam mir ein Mann hinterhergerannt. Der Mann, der sich mir vor dem Casting als der verantwortliche Leiter vorgestellt hatte. Er sagte strahlend: »Sie haben den Job.«

Ich schaute ihn verständnislos an. »Ich muß noch mit dem Programmdirektor sprechen. Aber seien Sie sicher: Besser war keine.«

Ich habe ihn nicht umarmt. Glücklicherweise. Denn dieser Mann sollte wenige Monate später dafür sorgen, daß ich wie nie zuvor in meinem Leben bitterlich weinend im Hotelzimmer sitzen würde.

»So schmeckt also der Erfolg«, dachte ich, als ich mich von ihm verabschiedete. Hätte ich gewußt, welchen Kummer mir dieser Mann, aber nicht nur der, bereiten sollte, wäre ich wahrscheinlich schon wieder bereit gewesen aufzugeben.

Denn mit dem Mann, der mir gerade verraten hatte, daß ich aus Hunderten Bewerberinnen ausgewählt wurde, sollte ich mich bald bitterböse streiten.

Die Geschichte von einem netten Superstar und die Sache mit der Erotik

Dieser Abend war nicht so wie viele andere Abende, die ich moderierte. Dieser Abend war einer der Höhepunkte meiner bisherigen Karriere. Und vor Höhepunkten pflege ich ein bißchen nervös zu werden. Lampenfieber nennt man so etwas. Ich hasse Lampenfieber. Aber an diesem Abend konnte ich nichts dagegen tun.

Und das alles auf der Internationalen Funkausstellung. Ein Festival der Eitelkeiten, eine Spielwiese für Profilneurotiker.

Ich sollte zusammen mit einem der Superstars aus Hollywood, der eigens nach Berlin gereist war, um seinen neuen Film zu präsentieren, auf die Bühne steigen. Das macht Eindruck, aber erzeugt auch Druck.

Zufälligerweise gehört Kevin Costner zu jenen Schauspielern, die ich mag. Bei manchen Menschen empfinde ich eine instinktive Bewunderung. Weil diese Menschen etwas leisten. Weil sie Visionen haben. Und weil sie Mensch geblieben sind.

Kevin Costner hat trotz all der Flops schon viel geleistet. Er ist offensichtlich einer dieser Menschen der Branche, der leidenschaftlich ist in dem, was er tut. Eines machte ihn mir von Anfang an sympathisch – falls er Allüren hat, verbarg er sie geschickt.

Bevor wir beide auf die Bühne gingen, standen wir gemeinsam hinterm Vorhang und warteten auf unseren Auftritt. Er merkte meine Unsicherheit, nahm meine Hand und blinzelte mir zu. Wie ein kleiner unbekümmerter Junge. Dabei ist er groß, schlank und muskulös. Kevin Costner ist ein gutaussehender Mann. Einer zum Verlieben. Wir beide verstanden uns gut. Wir flirteten hinter der Bühne. Wir führten ein kurzes Gespräch auf der Bühne.

Später auf der Party schaute er erst ein bißchen tief ins Glas und dann ein bißchen tief in meine Augen. Die Zeit wäre sogar reif gewesen für ein kleines Abenteuer mit einem Superstar. Und tatsächlich fühlte ich mich geschmeichelt von seinen Blicken.

»Er mag dich«, sagte ich mir. Trotz all der langbeinigen, blonden, brillant aussehenden Blondinen in seinem Schatten kehrte Costners Blick immer wieder zurück zu mir. Bisweilen reicht ein einziger Blick vom richtigen Mann, und das Selbstvertrauen einer Frau ist so gesund wie nach einem Wochenende auf der Schönheitsfarm. Costner sprach mit vielen Menschen, auch mit vielen Frauen. An jeder Ecke mußte er Champagner trinken, und entsprechend angesäuselt war er am fortgeschrittenen Abend.

Ich beobachtete amüsiert seinen Zustand, denn Costner gehört ganz entschieden zu der Sorte Männer, die niedlich werden, wenn sie etwas betrunken sind.

Schließlich wollte ich klammheimlich verschwinden. Costner saß gerade wieder bei einer Schönen fest. Doch der Superstar registrierte blitzschnell, daß ich mich zurückziehen wollte, eilte hinter mir her und flüsterte mir ins Ohr: »Stay with me.« – »Bleib hier.«

Oh, wow.

Ich war unglaublich geschmeichelt. Ein traumhafter Abend mit einem Traumtypen. Ein Abend aus der Abteilung »Geschichten, die ich meinen Enkelkindern erzählen werde, sollte ich jemals welche haben.«

Ich bin dann doch gegangen.

Allein.

Und auch das würde ich meinen Enkelkindern erzählen:

Das Telefon klingelte: »Herzlichen Glückwunsch, Frau Schrowange. Sie sind von Deutschlands Männern zur erotischsten Frau gewählt worden.«

Die Meldung ging durchs Land. Der Playboy hatte abstimmen lassen. »Wer ist Deutschlands erotischste Frau?« Jeder vierte von 1094 befragten Männern nannte meinen Namen.

Solche Umfragen sind populär. Kaum eine Zeitung, die nicht bei mir anrief. In mir hat diese Umfrage einiges bewegt. Stolz war ich. Klar. Verwirrt war ich auch. Müssen solche Umfragen sein? Und wenn ja, muß ein solches Echo durch das ganze Land schallen?

Und gefreut hat's mich doch. Schließlich bin ich weder blond noch groß und so üppig gewachsen, daß ich allzu schnell in eine Schublade zu packen wäre.

Es würde mich schon reizen, einige jener Männer zu sprechen, die sich hinter den 26 Prozent verstecken. Sie haben begriffen, wieviel Spaß ich daran habe, erotisch zu wirken. Ich zeige gerne diese Seite in mir. Mir gefallen die Fotos, auf denen ich verführerisch gekleidet bin.

Allerdings gibt es noch andere Statistiken. Umfragen, die sich nicht nur mit dem Sex-Appeal befassen. In einer der letzten Umfragen, die veröffentlicht wurden, wählten mich Leser einer Zeitschrift zur zweitbeliebtesten Moderatorin Deutschlands. Auch das hat mir sehr geschmeichelt.

Nur Sabine Christiansen von den »Tagesthemen« schnitt besser ab.

1984: Mein ganz persönlicher kalter Krieg

Ich war ohnmächtig vor Wut. Ich hätte niemals gedacht, daß ein Mensch so niederträchtig, so bösartig sein könnte. Ich hatte mich in dieser Sekunde nicht mehr unter Kontrolle. Es passiert selten, daß ich unhöflich werde. An diesem Tag war es soweit. Zum erstenmal beim ZDF.

Ich mußte an diesem Tag einfach zu ihm gehen, so wütend war ich. So sehr ich Streit hasse – diesem konnte ich einfach nicht aus dem Weg gehen.

»Was haben Sie gegen mich?« fragte ich ihn scharf.

Er sah mich erstaunt an.

»Sagen Sie mir endlich, was Sie gegen mich haben. Ich mache genau dieselbe Arbeit wie die anderen Moderatorinnen. Ich komme pünktlich, ich mache meinen Job korrekt. Ich komme gut an beim Publikum. Und trotzdem lassen Sie nicht zu, daß ich nebenbei noch Geld verdienen kann.«

Der Sendeleiter, der Mann, der mich wenige Monate zuvor noch spontan eingestellt hatte, war mittlerweile zu meinem Lieblingsfeind geworden. Er schaute mich erstaunt an, wurde rot und stammelte:

»Wovon sprechen Sie, Frau Schrowange?«

»Wovon ich spreche? Seit Monaten machen Sie mir das Leben schwer. Sie wollen mich verunsichern. Sie geben mir nur noch Nachmittagsschichten. Sie beleidigen mich vor den anderen Ansagerinnen. Sie reden hinter meinem Rücken schlecht über mich. Und Sie verhindern, daß ich auch bei Galas Geld verdienen kann.«

Vielleicht habe ich in dieser Sekunde etwas übertrieben. Vielleicht hätte ich noch einmal kräftig durchatmen müssen, bevor ich in sein Büro gerannt bin. Doch die Luft mußte raus.

Wie oft habe ich in den vergangenen Wochen schon darüber nachgedacht aufzugeben. Ich fühlte mich täglich unwohler, wenn ich das Sendezentrum betrat. Die Atmosphäre war unterkühlt. Alle schauten überaus ernst. Kaum jemand lachte.

Und ich – ich fühlte mich nicht respektiert in dem, was ich tat. Ich strengte mich an. Ich arbeitete an mir. Doch meine Kolleginnen von der Moderation und die Sendeleitung schienen mich zu schneiden. Ich wußte einfach nicht, warum. Ich war am Ende. Meine Freizeit verbrachte ich heulend zu Hause.

Ich konnte in diesem Klima nicht mehr arbeiten. Ich hatte keine Luft zum Atmen und keinen Platz zum Gehen. Ich wollte eigentlich nur lächeln und meinen Spaß haben. Aber woraus bestand mein Leben plötzlich: aus Unannehmlichkeiten, aus Bösartigkeiten, aus kühler Distanz und aus einem Verwaltungsapparat, der mich zu ersticken drohte.

Dabei hatte es so schön angefangen. Werner sagte es ganz leise, auf der Rückfahrt von Wiesbaden nach Köln: »Du hast es tatsächlich geschafft.« Ich hatte ihn eine satte halbe Stunde im Glauben gelassen, ich wäre durchgerasselt, und seinen Trost genossen. Manchmal konnte ich ein richtiges Biest sein.

Bis es schließlich aus mir herausprasselte: »Ich muß doch kündigen jetzt.«

So erfuhr er es. Und war stolz auf mich. Wir verlebten einen wunderschönen Abend. Wie herrlich entspannend kann doch der Erfolg sein. Die nächsten Tage schlief ich kaum, rannte zumeist umher, lachte und scherzte nur und fühlte mich wie frisch verliebt: verliebt in meine Karriere.

Ich hockte abends vor dem Bildschirm und schaute mir die Programm-Moderatorinnen an.

Ich freute mich wie ein kleines Kind darüber, dabeisein zu können, ausgewählt worden zu sein aus so vielen Bewerbungen.

Natürlich wurde es immer schwieriger, morgens in der Dunkelheit aufzustehen, um meine Schul-TV-Ansagen vorzulesen, und danach zurück ins Sekretariat der Abteilung »Kommentare und Feature«.

Meine Festanstellung beim WDR wollte ich nicht aufgeben. Als Programm-Moderatorin beim ZDF würde ich nicht regelmäßig eingesetzt werden – das wußte ich. Die Bezahlung war schlecht – 240 Mark am Tag bei nicht mehr als zehn Einsätzen pro Monat. 2400 Mark. Nicht viel für einen Shooting Star. Ich mußte weiter verdienen.

Klaus Stiebler half mir sehr. Er hatte nichts dagegen, daß ich tageweise freigestellt werden sollte. Die halbe Birgit Schrowange, sagte er mal, sei ihm doch lieber als gar keine.

Was für eine aufregende Zeit. Der Zirkus begann und ich genoß ihn. Ständig rief die Presseabteilung des ZDF an. »Wir haben Fototermine für Sie. Und Interview-Anfragen.«

Ständig mußte ich lächeln und freundlich sein und mich mit Veronica Neukum verstehen. Veronica war die zweite Bewerberin, die das Casting überstanden hatte.

Eine sehr angenehme, herzliche Frau, einige Jahre älter und ein ganz anderer Typ als ich. Wir beide hatten es allen gezeigt. Tausende von Frauen und Männern hatten sich auf die Ausschreibung beworben. Exakt 631 waren in die engere Wahl gekommen. Und noch einmal 50 von ihnen waren ausgewählt worden – für ein Casting vor der Kamera. Nur Veronica und ich hatten es geschafft und wurden jetzt präsentiert.

Mein erster großer Auftritt war in der TELE-ILLU-STRIERTEN, einem bunten Nachmittagsmagazin, das es bis vor einigen Jahren beim ZDF gab.

Moderator war seinerzeit Alexander Niemetz, der freundliche Schweizer, der bisweilen abfällige Bemerkungen über Frauen im Journalismus sagt. Ich habe ihn nicht als Chauvi kennengelernt. Ganz im Gegenteil. Bei meinem ersten Auftritt im bundesweiten Fernsehen hat er meine Zunge so gelockert, daß ich mich noch Wochen später dafür geschämt habe.

»Birgit, woher stammen Sie?« fragte er mich live in der Sendung. Das Stichwort genügte. Ich sprudelte los. »Oh, ich stamme aus Nehden im Sauerland. Kennen Sie das Sauerland? Eine schöne Gegend. Meine Eltern leben heute noch dort. Übrigens: Am Wochenende ist Schützenfest in Nehden. Kommen Sie doch einfach alle hin. Schützenfeste in Nehden sind unheimlich spaßig.«

Apropos Nehden: Als mein Vater die BILD AM SONN-TAG aufschlug und seine Tochter als neues Gesicht des ZDF vorgestellt wurde, ging er erstmal in die Kneipe und gab eine Lokalrunde. Interessant waren die Reaktionen, von denen mein Vater mir später erzählte: »Manche haben gesagt, ich brauchte jetzt nicht mehr zu arbeiten, wo doch meine Tochter so berühmt ist.« Ich erzählte ihm, wie wenig ich verdiene – und irgendwie hat es ihn beruhigt.

Ganz im Gegensatz zu meiner Mutter.

»Wirst du denn beim WDR bleiben?« fragte sie mich immer wieder.

»Ich weiß es noch nicht, Mama. Erstmal ja.«

»Du kannst doch diesen sicheren Job nicht aufgeben.«

Ein halbes Jahr später kündigte ich meinen Job beim WDR, um mich vollends dem Risiko der freien, schlecht bezahlten Moderatoren-Tätigkeit beim ZDF auszusetzen. Es mußte sein. Halbtags als Redaktionsassistentin zu arbeiten, kostete Nerven und Kraft. Zwei Monate lang fuhr ich zweigleisig. Dann entschied ich: »Raus hier. Von jetzt ab nur noch ZDF.«

Ich pendelte zwischen Köln und Wiesbaden, später Köln und Mainz, hin und her. Ich lebte in einem schönen Hotel mitten in Wiesbaden – das ZDF zahlte. Später wurden die unpersönlichen Abende in der doch sehr fremden Umgebung zur Qual. Irgendwann begann ich diese Hotelzimmer zu hassen. Denn immer öfter saß ich abends auf dem Sofa, das mir nicht gehörte, und war todtraurig. Werner war weit weg, und eine Liebe am Telefon ist wenig erfüllend.

Der erste Arbeitstag beim ZDF endete in der typischen Moderatoren-Katastrophe. Ein heller sonniger Nachmittag. Ich war furchtbar nervös.

Das erste Rotlicht im ZDF-Studio. Und ich blieb hängen. An einem Wort. »Regisseur«.

Man kann sich bei diesem Wort schwer verhaspeln, merkte ich an diesem Nachmittag. »Reschisch ... – hm.«

»Regisch ...« Meine Gedanken ließen meine Konzentration vollkommen im Stich.

»Nur nicht patzen. Los, Birgit, deine erste Anmoderation und dann so ein peinlicher Auftritt.«

»Reschiseur.«

»Zu dumm, um ein allgemein gebräuchliches Wort ohne Panne und allzu feuchte Aussprache vorzulesen – diese Frau wurde aus mehreren tausend Bewerberinnen ausgesucht – kaum zu glauben.«

»Der spanische Regischeur.«

»Mußte es dann auch ein spanischer sein. Ein ordentlicher deutscher Filmemacher mit einem soliden Namen hätt's doch auch getan.«

Der Knoten platzte. Der Sendeleiter machte mir nicht den Hauch des Vorwurfs. Zu diesem Zeitpunkt war er noch nett zu mir. Wenig später schon begann das Klima abzukühlen.

Ich fühlte mich immer unwohler. Die Damen der Programm-Moderation, Elfie von Kalkreuth, Mady Riehl und Elke Kast taten wenig, um mich willkommenzuheißen. Untereinander duzten sie sich. Wir kamen über das distanzierte »Sie« nicht hinaus, obwohl ich mir mit meinen vierundzwanzig Jahren doch sehr albern vorkam, nur gesiezt zu werden.

Letztendlich traute ich mich nicht, über meinen Schatten zu springen und direkt auf sie zuzugehen. Manchmal wünschte ich mir sehr, kaltschnäuzig zu sein.

Sie müssen mich als einen Eindringling, als eine Konkurrentin mit unlauterem Mittel – der Jugend – betrachtet haben. Eine andere Erklärung habe ich bis heute nicht gefunden. Meine ständigen Pressetermine müssen für sie die pure Provokation gewesen sein.

Fast täglich riefen Zeitungen an – regionale und nationale. Nach einem halben Jahr beim ZDF erschien ich zum erstenmal auf einem Titelbild – auf der BILD + FUNK. Ich erinnere mich noch genau an dieses Interview mit dem Reporter in einem Wiesbadener Café. Werner saß dabei und stupste mich unterm Tisch an. Er wollte immer, daß ich die selbstbewußte Schöne spiele. Aber ich hatte keine Lust dazu, dem netten Reporter etwas vorzulügen. Werner sollte mich noch oft ausschimpfen.

»Du hast viel zu viel Vertrauen zu den Burschen. Die schreiben nur Schwachsinn, wenn du ihnen so viel von dir erzählst.«

Ich blitzte ihn an: »Ich lüge nicht. Erstens kann ich es nicht. Und zweitens merkt es jeder. Und dann stehe ich dumm da ...«

»Du sollst nur ein bißchen mit ihnen spielen. Die Jungs kennen die Regeln doch auch.«

Werner hatte recht, und ich sollte später meine Lektionen noch lernen. Aber dieser Reporter war ein ehrlicher Vertreter seiner Zunft.

»BIRGIT MACHT DEN BILDSCHIRM SCHÖNER« prangte riesengroß auf dem Titelbild der BILD + FUNK. Kein Wunder, daß meine Kolleginnen neidisch wurden.

An die normalen Ansagen hatte ich mich bald gewöhnt. Ich las sie relativ sicher vor, fühlte mich aber immer noch nicht wohl. Ich suchte krampfhaft nach einem eigenen Stil. Werner war verzweifelt: »Du bist beim ZDF. Du mußt seriös wirken.« Ich war unzufrieden mit mir.

Nur im Bergischen Land, in Werners kleinem Häuschen am Waldrand, wärmte ich mich auf. Werner war lieb. Immer wieder redete er sanft auf mich ein, machte mir Mut, arbeitete mit mir, feilte an meinen kleinen Fehlern. Er zeichnete jede Anmoderation von mir mit dem Videorekorder auf und arbeitete sie abends durch, wenn er von seinen Jobs als Radiomoderator und Sprecherzieher wiederkam. Nach der Lektion baute er seine kleine Heimkamera auf, und ich mußte lesen. Oft war ich todmüde. Aber immer fand er etwas, was noch zu verfeinern war.

Werners Heimkamera verschaffte mir in dieser Zeit

einen ganz besonderen Triumph. Eine Bekannte von mir war am Telefon: »So ein bißchen vorlesen, Birgit, mach dich doch nicht lächerlich. Das kann ich auch.«

»Schön. Ich lade dich ein. Du kommst zu uns, und wir veranstalten ein kleines privates Casting.«

Die Freundin kam, baute sich vor dem Kamin auf und war den Tränen nah, als sie sah, was Werners kleine Heimkamera aufgenommen hatte. Sie nahm alles zurück und respektiert mich noch heute.

Die Krise beim ZDF spitzte sich in der Zwischenzeit mehr und mehr zu.

Eines Abends kam der Sendeleiter kurz vor der Sendung, vielleicht zwei Minuten, bevor die Sendung begann, ins Studio gerannt und brüllte mich an wegen einer Lappalie. Ich hatte irgendein Jackett an, das ihm nicht paßte. Und deswegen demütigte er mich vor dem gesamten Team.

Es war zu spät, um noch ein anderes Jackett aus dem Fundus zu holen. Aber im Grunde hatte sein Auftritt nur ein Ziel: Er wollte mich aus der Fassung bringen. Er schnauzte mich noch eine halbe Minute an und blieb dann neben der Kamera stehen. Noch nie habe ich so gegen die Tränen gekämpft wie an diesem Abend. Ich hab's überstanden. Doch von diesem Moment an habe ich mich entschlossen zu kämpfen.

»Du schaffst es nicht«, murmelte ich, als ich an ihm vorbei zum Studioausgang ging. Er hat es nicht gehört. Es hätte ihn vielleicht etwas auf den Orkan vorbereitet, der wenige Wochen später über ihn hinwegfegen sollte.

Um den recht kargen Lohn aufzubessern, war es zwar nicht gern gesehen, aber dennoch erlaubt, daß Programm-Moderatorinnen Firmenveranstaltungen präsentieren. Jubiläen, Feste, Galas. Ich habe lange gebraucht,

um überhaupt mitzubekommen, daß es solche Zusatz-
verdienste gibt. Meine Kolleginnen haben es mir natürlich nicht verraten. Es dauerte ein gutes Jahr, bis zufälligerweise ein Gespräch zu mir durchgestellt wurde. »Frau
Schrowange, schön, Sie endlich einmal persönlich zu
sprechen. Ich versuche schon lange, Sie zu buchen.«

Buchen? Ich war völlig konsterniert.

»Wir hätten Sie schon vor einem halben Jahr gerne
bei unserer Firmenveranstaltung als Moderatorin gehabt.
Aber leider war Ihr Terminkalender zu voll.«

Terminkalender?

Der gute Mann muß mich für recht beschränkt
gehalten haben. Die eine Hälfte des Gespräches habe ich
nichts verstanden. In der anderen dämmerte mir so viel,
daß ich kaum noch an mich halten konnte.

»Können wir denn jetzt auf Sie zählen, Frau Schrowange?«

»Natürlich können Sie auf mich zählen!« sagte ich.

Hocherfreut über diese Aussichten. Und gleichzeitig entsetzt über die Bösartigkeit meines Vorgesetzten.
Ich ging in sein Büro und machte meiner Wut Luft. Er
versuchte vergeblich, mich zu beruhigen. Ich ließ ihn
meine ganze Wut spüren. Ohne ihm eine Chance zu
geben, Atem zu holen. Schließlich hatte mir der Herr seit
Monaten lukrative Angebote vorenthalten und andere
Kolleginnen bevorzugt.

Meine positive Presseresonanz hatte ihm nicht gefallen, und er entschloß sich, ein bißchen lieber Gott zu
spielen.

»Frau Schrowange ...«

»Nichts da, Frau Schrowange. Sie haben mich nach
Lust und Laune ins Nachmittagsprogramm abgeschoben,
weil ich Ihnen auf einmal nicht mehr sympathisch war«,
sagte ich. »Aber Sie mußten mich ja wieder am Abend

einsetzen, weil ich wohl doch nicht so schlecht ankomme beim Publikum.«

»Gehen Sie jetzt nicht ein bißchen weit?« erwiderte er müde.

»Ich gehe sogar noch weiter, Herr Sendeleiter. Ich gehe zum Programmdirektor und werde mich offiziell beschweren.«

»Um Gottes Willen. Der wird Ihnen doch niemals glauben.«

»Das ist mir egal. Dann werde ich gefeuert. So wie bislang arbeite ich nicht weiter.«

Ich hatte genug und ging eine Etage höher zum Programmdirektor. Der hörte mich ruhig an und glaubte mir. Die Krise war mit diesem Tag beigelegt. Der Sendeleiter und ich pflegten seit meinem Auftritt einen freundlich-distanzierten Umgang ohne größere Probleme.

Merke: »Hau bisweilen auf den Tisch. Und wenn du Glück hast, regeln sich die Dinge wie von selbst.« Eine sehr wichtige Lehrstunde, die mir an diesem Tag erteilt wurde. Als harmoniesüchtiges Wesen mußte ich absolut außer mir sein, um etwas zu verändern. Die Hemmschwelle war riesengroß. Nur sehr selten kann ich dermaßen die Kontrolle über mich verlieren. Aber wenn es soweit war, mußte mein Gegenüber stets sein Toupet festhalten.

Ein Jahr Einarbeitungszeit. Ein Jahr Kampf um ein bißchen Anerkennung von den Platzdamen. So hart hätte ich es mir nicht vorgestellt. Aber nach diesem Tag fühlte ich mich sauwohl. Erst Werner machte mir klar, daß mein Auftritt auch geradewegs in die Arbeitslosigkeit hätte führen können. Ich hatte ein bißchen gepokert und blieb im Amt. Ein bißchen stärker, ein bißchen selbstbewußter und ein bißchen älter als zuvor. Eines war mir klar: Von nun an würde es leichter werden.

Die Geschichte von Ballermann 6
und dem Vorwurf der Korruption

Wie kann ich nur glauben, daß irgendetwas leichter wird?
Immer wieder kommen Schwierigkeiten auf mich zu, mit denen ich nicht rechne. So wie die Dreharbeiten auf Mallorca für LIFE.

Ausgerechnet vor Ballermann 6, Klein-Deutschland des Südens, voller ausgelassener Männer, deren größte Erfüllung in der größten Abfüllung liegt.

Schon sehr früh waren wir mit dem Team angekommen, um die Anmoderationen möglichst schnell im Kasten zu haben. Und trotz der Frühstückszeit brüllte es mir entgegen:

Frei getextet nach der Melodie von »Von den blauen Bergen kommen wir« grölten sie »Schon wieder keine Stimmung – RTL«. Die Männer sahen mich und fingen an zu brüllen: »Birgit Schrowange, Schallallalla.«

Ich lächelte – ein klein wenig gequält. Irgendwie gefiel mir das Klima. Derb, aber ehrlich. Aus den Lautsprechern dröhnte Musik von den Bläck Föss. Später wurde gutes deutsches solides Volksmusikgut intoniert.

Und die Herren, die sich in die pralle Sonne gesetzt haben und zuschauen können, wie sich ihre Haut rot färbt, trainieren für den täglichen Trink-Marathon. Es läuft immer gleich ab. Ganze Eimer voller Sangria stehen bereit. Schläuche führen hinein, so daß der durstige Trinker nur kräftig ziehen muß, um den Soft-Alkohol anzusaugen. Problem dabei ist: Sangria löscht den Durst nicht. Das Gegenteil ist der Fall.

Der nächste Schritt: Durst löschen. Mit Bier, das in Flaschen direkt neben den Sangria-Eimern steht. Kein Wunder, wenn die Mallorca-Urlauber »Birgit, ausziehen, Birgit, ausziehen!« brüllten, als sie mich vor einer Kamera stehen sahen.

Die Aufzeichnung von Anmoderationen ist in diesem Klima zwar sehr lustig, aber nicht immer einfach. Irgendein betrunkener Mann findet sich immer, der als Mutprobe durch die Kamera torkelt und die Einstellung versaut. Sei's drum. Hauptsache, er hatte seinen Spaß.

Ich bin gerne auf Mallorca. Ich mag die Insel. Sie ist grün und üppig und hat stille Ecken, die vor Urlaubern und Sangria in Eimern verschont bleiben. Meine Ferien verbringe ich gerne hier oder auf Ibiza. Aber heute bleibt keine Zeit. Produktionsdruck. Ungefähr fünfzehn Anmoderationen müssen aufgezeichnet werden. Dazu Ersatz-Moderationen, falls irgendetwas schief geht und der Plan nicht eingehalten werden kann.

Alle muß ich auswendig beherrschen. Ich lerne schnell, zum Glück. Doch hier muß ich mich wirklich konzentrieren. Immer wieder Sprechchöre im Hintergrund von halbnackten, betrunkenen Männern. Sie bringen mich zum Lachen, aber leider auch aus dem Konzept.

Eine Aufzeichnung ist harte Arbeit. Alles muß stimmen: meine Optik, der Hintergrund, das Licht, mein Text, der Kameraausschnitt, die Kamerabewegung. Verschwindet die Sonne hinter Wolken, fällt ein ungünstiger Schatten auf mein Gesicht – darf nicht passieren. Also: Wiederholung der Sequenz.

Manche Beiträge für die geplante Sendung stehen noch nicht. Deswegen müssen viele Anmoderationen aufgezeichnet werden, für alle Filme, die möglicherweise gesendet werden.

Und im Hintergrund: »Ausziehen, Ausziehen!«

Irgendwann, eine Ewigkeit später, haben wir alles aufgezeichnet. Ich bin müde und möchte ins Bett.

Dennoch: Ich bin ein geselliger Mensch. Gerade hier in Spanien, wo das Leben immer ein bißchen schwereloser zu sein scheint als in Deutschland. Wo ich mich immer ein bißchen gelöster fühle. Ich genieße solche Momente. Und hasse mich am nächsten Morgen dafür. Denn natürlich geht so ein harter Tag nicht spurlos an mir vorüber. Ich brauche auch Abende alleine im Hotelzimmer. Um mich zu regenerieren und auch, um wieder runterzukommen. Ständig in Kontakt mit Menschen zu sein, ist eine tolle Aufgabe. Aber sie macht auch müde.

Ich bin aufgekratzt an solchen Abenden und brauche Stunden, um mich zu beruhigen. Heute abend habe ich keine Lust, mich zu regenerieren. Ich will noch ein paar Stunden Spaß haben und lachen und gut essen und ein Glas Wein trinken. Oder zwei. Denn morgen geht es zurück nach Deutschland. Da regnet es wieder.

Solche Momente schmerzen. Ein verregneter Sonntagmorgen im März. Zeit zum Ausschlafen. Dachte ich. Kurz nach acht Uhr klingelt das Telefon. Ein guter Freund ist am Apparat.

»Besorg dir heute lieber nicht die Zeitungen.«

»Warum nicht?«

»Sie schreiben schlimme Sachen über dich.«

»Was für Sachen?« frage ich ungläubig, ahnend, daß sich wieder einmal etwas zusammenbraut.

»Du sollst Schmiergeld angenommen haben.«

»Schmiergeld? Ich? Blödsinn.«

»Natürlich ist es Blödsinn. Aber gedruckt haben sie es trotzdem.«

Dieser Sonntag sollte ein unruhiger werden. Und die nächsten Wochen auch. Was war passiert?

Der Besitzer eines Kosmetikstudios in Hamburg wurde mit den Vorwürfen zitiert, er hätte mir bei Dreharbeiten einen teuren Ring zur Verfügung gestellt. Und ich hätte diesen Ring einfach behalten. Außerdem behauptete dieser Mann laut Zeitung, ich habe ihm angeboten, für seinen Salon Schleichwerbung in der Sendung LIFE – DIE LUST AM LEBEN zu machen – für ein paar Scheine, versteht sich.

Ich las den Artikel und schnappte nach Luft. Erstens hatte sich diese Angelegenheit niemals so abgespielt. Zweitens wurde ich so zitiert, als ob ich ein schlechtes Gewissen empfinde. Tatsächlich hatte mich am Tag zuvor eine Reporterin angerufen und mich mit den Vorwürfen konfrontiert. Von dem halbstündigen Interview blieb ein einziger Satz für die Leser erhalten: »Ich weiß auch nicht, wie das passieren konnte.«

Natürlich weiß ich, wie es passieren konnte. Und zwar ganz genau. Aber, der Reihe nach.

Ich lernte den Hamburger Kosmetiker Rheza H. durch einen Dreh kennen.

Die Idee zu dieser Reportage gefiel mir. Ich sollte ungeschminkt und ausgesprochen leger gekleidet in Hamburg ankommen und eine Rundreise durch die Kosmetik machen. Typberatung, Besuch in einem Top-Mode-Haus, ein entspannter Besuch in einem Kosmetiksalon.

Die Wahl fiel ausgerechnet auf Rheza H. Er bot die

Dienstleistung Permanent Make-up an. Eine gute Sache, für Menschen mit blassem Haupttyp, die gerne etwas mehr Farbe zur Schau tragen.

Zu denen zähle ich mich nicht. Deshalb erklärte ich mich nur dazu bereit, mir die Augenbrauen mit der neuen Methode tätowieren zu lassen. Für ein vollständiges Dauer-Make-Up wollte ich meine Haut nicht zu Markte tragen. Rheza H. sollte mich für den Beitrag stylen. Nach dem Motto: Vorher – nachher. Er stellte mir das entsprechende Outfit zusammen, schminkte mich und steckte mir, zur Abrundung des Gesamtbildes, seinen Brillantring an den Finger. Damit wirklich alles stimmte.

Es war ein hektischer Tag. Gleichwohl ein sehr schöner. Von oben bis unten gestylt fuhren wir später zum Flughafen, wo wir die letzten Aufnahmen machten. Nur mit Mühe erreichte ich noch meinen Flieger nach Bonn. An Bord merkte ich erschrocken: Rhezas Ring saß immer noch an meinem Finger. Natürlich war es mir peinlich, ein so teures Stück nicht ordnungsgemäß wieder abgegeben zu haben. Daher auch der zitierte Satz im Sonntags-Blatt: »Ich weiß nicht, wie das passieren konnte.«

Entscheidender ist, was dann geschah. Ich bat den Redakteur, der mich begleitete, den Ring sofort zurückzuschicken. Der kam meiner Bitte am nächsten Tag nach und erntete die Antwort von Rheza H.: »Wir sehen uns doch nächste Woche. Bis dahin kann ich den Ring entbehren.« Damit strich ich den Namen Rheza H. aus meinem Gedächtnis.

Nicht lange. Denn bald erfuhr ich, daß Rheza H. mit meinem Konterfei für sein Permanent Make-up Werbung machte. Auf der Beauty-Messe in Düsseldorf verteilte er Prospekte mit einem Foto von mir. Außerdem hatte er ein Poster produzieren lassen mit einem Schrowange-Bild darauf. Ich wurde als eine seiner »zufriedenen Kundinnen« bezeichnet.

Möglicherweise hätte ich sogar eine werden können. Aber bitte nicht ungefragt. Ich beriet mich mit meiner Anwältin und erfuhr, daß ich mich dringend dagegen zur Wehr zu setzen hatte. Das logische Angebot: Wenn mich jeder als Zugpferd vor seinen Karren spannen würde, wäre ich bald überall zu sehen, und kurz darauf ruiniert.

Ich klagte gegen Rheza H. Wenige Tage, nachdem er die Anklageschrift zugestellt bekam, erschien der Schmähartikel über mich. Welch ein Zufall!

Der Streß konnte beginnen. Die Radio-Sendungen berichteten noch am selben Tag. Am nächsten Tag druckten die Tageszeitungen brav nach, was seit dem Wochenende berichtet worden war. Ich, Birgit Schrowange, war bestechlich. Für ein paar Scheine mache ich meine Show zur Dauer-Werbesendung.

Vergeblich zu erklären, daß die Kontrollinstanzen innerhalb einer Redaktion wie der, für die ich arbeite, derartige Bestechungsversuche sofort im Keim ersticken lassen würde. Jeder Journalist weiß, wie streng Verstöße gegen Werberichtlinien geahndet werden – zu Recht. Werbung hat ihre Berechtigung, wenn sie als solche klar gekennzeichnet ist.

Auch ich gebe meinen Namen hin und wieder für Produkte. Produkte, von denen ich überzeugt bin. Ich mache Werbung – und werde dafür bezahlt. Eine saubere Sache, nach meinem Dafürhalten. Von RTL Television, meinem Arbeitgeber, durchaus unterstützt. Verwässerungstendenzen werden jedoch sofort bekämpft. Von einem Sender wie RTL erst recht, weil immer ein guter Ruf zu verlieren ist. Von mir auch, weil ich weiß, wie viele Menschen nur darauf warten, daß ich einen Fehler mache.

Ein Fehler wie diesen: In einem unachtsamen Augenblick habe ich versäumt, diesen Ring wieder zurückzugeben. Als ich es ein paar Minuten zu spät bemerkte, war das Problem schon da. Der Skandal beschäftigte mich Tag und Nacht. Man ließ mir keine Ruhe. Reporter riefen an, einzig, um die Schmiergeld-Version bestätigt zu wissen. Ich wurde gemustert: »Hat sie? Bestimmt! Die gehört zu denen, die den Hals nie voll kriegen.« Besonders belastend waren die Anrufe, die meine Eltern bekamen. Zitat: »Meine Tochter ist nicht reich, aber dafür ehrlich.« Vielen Dank.

Ich hatte gelernt, der Feindseligkeit die Bedeutung beizumessen, die ihr gebührte. Für meine Eltern aber war es ein Spießrutenlauf auf einem Gelände, das sie nicht kennen.

Wie schade, daß alle diese Bekannten nur Gestalt annehmen, wenn es zu mäkeln gilt. Ein hübsches Kompliment aus dem Munde dieser Menschen habe ich nie gehört. Und meine Eltern auch nicht.

RTL Television schaltete den Hamburger Prominenten-Anwalt Matthias Prinz ein. Und der leistete ganze Arbeit. Blitzschnell erwirkte er eine Einstweilige Verfügung. Niemand durfte diese gräßlichen Behauptungen wiederholen oder erneut aufstellen.

Außerdem mußte die Sonntagszeitung, die den vermeintlichen Skandal publik gemacht hat, zwei Wochen darauf einen Widerruf drucken. Der war klein und wurde kaum beachtet. Aber immerhin – ein Sieg.

Rheza H. schließlich unterschrieb eine eidesstattliche Erklärung, daß er falsch verstanden worden sei und die Vorwürfe niemals so geäußert, geschweige denn gemeint habe.

Das Ende einer kleinen häßlichen Geschichte, die mich lehrte: Keine kostspieligen Leihgaben mehr. Man soll sich einfach nicht mit fremden Federn schmücken.

1985: Ein Triumph im hellen Rampenlicht

Es war schrecklich. Die ganze Nacht konnte ich nicht schlafen. Immer wieder ließ mich meine Phantasie zwischen Wahn und Wirklichkeit hin und her pendeln. Diese Szene machte mich verrückt.

Eine Bühne – in gleißendes Scheinwerferlicht getaucht. Ich trete auf die Bühne. Tosender Beifall. Wie in Zeitlupe schwebe ich nach vorne, will – wie ein charmanter Entertainer – mein Publikum begrüßen. Und plötzlich bleibe ich hängen. Mit dem Stöckelabsatz im Bühnenboden. Peinlich.

Ich fuhr hoch, schweißnaß, hellwach und aufrecht sitzend im Bett. Ich rüttelte den Mann an meiner Seite wach: »Werner, ich kann das nicht.«

Ich war kein einfacher Partner für ihn in diesen Tagen. Aber er wollte die Veranstaltung auf gar keinen Fall absagen. Sein Ehrgeiz war größer als meine Angst.

Ich stand wieder einmal vor einer Premiere. Das Schulfernsehen hatte ich überstanden, den Kleinkrieg beim ZDF auch. Heute nun sollte ich zum erstenmal live, ohne Netz und doppelten Boden, vor ein Publikum treten, um eine Modenschau zu moderieren. Und das ausgerechnet in Brilon.

Ein Heimspiel. Allerdings auch eines, das besonders peinlich ist, wenn es verloren geht.

Werner hatte es für mich organisiert. Er entwickelte sowieso ein ausgesprochenes Talent, mein wachsendes Selbstbewußtsein geschäftstüchtig zu nutzen. Mein Herz flatterte wie selten. Der Unterschied könnte größer nicht sein: An karge Fernsehstudios, mit zwei, drei Kameraleuten, ein paar Ton-Ingenieuren, einer unsichtbaren Regiebesatzung hatte ich mich gewöhnt. Nicht aber an einen Saal voller Menschen, denen man in die Augen blicken mußte und dabei weder Haltung noch Inhalt des Satzes, den man gerade sprechen wollte, vergessen darf.

Das Lampenfieber quälte mich. Vielleicht besonders deshalb, weil ich nur ein paar Kilometer Luftlinie entfernt von meinem Geburtsort auf dieser Bühne stand.

Ramona Leiß, eine meiner nettesten Kolleginnen, hatte mir einen guten Tip gegeben. »Wenn du zu nervös bist, dann klemm das Mikro einfach unters Kinn. Das sieht keiner und du wirkst absolut sicher.« Der Trick funktioniert. Glücklicherweise lag mir auch das Thema der Veranstaltung: die aktuelle Mode. Ein großes Bekleidungshaus in Brilon lud zur Vorstellung der Sommerkollektion. Und ich, mittlerweile zu bescheidener Prominenz gekommen, durfte sie präsentieren.

Natürlich verlief der Auftritt ganz anders als in meinem Traum. Das Licht war nicht gleißend hell, sondern milchig. Der Beifall war nicht frenetisch, als ich die Bühne betrat, sondern allemal freundlich. Und ich blieb nicht mit einem Absatz hängen.

Die ersten Minuten waren furchtbar. Alles in mir wehrte sich, mich vor diese Leute zu stellen. Natürlich gehört diese Erfahrung dazu. Jeder Showmaster hat mir bestätigt: »Du mußt das Gefühl haben, sterben zu wollen, nur dann bist du wirklich gut.« Die meisten Unterhaltungsprofis, selbst die, die regelmäßig vor der Kamera stehen, sagen: »Nur wer die Zeit unmittelbar vor dem Auftritt auf der Toilette verbringt, ist konzentriert genug für die Show.« Vorsicht, wer mich um meinen Job beneidet. Ganz so einfach ist er nicht.

Ich war halb betäubt, als ich auf die Bühne ging. Im Saal entdeckte ich tatsächlich das eine oder andere bekannte Gesicht. Schließlich ist so mancher Sauerländer durch die Praxis von Rechtsanwalt Lohmann gekommen, während ich dort die Scheidungsakten entstaubte.

Jetzt war ich wieder in der Heimat. Nur auf Besuch und ein bißchen bekannter als damals, als ich das Sauerland verlassen habe.

Eines meiner Talente hat mir an diesem Nachmittag gute Dienste erwiesen: Egal, wie nervös ich auch bin – ich habe mich gut im Griff, auch bei Pannen. Irgendetwas fällt mir schon ein, darauf kann ich mich verlassen. Meistens gelingt es mir, charmant zu improvisieren. Die Premiere verlief erfolgreich: Lohn: vierhundert Mark. Ein nettes Zubrot.

In Mainz wurde ich mittlerweile respektiert. Das Verhältnis zwischen dem Sendeleiter und mir war zwar immer noch kühl. Aber mittlerweile ging er fair mit mir um. Mehr wollte ich gar nicht. Ich hatte mein Ziel erreicht, landete wieder im Abendprogramm. Das bedeutete zwar unangenehme Arbeitszeiten. Aber ein unschätzbares Forum.

Mitte der achtziger Jahre verteilte sich die Fernsehnation auf ARD und ZDF. Und wir Sprecherinnen waren die Visitenkarten. An manchen Tagen stand ich an meinem kleinen Tischchen mit dem Wissen, bei zehn, fünfzehn, manchmal sogar zwanzig Millionen Menschen im Wohnzimmer präsent zu sein. Die Routine nach fast zwei Jahren hatte mich in der Zwischenzeit natürlich sicher werden lassen. Patzer gab's nur noch selten. Pannen auch. Und dennoch: Werner fand immer wieder Kleinigkeiten, die ihm erlaubten, mich nörgelnd zu empfangen.

»Deine Haare waren schlecht gefönt.«

»Du betonst die letzten Worte völlig falsch.«

»Deine Stimme ist zu hoch. Du hast so eine schöne, weibliche Stimme. Laß sie schwingen. Du sagst nicht das Kinderprogramm an. Du sprichst mit erwachsenen Menschen.«

»Du stehst wie ein Steifftier. Du mußt biegsam sein. Locker. Ich bekomme einen Kloß im Hals, wenn ich dich so verkrampft da sitzen sehe.«

Ich war bald müde, ständig im Dienst zu sein. Jeder Abend mit Freunden wurde zu einer Performance. Perfekte Aussprache, perfektes Styling, perfekter Charme in jeder Situation. Und das alles mit sechsundzwanzig Lenzen.

Werners Schule war hart, oft unbarmherzig. Immer wieder murmelte ich leise: »Ich hasse ihn, ich hasse ihn.« Sein Schicksal war schon lange mit meinem gekoppelt. Je größer meine Popularität, desto ausgeprägter Werners Ehrgeiz, mich als Moderatorin für Zusatzveranstaltungen zu buchen.

Vom ZDF hatte ich keine Steine im Weg mehr zu erwarten. Nach meinem Ausbruch im Büro des Sendeleiters war der Löwe zahm geworden. Ich bin sicher: Gerne gesehen haben sie es in der Chefetage am Lerchenberg sicher nicht. Doch keiner maulte, keiner versuchte mich zu mobben. Ich hatte mich freigeschwommen.

Im übrigen gab es nicht nur Nörgler beim ZDF. Ich habe jede Menge netter Menschen dort kennengelernt. Gerhard Klarner beispielsweise – der gemütliche Dicke mit der unverwechselbaren Stimme, der leider schon tot ist. In hübscher Regelmäßigkeit beendeten wir beide den

Abend beim Zweiten Deutschen Fernsehen. Ich machte die letzte Ansage, er las die letzten Nachrichten. Danach gingen wir oft gemeinsam in die Maske und unterhielten uns angeregt.

Gerhard Klarner war ein unglaublich netter umgänglicher Mensch. Er wirkte auf dem Schirm immer so ernst. Doch sein Sympathiewert war immer gleichbleibend gut, weil er so charmant wie kein zweiter die positiven Nachrichten zu servieren verstand.

Ulrike Möllendorf war eine wunderbare Kollegin. Endlich eine Frau im Nachrichtengewerbe. Und was für eine. Attraktiv, witzig, frech, kompetent. Auch mit ihr saß ich immer wieder am Schminktisch und war völlig fasziniert von ihr. Sie hatte ein vorwitziges Mundwerk und verstand es immer wieder, das letzte Wort zu behalten. Irgendwann verschwand sie vom Schirm und aus Mainz. Vorwitzige Frauen, die genauso viel zu halten vermögen wie sie versprechen, werden gerne mal ausgebremst.

Das Thema »Frauen im Fernsehen« ist ausgesprochen delikat. In schöner Regelmäßigkeit meldet die Presse die aktuellsten Zahlen über den Prozentsatz von Frauen in Führungsetagen der Medien. Im Grunde ist es eine unendliche Geschichte. Eine Diskussion ohne absehbares Ergebnis. Ein Konflikt wie der klassische Streit zwischen zwei Boxern, die darüber diskutieren, wer von beiden der Stärkere ist. Wie soll eine Frau beweisen, daß sie kompetent ist, wenn man sie nicht läßt? »Gut und schön«, sagen jetzt die Männer in der Chefetage, »mehr und mehr Frauen schwingen mittlerweile das Zepter.«

Antwort: »Mehr als früher, aber immer noch zu wenig.« Viel ist immer noch relativ, soll heißen relativ wenig.

Gerade ich verstehe mich kaum als Vorsurferin auf der Emanzipationswelle. Denn ich definiere meinen

Beruf sehr klar als den einer Präsentatorin mit journalistischen Aufgaben, nicht als Journalistin, die auch präsentiert. Ich bewundere Frauen, die es schaffen, einen Redaktionsbetrieb zu leiten, schwierige inhaltliche Probleme zu lösen und dieses Produkt dann auch noch gut zu verkaufen. Bester Beweis dafür, was wir zu leisten vermögen. Immerhin sind viele ungleiche Rennen schon mit einem klaren Sieg der Frauen im Ring ausgegangen.

Ich bin optimistisch: als Mensch und als Frau. Die Kurve zeigt eindeutig in Richtung erfolgreiche Emanzipation. Thesen, die ich vor fünfzehn Jahren noch nicht vertreten hätte.

Ich wollte vieles und wenn möglich gleichzeitig. Mein neuestes Projekt: die Rückkehr zur Mutter WDR. Wieder hatte Werner davon gehört und mich zur richtigen Zeit zum richtigen Mann geschickt. Klaus Klenke, Redaktionsleiter der AKTUELLEN STUNDE, wollte mich als Moderatorin einsetzen. Die AKTUELLE STUNDE ist ein tägliches TV-Magazin, eine Stunde aus Nordrhein-Westfalen. Und ich sollte sie moderieren – eine Woche pro Monat jeweils täglich.

Wieder sagte ich zu Werner: »Du weißt, daß ich keine klassische Journalistin bin. Wie soll ich das alles schaffen?«

»Du hast bisher alles geschafft.«

»Ja. Aber ich muß ja nicht unbedingt auf die Klappe fallen.«

»Versuch's. Und wenn du dich überfordert fühlst, gibst du den Job eben wieder auf.«

Ich hatte mir seine Philosophie mittlerweile zu eigen gemacht. Erstmal alles annehmen, schauen, was wird, sich Schwächen möglichst nicht anmerken lassen. Augen zu – und durch.

Mit dieser Einstellung bin ich innerhalb weniger Jahre vorwärtsgekommen. Und dennoch hatte ich ständig das Gefühl, müde, überfordert, gereizt, genervt zu sein. Immer nur zur Decke strecken, immer nur hinzulernen, immer nur verarbeiten, ohne zu reflektieren. Ich habe in dieser Zeit alles, was ich kann, im Zeitraffer konsumiert.

Moderieren, texten, lächeln, gerade stehen, lässig gehen, charmant sein, small-talken, die Kamera als Freund begreifen. Positiver Streß ist gesund, sagen die, die unter ihm leiden. Zu viel positiver Streß sorgt genauso für einen Herzinfarkt wie negativer Streß, behaupte ich.

Zurück zu meinem Alltag. Es war einer meiner ersten Tage als Moderatorin bei der AKTUELLEN STUNDE. Ich fuhr im Aufzug nach oben. Plötzlich stieg ein Mann ein. Er sah mich und fing an zu lächeln:

»Frau Schrowange«, erstrahlte er, »Frau Schrowange, wie schön, Sie zu sehen.«

Es war genau *der* Herr aus der Chefetage, der mir vor gar nicht langer Zeit mangelnde Ausstrahlung und eine Biederkeit vorwarf, die man gerade noch grippekranken Schulkindern zumuten kann. Er biederte sich weiter an: »Ich bin so froh, daß Sie wieder für unser Haus tätig sind. Auch wenn Sie sich rar machen.«

Ich wollte kaum glauben, daß dieser Mann tatsächlich die Dreistigkeit besaß, sich so gar nicht mehr an sein Urteil von einst zu erinnern.

»Ich habe Ihnen das ja nie gesagt. Aber ich habe es damals schon gesehen, daß Sie Talent haben. Kompliment, meine Liebe.«

Ich schaute mich rasch um, taxierte das Publikum der kleinen Show, die ich jetzt plante und begann meinen Auftritt: »Sie täuschen sich. Sie müssen eine andere meinen. Mir haben Sie klar zu verstehen gegeben, daß Sie nichts von mir halten.«

Im Film hätte der Aufzug jetzt das Ziel erreicht, die Türen hätten sich geöffnet, und ich wäre triumphal entschwunden. Die Wirklichkeit war anders: Wir mußten noch ein paar Stockwerke gemeinsam ertragen. Ich sah also, wie sich seine Gesichtsfarbe in ein ungesundes Violett verwandelte, wie er herumstammelte und in einem Tausend-Mark-Anzug versuchte, möglichst unscheinbar zu wirken.

Es war ein Sieg, wie man ihn nur zwei oder drei Mal hat im Leben. Und ich habe ihn genossen. Er hat mir Auftrieb gegeben für meinen Job.

Diese Tage waren wirklich hart, weil die Arbeit mir sehr fremd war. Schreiben, in einem guten, lesbaren Stil, ist mir nicht immer leicht gefallen. Und jetzt saß ich in dieser Redaktion des Westdeutschen Rundfunks, und all die gestandenen Redakteure und Reporter verlangten von mir ganz selbstverständlich: »Setz dich hin und schreib eine Anmoderation für meinen Beitrag.«

Morgens um zehn Uhr ging es los. Die Sendung begann abends um 19 Uhr. Feierabend: Kaum vor halb neun.

Ich wußte recht bald, daß mein Intermezzo in Köln nicht lange dauern würde. Ich war ständig müde, weil ständig im Streß. Ich fühlte mich gerade in der aktuellen Sendung oft überfordert. Dauernd wurden neue Meldungen reingereicht, immer wieder wurde der Ablauf einer geplanten Sendung umgestellt. Ein Lustgewinn war diese Arbeit nicht für mich.

Hinzu kam, daß mir früh klar wurde: Wer hier nicht funktioniert und das mörderische Tempo mitgeht, der fliegt. Gerade freie Moderatorinnen und Moderatoren saßen auf einem Schleudersitz, der sie ohne Vorankündigung in die Beschäftigungslosigkeit katapultieren konnte. In meiner kurzen Zeit sah ich manches hoffnungsvolle Talent heulend in der Toilette verschwinden.

144

Es dauerte nicht lange, und das ZDF stellte mir ein Ultimatum. Entweder Programm-Moderatorin in Mainz oder Magazin-Moderatorin in Köln – nur eines von beiden würde gehen. Ich dachte nach und entschied mich schnell – für das ZDF.

Trotzdem war es eine tolle Zeit bei der AKTUELLEN STUNDE. Ich habe viele Menschen kennen- und schätzengelernt. Hella von Sinnen war eine von ihnen. Damals, Mitte der achtziger Jahre, war die sympathische Ulkfregatte eine Kölner Lokalgröße, die sich in der Kabarettistenszene einen Kultstatus erschuftet hatte. Plötzlich stand sie in der Redaktion und rief fröhlich und alle Aufmerksamkeit auf sich ziehend: »Ich bin die Hella und würde gerne euer Wetter machen.« Dann lachte sie schallend, und die ganze Redaktion freute sich. Vermutlich war sie für die damalige TV-Zeit noch zu schrill. Ihre Bewerbung wurde abgelehnt. Schade.

Eines Abends saß mir eine Frau im Studio gegenüber, die ich wirklich bewundere: die schwedische Schauspielerin Liv Ullmann. Eine wohltuend ruhige, gelassene Dame, die gänzlich ohne Glamour auskommt und trotzdem jede Bühne beherrscht, die sie betritt. Wir plauderten über ihr Engagement für Unicef, und sie erzählte so anrührend von den Geschichten, die sie auf ihren Reisen erlebt hat, daß wir alle im Studio ergriffen waren.

Margarethe Schreinemakers lief mir seinerzeit zum ersten Mal über den Weg. Wir wechselten uns ab bei der Moderation und verstanden uns gut. Sie war eine hervorragende Journalistin mit einem angeborenen Themengespür. Heute treffen wir uns regelmäßig im Medienzirkus, grüßen und schätzen uns. Kaum jemand weiß, daß das westdeutsche Regionalprogramm vor über zehn Jahren als Schmiede für TV-Moderatorinnen der neunziger Jahre unschätzbare Dienste geleistet hat.

Der Abschied vom WDR fiel mir schwer, war aber nicht endgültig. Denn ich hatte mir einen neuen Job besorgt. Ich moderierte innerhalb der WDR-Sendung MUSIKPAVILLON Hausfrauentips. Von meiner angeborenen Hausfrauenschwäche habe ich bereits berichtet. Ich war gänzlich ungeeignet, selbst kreativ in diese Sendung einzugreifen. Also ließ ich meine Texte schreiben. Werner, der hochtalentierte Hobbykoch an meiner Seite, hatte ein großes Vergnügen daran, als Ghostwriter praktische Ratschläge aufzuschreiben. Und ich empfand eine diebische Freude daran, in einem Hörfunkstudio zu sitzen und zwischen zwei Musikeinspielungen goldene Ratschläge für die drei Quadratmeter zwischen Kühlschrank, Küchenmesser und Mülleimer zu verbreiten.

Auch Radio-Moderatorin blieb ich nicht lange. Denn eine Nebenstraße meiner Karriere entwickelte sich quasi über Nacht zur Autobahn. Plötzlich war der Anrufbeantworter voll: Ich sollte Galas, Präsentationen, Ausstellungseröffnungen, Modenschauen und ähnliche Bühnenereignisse moderieren. Und weil ich einige Monate zuvor in Brilon meine Feuerprobe bestanden hatte, entschloß ich mich: Das machte Spaß, das machst du weiter.

Weiter machen. Immer vorwärts. Der Motor lief heiß in dieser Zeit. Ohne zu stocken. Ich brauchte eigentlich nichts zu tun – und trotzdem hatte ich schon wieder das nächste Angebot vorliegen. Ich war so eingetaucht in mein schillerndes Leben, daß mich der Anruf, der mich eines Morgens erreichte, kaum mehr wunderte.

Auf der anderen Seite der TV-Produzent Rudi Althammer:

»Frau Schrowange?«

»Am Apparat.«

»Können Sie sich vorstellen, als Schauspielerin zu arbeiten?«

146

»Als Schauspielerin? Wie kommen Sie darauf?«

»Ich habe Sie mir so oft angeschaut. Lassen Sie es uns versuchen. Ich glaube, Sie haben Talent.«

»Talent wozu?«

Ich wußte immer noch nicht recht, worauf der Mann am Telefon hinauswollte.

»Wir machen folgendes. Ich schicke Ihnen ein Drehbuch zu, Sie lesen es sich durch. Und wenn Ihnen die Rolle gefällt, die ich Ihnen zudenke, dann werden Sie eben Schauspielerin.«

Und so begann das nächste Abenteuer. Ich hatte ihn schon oft im Fernsehen angekündigt. Freitagabends, den Klassiker »Ein Fall für Zwei«. Und plötzlich spielte ich selbst eine Rolle. Eine kleine Notlüge verhalf mir dazu. Möglicherweise hätte ich den Auftritt nicht bekommen, wenn ich durch und durch ehrlich gewesen wäre. Aber ich erlaubte mir eine winzige Notlüge und bewies mit meiner Flunkerei schon vor dem ersten Drehtag, daß ich eine recht passable Schauspielerin sein kann.

Die Geschichte eines himmlischen Segens und eines verrückten Verfolgers

Heute habe ich einen Brief bekommen, über den ich mich besonders gefreut habe. Ich bekomme viel Post. Fan-Post. Und ich freue mich sehr darüber. Über die vielen freundlichen Briefe. Gleichzeitig kann ich mich über die Menschen ärgern, die nur deshalb vor dem Fernseh-Apparat sitzen, um Schwächen zu finden, auf die sie mich sofort und voller Freude hinweisen.

Von denen werde ich später noch erzählen. Aber einige von ihnen tun mir so gut, als ob sie geradewegs der Himmel schickt. Im wahrsten Sinne des Wortes. Wie die wunderbare Frau, deren Brief mir heute zugestellt wurde. Der Brief einer Nonne. Ich war gerührt, als ich las, was sie mir schon lange hatte schreiben wollen.

»Liebe Frau Schrowange«, stand da, »ich weiß, daß der liebe Gott Sie zum Fernsehen geschickt hat, damit Sie vielen, vielen Menschen Freude machen.«

Ich hoffe, daß ich jeder Bitte um ein Autogramm nachgekommen bin. Oft signiere ich, bis mir das Handgelenk schmerzt. Doch ich weiß: Wenn ich den Zuschauern wert bin, eine Unterschrift von mir haben zu wollen, dann muß ich ihnen dankbar sein. Und schließlich ist es ein fantastisches Gefühl, populär zu sein.

1. Mit meinem Vater.

2. Andrea und ich als Kinder.

3. Als kleines Mädchen im Karneval.

4. *Teenager.*

5. *Der skeptische Blick der Jugendlichen.*

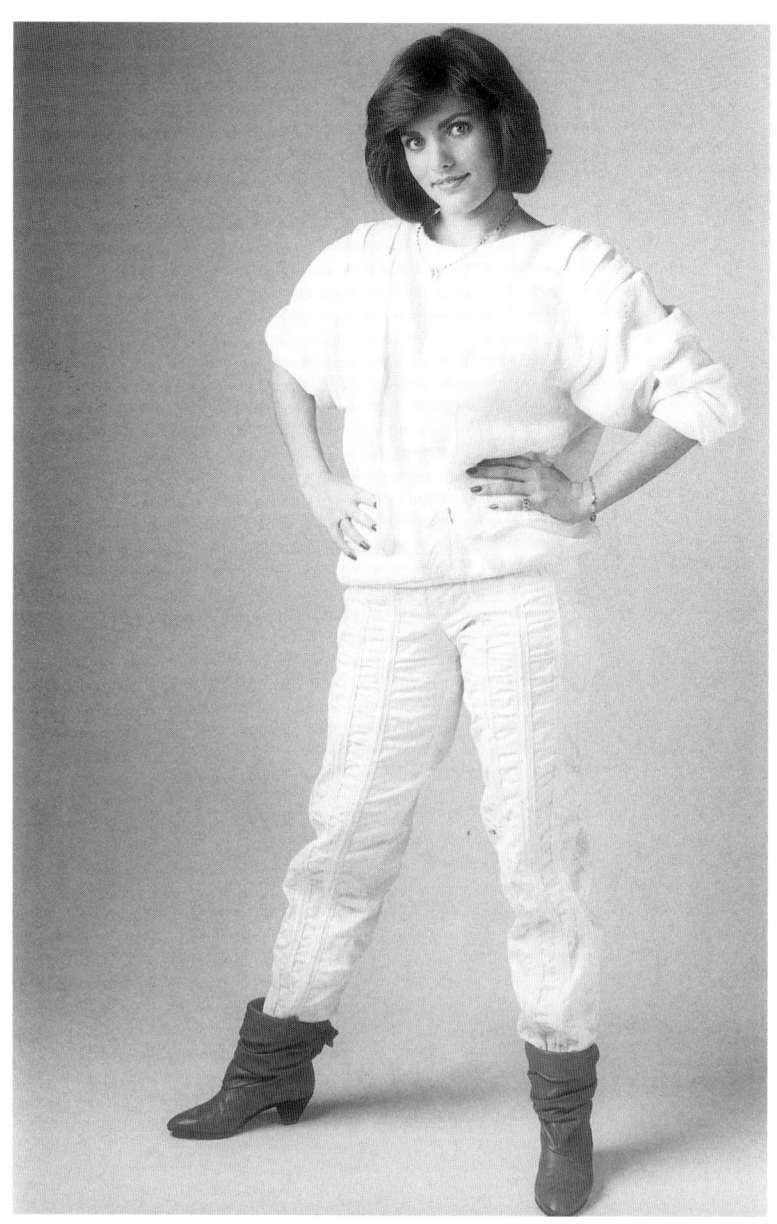

6. *Selbstbewußt auf beiden Beinen.*

7. Werner Schüssler.

8. Auf zu neuen Ufern.

9. Im Kreis der Kolleginnen beim ZDF.

10. TV-Rolle mit Günter Strack.

11. Auftritt in »Ein Fall für zwei« als Prostituierte.

12. Mit Hellmuth Karasek.

13. Starfigaro Gerd Meir und Alessandro-Chefin Silvia Troska bei Werbeaufnahmen.

14. Meine Eltern heute.

15. Mit Luisa, der Tochter meines Bruders.

16. *Mit Maria Rosa Cancemi, meiner besten Freundin.*

17. *Mit meinem Patenkind Alessandro Cancemi.*

18. Auf irgendeinem Flughafen, total erschöpft.

19. Desiree Nosbusch und ich in der Serengeti.

20. *Birgit, die Strandnixe.*

21. Ich liebe erotische Fotos von mir.

22. Mit Erhard Rittinghaus.

23. Begegnung mit Kevin Costner.

24. Mit meinem Redaktionsleiter Frank Hoffmann.

25. Ballermann total: Dreharbeiten auf Mallorca.

26. Mit meinen Kollegen Uli Schwind und Barnie Beckschulte.

27. *Delphintauchen in Israel.*

28. *Fallschirmspringen mit Jürgen Möllemann.*

29. *Dreharbeiten von der Alpenralley in Kitzbühel.*

30. Besuch in der Todeszelle: mit Paul Hill, dem militanten
Abtreibungsgegner.

31. Die X-Ladys von RTL: (v.l.n.r.) Frauke Ludowig (»Exklusiv«),
Birgit Schrowange (»Extra«) und Barbara Eligman (»Explosiv«).

32. Mit einem der schönen Huskies, vor dem Hundeschlittenrennen, das mir zum Verhängnis wurde.

33. Mit Gipsbein im Studio.

34. In Moskau: Schwerelosigkeit im Parabelflugzeug.

35. Lust an der Verwandlung: Mein Stil verändert sich.
(folgende Seiten)

Eine andere Anekdote, die mir sehr viel bedeutet: Vor dem Mauerfall bekam ich ständig Post aus der ehemaligen DDR. Immer und immer wieder schrieb mir ein Mann. Nicht obszön, nicht verletzend, sehr gefühlvoll. Und regelmäßig legte er Lebensmittel bei. Gefrorene Enten zum Beispiel. Jahrelang fand ich regelmäßig ostdeutsche Spezialitäten in meinem Fach.

Dann fiel die Mauer. Logischerweise dachte ich im ersten Moment nicht daran, daß sich durch dieses weltpolitische Ereignis mein Verhältnis zu meinem Verehrer jenseits der Grenze verändern würde. Bis dieser Mann plötzlich vor mir stand. Er nutzte die erste Gelegenheit, geradewegs nach Mainz zu fahren. Er setzte sich in die Bahn zum Lerchenberg und ließ sich nicht abwimmeln, bis er bei mir vorm Schreibtisch stand.

Er hatte sich vorher angemeldet und entschuldigt, mir so nahe treten zu wollen. Aber er pochte darauf, seinen großen Traum erfüllt zu sehen: ein persönlicher Händedruck von mir, ein Foto, auf dem er und ich zusammen zu sehen sind.

Tatsächlich war er ein netter, unscheinbarer, sehr schüchterner Mann mittleren Alters, dessen großer Traum es war, einmal persönlich mit mir reden zu können. Auch für mich war es ein merkwürdiger Augenblick, als wir uns gegenüber standen. Einerseits hatte ich Angst, daß dieser Mann gefährlich sein könnte. Natürlich ist es nicht normal, einer westdeutschen Fernseh-Moderatorin ostdeutsche Nahrungsmittel zuzuschicken. Andererseits wurde mir, als er mir gegenüber stand, klar, daß ich für diesen Mann so etwas wie die Frau fürs Leben bin. Er verfolgte meinen Weg, er schaltete seinen Fernsehapparat gezielt ein, um mich sehen zu können. Er mochte mich. Und damit hatte ich ein bißchen von dem erreicht, was ich erreichen wollte: bekannt und populär zu sein.

Ohne solide Sympathiewerte wäre ich wertlos. In diesem Job, für meinen Arbeitgeber und letztendlich für meine Karriere. Natürlich gehört es dazu, pfleglich mit den Menschen umzugehen, die mir mit Zuneigung begegnen.

Keine Zuneigung, kein Erfolg. Kein Erfolg, keine Entwicklung. So einfach ist es im Grunde.

Wenn dann aber so ein Fan leibhaftig vor mir steht, wird's mir ganz warm ums Herz. Wir haben uns lange unterhalten. Er redete zunächst sehr stockend, sehr schüchtern, traute sich nicht, mir in die Augen zu sehen. Dann begann er aufzutauen. Er erzählte von seinem Zimmer daheim, von all den Schrowange-Fotos, die er gesammelt hat, um damit seine Wände zu tapezieren. Dieser Mann war wirklich ein Verehrer.

Trotzdem mußte ich mit ihm während seines Besuches bei mir reden: »Ich möchte nicht, daß Sie mir noch mehr Lebensmittel schicken«, sagte ich ihm sehr bestimmt. »Sie bringen mich damit in Verlegenheit und ich möchte nicht verlegen sein.«

»Aber wenn es mir doch Freude macht.« Er schwieg ein paar Sekunden. »Natürlich nicht. Ich möchte Sie auf keinen Fall belästigen.«

»Warum suchen Sie sich nicht eine nette Freundin, der sie alle Freuden dieser Welt machen können?«

Am Ende des Gespräches hatte er begriffen. Ich bin nicht seine Traumfrau. Und wenn es so wäre, dann hätte er leider keine Chance bei mir.

Und dann sind da noch Menschen, die mich ausrasten lassen. Eine Geschichte verfolgte mich schon seit Monaten. Ich schlief schlecht, bekam langsam Verfolgungswahn, vermutete ihn hinter jeder Ecke. Dieser Mann hatte sich entschieden, mich zu beobachten. Er wollte immer in meiner Nähe sein. Und das Verrückteste: Er schaffte es auch immer wieder. Er brachte ganze Schichtdienste von Sicherheitskräften beim ZDF in den Ruf, unfähig zu sein.

Alles begann damit, daß sich ein schmächtiger junger Mann mit blassem Gesicht und dunklen Haaren bei mir vorstellte, seinen Namen murmelte und mir eine rote Rose überreichte. Ich bedankte mich herzlich, freute mich wirklich, gab diesem Mann die Hand und verschwand. Das war's.

Diesen Moment muß dieser junge Mann grundsätzlich mißverstanden haben. Denn von nun an hatte ich keine Ruhe mehr. Er schickte mir jeden Tag einen Brief, in dem er seine ewige Liebe schwor und mich bedrohte, sollte ich seine Gefühle nicht erwidern. Er lauerte mir in den Gängen des ZDF auf. Mir ist bis heute nicht klar, wie er es immer wieder geschafft hat, die Kontrollen zu umgehen. Er war immer dort, wo ich ihn nicht erwartet hätte.

Mit seiner leisen Stimme sagte er mir: »Wir beide sind doch für einander geschaffen. Ich liebe Sie und Sie mich doch auch, geben Sie es zu.«

»Wie kommen Sie darauf?« fauchte ich ihn entnervt an.

»Sie haben mir doch Zeichen gegeben bei Ihrer letzten Ansage. Sie haben mit dem rechten Auge geblinzelt. Ich wußte, daß Sie nur mich damit meinen können.«

»Sie spinnen ja.« Ich versuchte mich loszureißen. Er hatte diesen irren Blick, und ich fühlte mich ausgesprochen unwohl in seiner Nähe.

Die Sicherheitsleute warfen ihn vom Gelände. Aber die Geschichte war damit noch lange nicht zu Ende. Er kam wieder. Er schaffte es erneut, sich Zutritt zum Gelände zu schaffen. Er fand mich nicht, kauerte sich in den

Raum, in dem ich, was er augenscheinlich wußte, bald geschminkt werden würde. Meine Maskenbildnerin wollte ihn hinauswerfen. Doch der Mann schlug wild um sich, randalierte, brüllte, wollte unbedingt mit mir reden. Er mußte von mehreren Männern überwältigt werden.

Ich erinnere mich an einen Samstagmorgen. Ich hatte Frühdienst und wartete auf meinen ersten Einsatz. Ein Blick aus dem Fenster – er war wieder dort, stand mitten auf der Wiese und schaute hoch zu mir. Es war wie in einem Thriller. Wie ein Geist überwand er alle Sperren und Kontrollen. Reporter bekamen Wind von der Angelegenheit und schlagzeilten süffisant. »Schrowanges unheimlicher Verehrer.« Ich brauche nicht zu betonen, daß ich wenig Freude an dieser Form der Publizität hatte.

Und es ging weiter. Eines Morgens kam der Leiter vom Dienst zu mir und sagte: »Dein Freund hat schon wieder auf dem Gelände übernachtet.« Diesmal wurde er regelrecht abgeführt und in Untersuchungshaft gesteckt. Es nutzte nicht viel. Er konnte einen festen Wohnsitz nachweisen und wurde wieder entlassen.

Der Mann wurde immer gefährlicher. Er schlug einen Pförtner zusammen, um zu mir zu kommen. Er verprügelte eine Sekretärin. Dieser Mann war in seinem Wahn nicht zu stoppen.

Eines Samstagabends, ich hatte Spätdienst, waren nur noch ganz wenige Menschen im Haus. Der Leiter vom Dienst saß nicht in Hörweite. Ich schaute in dem Zimmer, in dem ich mich immer aufhalte, ein bißchen fern.

Plötzlich stand er vor mir. Ich saß in der Falle. »Birgit«, flüsterte er. »Ich liebe dich.«

Es war eine der unheimlichsten Szenen meines Lebens. Ich alleine mit diesem Mann, der scheinbar völlig außer Kontrolle geraten war. Ich hätte noch so laut schreien können, niemand hätte mich gehört.

Es war still um uns herum. Merkwürdigerweise empfand ich in dieser Sekunde keine Angst, nur Wut. Mit welchem Recht terrorisierte mich dieser Irre? Ich hatte ihm erst freundlich, dann nachdrücklich, dann wütend klar gemacht, daß er mich zufrieden lassen sollte. Jetzt war ich es, welche die Kontrolle verlor. Ich stürzte auf ihn zu, drängte ihn, wild fuchtelnd in die Ecke des Raumes und brüllte ihn an: »Jetzt ist aber Schluß, Freundchen. Ich habe die Schnauze gestrichen voll von deiner Tour. Ich will, daß du mich ein für alle mal zufrieden läßt, hast du mich verstanden!«

Er hat natürlich nicht verstanden. Wie sollte er auch. Dieser Mann war krank. Er landete schließlich doch vor dem Richter. Natürlich hatte das ZDF Anzeige erstattet gegen ihn. Wegen Hausfriedensbruch und Körperverletzung. Das Häufchen Elend saß so niedergeschlagen neben seinem Verteidiger und ließ die ganze unwürdige Prozedur über sich ergehen. Das Urteil: Er wurde für zehn Jahre in eine psychiatrische Anstalt eingewiesen. Der Richter forderte ihn auf, noch etwas zu sagen. Er erhob sich und meinte leise zu mir: »Ich liebe dich doch.«

Ich fühlte mich in diesem Moment so unaussprechlich schlecht, fast schon gemein. Ich konnte diesen Mann nicht hassen. Er tat mir unendlich leid. Er schaute mich an und wurde dann abgeführt. Vermutlich war ich nur der Auslöser dafür, daß seine Krankheit ihn so unberechenbar und gefährlich gemacht hat. Ich kann nur hoffen, daß er geheilt wird. In seinem und in meinem Interesse.

1988: Eine Hure namens Elli

Rudi Althammer, der Produzent, mochte mich. Er sagte: »Sie haben eine Ausstrahlung wie Uschi Glas.« Wenn das kein Kompliment ist.

Doch ein Produzent muß vorsichtig sein. Er investiert viel Geld und will es, möglichst mit reichlich Gewinn, wieder haben. Also fragte mich Althammer: »Du hast doch schon einmal Schauspielunterricht genommen?« Ich schaute ihn an. Was sollte ich sagen? Nein. Keine Ahnung wie so ein Drehbuch ausschaut. Ich verstehe von der Schauspielerei genauso viel wie vom Drechseln. Dann hätte sich die Geschichte vielleicht sofort erledigt.

Ich wollte aber. Unbedingt. Wie oft bekommt man das Angebot, an einem professionellen und erfolgreichen Krimiformat mitarbeiten zu können? Ich log schamlos. Und wahrscheinlich auch ganz gut.

Mir fiel gerade noch der Name eines Schauspiellehrers in Hagen ein. Der war zu unbekannt, um Althammer mißtrauisch werden zu lassen, aber real existent und damit nachprüfbar. Althammer war zufrieden und engagierte mich. Und ich hatte meinen ersten Test als Schauspielerin bestanden. Es konnte losgehen.

Matula kam rein, sah mich und ging auf mich zu. Er schaute mir tief in die Augen und sagte mit seiner Reibeisen-Stimme:

»Es ist vorbei. Geben Sie zu: Sie haben alles gewußt.« Entsetzt starrte ich ihn an.

»Gewußt? Was? Wovon reden Sie?«

Langsam zog er ein Tonband aus seiner schmuddeligen schwarzen Lederjacke, drückte wie in Zeitlupe auf die Wiedergabetaste, und ich hörte das Geständnis eines Mannes, den ich gut kannte.

Und jetzt kam's. In mir mußte alles zusammenbrechen. Jeglicher Widerstand, jegliche Fassade. Das Spiel war aus, der Krimi war fast zu Ende. Ich mußte heulen und auf dem Schreibtisch zusammensinken. Doch kaum verzog ich mein Gesicht und versuchte Claus Theo Gärtner verzweifelt anzuschreien, schüttelte mich ein Lachen, und die Szene mußte wiederholt werden.

Auch Claus Theo hielt sich am Schreibtisch fest – feixend und grinsend.

»Du bist gut«, sagte er, »aber heulen kannst du nicht.«

Er bleute mir alte Schauspielerweisheiten ein: »Denk einfach an etwas Trauriges. Hat dein Freund mit dir Schluß gemacht? Ist dein Dackel gestorben? Mädchen, komm, irgendetwas Böses wird dir doch widerfahren sein.« Wir mußten die Szene einige Male wiederholen.

Aber auch er hatte seinen Spaß mit mir. Vielleicht gerade, weil ich so wenig Ahnung von dem Geschäft hatte.

Mein Auftritt als Sekretärin, die über dem Schreibtisch zusammenbrechen mußte, war der Höhepunkt meiner neuen Karriere. Ich war nicht mehr nur das Staffage-Püppchen, das hier und da durchs Bild wehte, um für eine nette Optik zu sorgen. Ich hatte richtig Text und mußte richtig spielen.

Diese Rolle sollte vorerst meine letzte sein. Viel später erst bekam ich wieder Spaß daran, in einem Film mitzuspielen. Rudi Althammer bescherte mir vier Auftritte. Der erste wurde in Wiesbaden gedreht. Drehzeit für mich: Zwei Tage. Ich spielte wirklich nur eine winzige Nebenrolle. Was mich nicht störte. Ich wollte lernen, großen Stars bei ihrer Arbeit zuschauen.

Heidi Brühl spielte meine Chefin, Volker Lechtenbrink einen Bösewicht. Ich schätze ihn sehr, den kühlen Blonden aus dem Norden. Vor allem seiner unglaublichen Stimme wegen, zu erkennen unter Tausenden. Aber in diesen beiden Tagen habe ich begriffen, daß Stimmbänder nur nach fleißigem Alkoholgenuß so klingen können. Volker trank gern und kam entsprechend oft zu spät zum Dreh.

Wenn's gar nicht ging, mußte er für zwei Stündchen aufs Ohr. Aber danach: Reibungslos. Auch das ist Professionalität.

Wie ein Kleinkind spazierte ich an diesen beiden Tagen über den Set, den Drehort, und staunte. So also werden sie produziert, die Freitags-Krimis, die für viele Menschen schon genauso wichtig geworden waren wie die TAGESSCHAU.

An meinem ersten Arbeitstag lernte ich Günter Strack kennen. Wir fanden uns sofort sympathisch. Günter Strack ist ein sehr väterlicher Mann, nicht nur seines Leibesumfanges wegen. Er hat mir Dilettantin die Arbeit sehr erleichtert. Wenn's ein Problem gab, nahm er mich in seine riesigen Arme, drückte mich und sagte mit seinem Baß: »Kein Problem. Überlaß mir das.«

Der Regisseur meiner ersten beiden Krimis, Michael Meier, hatte sich ein bißchen in mich verguckt. Er himmelte mich während der Dreharbeiten an und tat alles, mir meinen fremden Job so angenehm wie nur möglich zu machen. Sehr angenehm, so zu arbeiten.

Tatsächlich hatte ich wenig Gelegenheit zu versagen. Heidi Brühl spielte eine Musikproduzentin und mußte ständig irgendwelche Pressekonferenzen geben. Mein Auftritt beschränkte sich darauf, hier und da Akten auf den Tisch zu legen oder ein paar Jungs anzulächeln, die hinter mir herpfiffen. Insgesamt hatte ich vier Szenen. Immerhin.

Ausbaufähig, befand Produzent Althammer und ließ mich ein paar Monate später eine Reporterin spielen. Wieder nur eine kleine Nebenrolle. Die Schauspielkarriere ging weiter. Diesmal wieder im FALL FÜR ZWEI. Eine reizvolle Aufgabe. Ich spielte eine Hure. Die Hure Elli. Eine Paraderolle für mich, die sich so gerne verkleidet wie ein Teenager, der vor Mutters Kleiderschrank steht. Ich trieb die Maskenbildner zur Höchstleistung an und fingerte selbst noch an Details herum.

Schauspielen, in fremde Rollen schlüpfen, Gedanken denken, die mein Alltag mir niemals gönnen würde. Ich beneide diese Charaktermimen, welche die Fähigkeit haben, sich in jede Figur hineinzudenken. Kinder können so sein. Sie können spielen. Schauspieler dürfen ein Leben lang Kind sein. Schauspielen – alles sein können, ohne irgendetwas sein zu müssen.

Ich konnte mich aufreizend anziehen, mich schminken wie ein Vamp. Freiern lüsterne Blicke zu werfen, um meine Wirkung zu testen, um dann wieder Birgit Schrowange zu werden.

Die Schauspielerei ist wirklich ein Traumberuf. Ein knüppelharter Traumberuf. Es gibt so viele talentierte Schauspieler, die eine Chance verdienen würden. Und die dennoch kellnern müssen und im Theater soufflieren, um ihren Lebensunterhalt bestreiten zu können.

Ich experimentierte wieder einmal herum in meinem Leben und merkte, wie sehr mir diese Rolle gefiel. Experimente machen Spaß. Aber sie bergen eine Gefahr. Manchmal ist die neue Erfahrung so umwerfend, daß das bisherige Leben nur noch langweilig scheint. Ich wollte nicht, daß mir plötzlich all das, wofür ich lange und hart gearbeitet hatte, wertlos erschien. Vielleicht bemühte ich mich deshalb schon sehr früh um kritische Distanz. Besser zu früh den Wermutstropfen suchen als ihn zu spät zu finden.

Die Rolle der Hure Elli allerdings war mir auf den Leib geschrieben. Ein Nobel-Bordell. Ich hatte mich in eine klassische Prostituierte verwandelt. Knappes Büstier am Leib, ein hauchzartes Nichts als Rock, hochtoupierte knallrote Haare – so saß ich mit einer Zigarettenspitze in der Hand in der Bar, meine Beine, aufreizend übereinandergeschlagen, als dieser Mann das Etablissement betrat. Günter Strack war schon in Pension. Sein Nachfolger, Rainer Hunold, mußte im Zuge der Recherche in den Puff.

Ich schwebte langsam zu ihm hinüber und hauchte sanft: »Hallo Kleiner, was trinken wir beide denn?« Hunold, ganz der Anwalt, mußte erwidern: »Ich bin Anwalt und dienstlich hier. Also Mineralwasser.« Ich wandte mich um zur Bar und sagte verächtlich: »Mach ihm mal einen Drink. Und vergiß nicht, ordentlich Eiswürfel hineinzutun, damit sich der Kleine abkühlen kann.«

Ich trat noch einige Male auf. Lasziv tanzen in der Mitte des Bordells, mich von meinem Zuhälter anschreien lassen, die Polizei rufen. Szenen aus dem Milieu.

Spätestens nach dieser Rolle hätte ich die eine oder

andere spitze Bemerkung aus der ZDF-Chefetage erwartet. Keine Spur. Man ließ mich gewähren, und ich genoß es.

Wenige Wochen später engagierte mich die Produktionsfirma von Rudi Althammer wieder. Ich spielte eine Zahnärztin. Ich freute mich auf diese Rolle, weil ich panische Angst vor Zahnärzten habe. An die Handlung kann ich mich nicht mehr erinnern. Nur noch an dieses grandiose Gefühl der Macht, das Zahnärzte empfinden müssen, wenn sie ihrer Arbeit nachgehen.

Eine Rolle sollte noch kommen. Wieder wurde ich für EIN FALL FÜR ZWEI engagiert. Es war die erste größere Rolle: die Sekretärin, die in das Verbrechen ihres Chefs verwickelt war, und heulend zusammenbrechen mußte.

Irgendwann schaffte es Claus Theo Gärtner, mich so traurig zu machen, daß ich heulte. Ich drückte ein paar echte Tränen aus den Augenwinkeln und blieb so lange schluchzend auf dem Schreibtisch liegen, bis der Regisseur die Szene abschießen konnte. Klappe, Schluß, Aus.

Ich hätte weitermachen können. Ich bekam Angebote für weitere kleinere Rollen. Doch ich merkte, daß dies nicht meine Welt ist. Von vorne anfangen, mit vollem Risiko, mit maximalem Ehrgeiz. Der Preis war mir zu hoch, die Gefahr zu groß, aufs falsche Pferd zu setzen.

Der Entschluß dagegen machte mir Mühe. Ich gefiel mir, wenn ich mich als Schauspielerin sah. Ich spielte nicht so schlecht – meine Eltern bestätigten mir, daß sie mich sogar als Hure Elli gerne angeschaut haben. Hinzu kam, daß der Job der Programm-Moderatorin beim ZDF zur Routine geworden war. Ich hatte viel für mein Selbstbewußtsein tun können.

Ich gab Althammer einen Korb und konzentrierte mich wieder auf den Alltag. Bereut habe ich es nicht.

Schauspieler werden zwar mehr denn je gebraucht und auch entsprechend bezahlt. Aber meinem Gefühl kann ich trauen. Ich hab's nicht bereut. Mittlerweile werden mir schon wieder Gastrollen angeboten. Doch dazu später mehr. Ich hatte auch ohne die Schauspielerei reichlich zu tun.

Ich nahm jedes Angebot an. Ich präsentierte Shows auf der Internationalen Automobil Ausstellung, ohne viel von Autos zu verstehen, genauso wie ich auf der CeBIT in Hannover gesehen wurde, ohne mich mit Computern auszukennen. Ich war auf der Photokina genauso wie auf Händlertagungen von Automobilherstellern – deutsche, französische, italienische.

Ich hatte wenig Zeit. Und Werner trieb mich weiter voran. Wir stritten uns oft. Er wollte, daß ich immer mehr Angebote annahm. Ich sehnte mich immer öfter nach ein bißchen Ruhe und Entspannung. Aber letztendlich nahm ich doch alle Aufträge an, die er akquirierte. Ich wollte keinen Dauerkonflikt mit ihm. Lieber wieder rauf auf die Bühne, die Faulheit bekämpfen und lächeln.

Fast jeder Auftritt hat seinen Reiz gehabt. Denn auf jeder Veranstaltung gibt es mindestens einen netten Menschen und eine amüsante Panne.

Eine aus der Anfangszeit. Zum erstenmal mit prominenter Besetzung. Ich sollte bei einer Veranstaltung einen überaus charmanten Griechen ansagen:

»Freuen Sie sich auf Costa Cordalis!« rief ich ins Mikrofon.

Applaus. Ich schaute auf den Vorhang.

Nichts passierte.

Unter meinem Make-up wurde ich rot.

Einzelne Lacher im Publikum, die sich freuten, daß endlich etwas schief ging. Auch mir gefällt es immer gut, wenn das reibungslose Getriebe der Show-Maschinerie stockt. Aber, bitte schön, *ich* möchte davon verschont bleiben.

Ich ging hinüber auf die andere Bühnenseite und sagte: »Ich habe ihn schon gesehen. Adonis muß also da sein.«

Dazu ein mäßig sicheres Lächeln auf den Lippen.

»Costa«, säuselte ich, alles vor Publikum, alles mit einem Mikro vor dem Mund. Ich durfte nicht fluchen, nicht weinerlich klingen, keine Wut, keine Verzweiflung, nicht mal Unsicherheit zeigen.

»Costa, wo bleibst du denn?«

Ich schielte durch den Vorhang hinter der Bühne und – wollte kaum glauben, was ich sah. Der große Braune mit dem strahlenden Lächeln – im übrigen auch heute noch ein Herzensbrecher vor dem Herrn – flirtete mit einem hübschen Mädchen der Tanzformation. Es hatte nicht den Anschein, als würde er sich in einer Sekunde an seinen Auftritt erinnern.

Ich wandte mich wieder dem Publikum zu und sagte: »Ich glaube, er will gerufen werden.«

Launiges Gelächter.

Ich hob die Arme.

»Wir sollten ihn rufen.« Und dann, auf mein Zeichen hin, brüllte der ganze Saal: »COSTA!«

Zwei Sekunden, vielleicht drei: Und schon stand er neben mir, zeigte seine weißen Zähne und ließ sich die leichte Verspätung nicht anmerken.

Er ist ein Profi. Und ich wurde langsam einer.

Ich erinnere mich an die Verleihung des AEG-Kunstpreises. Im Publikum saß auch die Schirmherrin Hannelore Kohl, die Frau des Bundeskanzlers.

Eine seriöse, perfekt geplante Veranstaltung. Plötzlich steht so ein Bursche auf der Bühne, schnappt sich mein Mikrofon, schimpft auf irgendeinen Beamten des

Ordnungsamtes, der verhinderte, daß er seine Konzession für irgendetwas behalten durfte.

So bedauernswert dieser Mensch auch sein mochte: Er hatte kein Recht, mir meine Show kaputtzumachen. Irgendwie mußte der Kerl runter von der Bühne. Was tun, ohne eine peinliche Figur zu machen? Ich überlegte blitzschnell. Er würde es kaum wagen, mich zu schlagen. Dann wäre der Eklat perfekt. Ich riß ihm das Mikro wieder aus der Hand und sagte zu ihm: »Sie stören diese Veranstaltung!« Ich überlegte kurz. »Was halten Sie davon: Wenn wir fertig sind, dürfen Sie Ihr Anliegen loswerden. Hier auf der Bühne.« Er willigte ein und setzte sich wieder auf seinen Platz.

Ich hasse solche Zwischenfälle. Ohne die Schuld der Moderatorin wird der Abend mit einem schalen Beigeschmack beendet. Würziger sind jene Zwischenfälle, die aus lauter Lust am Schabernack von den Präsentatoren selbst initiiert werden.

Bernd Heller, seinerzeit noch Sportmoderator beim ZDF, und ich sollten eine Hochglanzveranstaltung von BMW präsentieren. Zehn Tage lang zogen wir durch Deutschland, waren schließlich ein perfekt eingespieltes Team, zu dem übrigens auch Isabel Varell zählte. Eine meiner besten Freundinnen.

Isabel, gesegnet mit einer wunderbaren kräftigen Stimme und einem mitreißenden Temperament, war als Sängerin engagiert. Die gesamte Reise hatte wunderbar geklappt. Niemand versagte, niemand patzte.

Irgendetwas mußte doch initiiert werden. Wo bleibt sonst der Spaß?

Isabel und ich, zusammen müssen wir zwei ausgelassenen Teenagern geglichen haben, tranken am Abend vor der letzten Veranstaltung Wein. Zuviel für uns beide. Wir dachten uns einen Spaß aus, zum Gaudi der

162

Zuschauer und zum Verdruß von Bernd Heller. Er sollte das Opfer sein.

Der Programmablauf war so geplant, daß Bernd einen Auftritt Isabells alleine, ohne mich ansagte. So auch an diesem Abend. Auf seine nonchalante Art und Weise bat Bernd Isabel auf die Bühne. Doch statt ihrer stöckelte ich, blitzschnell auf Sängerin geschminkt, zu ihm und hauchte »I want to fall in love with you« ins Mikro. Der gute Bernd – im übrigen ein liebenswerter Kollege – war für Sekunden perplex, für einen weiteren Moment sprachlos, dann begann er zu grinsen und hatte auch seinen Spaß an der Nummer.

Ich bekam einen Szenenapplaus, und jeder der Zuschauer ging gut gelaunt nach Hause.

Der Veranstalter einer Musterhausküchen-Präsentation hätte sich lieber eine gesunde Birgit Schrowange gewünscht. Was er aber kurz vor seiner Show sah, war ein hustendes, verschnupftes Elend. Schon am Abend zuvor hatte ich mich hundsmiserabel gefühlt. Ich bin sicher nicht wehleidig und kann auch Kopfschmerzen charmant überspielen. Doch an diesem Tag ging es mir wirklich dreckig.

Ich versuchte den Veranstalter zu überzeugen: »Bitte, suchen Sie einen Ersatz für mich.« Es war natürlich viel zu spät, um sich noch Alternativen zu überlegen. Und entsprechend gereizt reagierte mein Auftraggeber.

Eine schreckliche Situation. Was passiert, wenn der Moderator kurz vor der Show krank wird und kein Ersatz parat steht? Augen zu und durch.

Ich hatte den schwächsten Auftritt meines Lebens. Während des ganzen Abends stand ich komplett neben mir. Mein Schädel dröhnte, ich schwitzte fürchterlich und hatte große Probleme, mich auf meine Talkgäste zu konzentrieren. Ausgerechnet an jenem Abend war die Besetzung hochkarätig. Alfred Biolek war da und Thekla Carola Wied auch. Der Abend war furchtbar. Druck auf den Ohren, ständig Tränen in den Augen. Die Nase lief. Jeder schien sich nur wie in Zeitlupe zu bewegen.

Eine Szene habe ich noch vor Augen. Thekla Carola Wied stand auf der Bühne. Ich sollte sie etwas fragen und hatte schlicht und einfach den Ablauf vergessen. Thekla Carola stand einige Sekunden ziemlich überflüssig herum und rettete die Situation, in dem sie einfach losredete. Solange, bis ich den Faden wiederfand.

Weder sie noch Bio haben mir meine schwache Vorstellung übelgenommen. Dafür war der Veranstalter sauer. Mein Pech in solchen Situationen: Keiner glaubt mir, daß ich krank bin. Mit meinen dunklen Haaren und meinem Teint sehe ich immer recht frisch aus. Ich bin so gut wie niemals blaß. Wenn die Grippe kommt, spüre ich sie. Wer mir mein Leiden nicht glaubt, der muß es bleiben lassen.

Schwächeanfälle auf der Bühne habe ich, glücklicherweise, sehr selten erlebt. In der Regel gaben mir die Life-Auftritte den Kick, den ich so mochte an diesem Metier. Hatte ich meine tägliche Trägheit überwunden, mich auf den Abend oder den Nachmittag vorbereitet, stand ich also vor dem Publikum und konnte loslegen, dann fühlte ich mich auch glänzend.

Und wenn ich mich glänzend fühlte, ging auch meine Karriere voran. Doch was der Karriere guttat, begann meine Beziehung zu hindern. Werner und ich fanden immer seltener zueinander. Wir redeten kaum noch miteinander. Und wenn, stritten wir. Ich rätselte immer öfter über seine Rolle in meinem Leben. Brauchte er meinen Erfolg, um seine Identität rechtfertigen zu können? Trieb er mich an, um gewisse Schattenseiten seiner abgebremsten Karriere vergessen zu können?

Was für eine Beziehung führten wir eigentlich? Eine glückliche? Eine automatische? Eine intensive? Eine harmonische? Nichts von alledem und trotzdem von jedem etwas. Früher hatten wir noch viel Spaß miteinander gehabt.

Unsere gemeinsame Platte, unglaublich peinlich und unglaublich witzig. »Wir machen eine Platte«, hatte Werner bestimmt. Es wurde eine witzige, spannende Erfahrung für mich. Werner machte eine ganze Langspielplatte, und ich durfte mittexten und komponieren. Freunde von Werner, Komponisten, die sich auf Schlager spezialisiert hatten, und er selbst schrieben die Musik. Und bei einigen Liedern sang ich sogar im Hintergrund.

Warum nicht? Die Platte floppte. Aber eine schillernde Erinnerung ist es allemal.

Werner hatte immer wieder Überraschungen parat, die mir peinlich waren. Ich versuchte oft, mit ihm über seine laute, oft auch eitle Art zu reden. Er hörte mir zu, schien mich zu verstehen, und verfiel bald doch wieder in eine Form des Größenwahns, den er gar nicht nötig gehabt hätte, bei all seinen Talenten. Ich wußte nicht: Förderte er mich? Bremste er mich aus? Haßte er mich, weil ich, nicht zuletzt durch sein Engagement, immer erfolgreicher wurde?

Die Situation wurde immer unerträglicher. Ich fühlte mich nicht mehr wohl in seiner Gegenwart. Und er sah mich immer mehr als bloßes Objekt. Wie sehr, sollte ich schon sehr bald feststellen. Die Kälte zwischen uns hätte ich verkraftet. Auch die Trennung, auf die es letztendlich hinaus lief.

Was mich für Monate aus dem Gleichgewicht brachte, war eine ganz andere Geschichte. Eine, die mich zum ersten Mal in meinem Leben in die negativen Schlagzeilen brachte. Eine Geschichte, die mir auch klar machte:

Prominenz kann einsam machen. Monatelang grübelte ich: Welchen Fehler habe ich gemacht? Zu viel geredet? Den falschen Menschen vertraut? War ich zu naiv, zu dumm, zu jung, zu gutgläubig? Ein Mann machte mich in aller Öffentlichkeit lächerlich, er denunzierte mich, er sorgte dafür, daß ich selbst heute noch bisweilen schief angeschaut werde. Ich hatte die schlimmste Phase meines Lebens vor mir. Dank Drafi Deutscher.

Die Geschichte des freien Falls
und der schönsten Frau der Welt

Ich darf mir nicht in die Hose machen. Oh mein Gott, wenn ich mit einem feuchten Fleck in meiner Hose unten ankomme – wie peinlich.

Birgit, du darfst dir nicht in die Hose machen. Mein Sprunglehrer hatte mir davon erzählt. »Bei den meisten steigt der Adrenalinspiegel so dramatisch an, daß sie ihre Blase nicht mehr kontrollieren können«, hatte er gesagt. Von da an hatte ich vor allem Angst davor.

Es war wie ein Gebet. Minutenlang. In meinem Kopf drehte sich immer wieder nur dieser eine Gedanke: Kontrolliere deine Schließmuskeln, Birgit. Die Situation war skurril. Ich saß in einem kleinen Flugzeug. Das Flugzeug war exakt viertausend Meter über dem Erdboden. Meine Beine baumelten in der kleinen Tür, die aufgezogen war. Ein unvorstellbar kalter Wind zog in den kleinen Rumpf, raubte mir den Atem und trieb mir die Tränen in die Augen. So viel Tränen wie in diesen Minuten habe ich in meinem ganzen Leben noch nicht vergossen.

Hinter mir robbte sich der Kameramann Zentimeter für Zentimeter näher. Gleich würde er über mich hinwegsteigen, sich in die Tiefe stürzen und – frei fliegend – darauf warten, daß ich an ihm vorbeisauste.

Ich blickte nach unten: »Oh Gott.«

Viertausend Meter. Die Erde sah gigantisch aus. Ein scheinbar mathematisch berechnetes Mosaik von braunen und grünen Flecken. Irgendwo und irgendwie würde ich in ein paar Minuten da unten ankommen. Entweder heil und euphorisch. Oder zerlegt. Aber dann war's sowieso egal.

Ich hatte meinen ersten Fallschirm-Sprung vor mir. In wenigen Minuten würde ich mich mit meinen beiden Beinen, die sich plötzlich unsagbar schwach fühlten, abstoßen und fliegen. Ganz frei und fast allein. Ich war zusammengeschnürt mit einem sogenannten Tandemmaster – ein Fallschirmspringer, der schon oft gesprungen war und deshalb genügend Erfahrung hatte, mich mit zum Boden zu nehmen. Und weil sich mein Körper so vertrauensvoll an seinen preßte, mußte ich meine Blase unbedingt kontrollieren. »Nur nicht in die Hose machen.«

Ich hatte mich gefreut auf dieses Abenteuer. Erst frei durch die Luft zu sausen und dann sanft, vom Fallschirm gehalten, zu Boden zu gleiten. Ich habe meinen Freunden davon erzählt. Die meisten beneideten mich. Meine Eltern reagierten gelassen. Sie kannten meinen Hang zu Extremen. Und sie wußten, daß ich noch nie Angst gehabt habe.

Die Idee war ein paar Wochen zuvor geboren worden. Mein Chef kam zu mir:

»Hast du Lust, mit Jürgen Möllemann Fallschirm zu springen?«

»Natürlich. Macht er denn mit?«

»So wie es aussieht, schon.«

Seitdem die Sendung LIFE auf dem Schirm war, erlebte ich ein waghalsiges Abenteuer nach dem anderen. Aber dieser Fallschirmsprung war der vorläufige Höhepunkt. Ich sollte springen, vor laufender Kamera, vor möglichst vielen Zuschauern, meine Gefühle preisgeben. Ich dachte noch einmal zwei Minuten nach und sagte dann zu meinem Chef: »Ich mach's.«

Jürgen Möllemann, Politiker, ehemaliger Wirtschaftsminister und Vize-Kanzler, dann von seiner Partei entmachtet und später wiedergeholt, war ein leidenschaftlicher Springer. Er wurde von der Redaktion angerufen und sagte sofort zu. Das Abenteuer konnte beginnen.

Ich wurde eingewiesen. Wie in der Schule. Ein erfahrener Fallschirmspringer erklärte mir die wichtigsten Regeln. Dann wurde der Termin festgelegt. Am nächsten Tag, Punkt neun Uhr. Mein erster Sprung.

Ich schlief vollkommen ruhig. Traumlos und tief. Keine Anzeichen von Aufregung. Das sollte später kommen. Es war ein eisiger Tag. Selbst auf dem Boden. Meine Kleidung saß wie eine zweite Haut und gaukelte mir Wärme und Bequemlichkeit vor. Mühevoll hatte ich mich hineingezwängt. Ich trug einen Thermoanzug, der keinen Windhauch durchließ. Und falls die eisige Kälte, zwanzig Grad Minus, doch durchdringen sollte, hatte ich noch eine Springer-Kombination an.

Oben, in viertausend Meter Höhe, ließ mich alles im Stich. Sobald wir unsere Flughöhe erreicht und die kleine Tür aufgemacht hatten, fror ich jämmerlich. Das Gefühl ist schwer zu beschreiben. Die Kälte von außen ist schlimm genug. Die Kälte von innen kommt dazu. Diese Aufregung wie früher in der Schule vor der Rückgabe einer Klassenarbeit oder vor dem ersten Treffen mit einer neuen Liebe. Ein paar Stunden später sollte mir das Phänomen erklärt werden: Adrenalin. Ich saß da oben, schaute in die Tiefe und kam mir vor wie in einem Spielfilm. Gleich würde »Ende« auf der Leinwand erscheinen. Licht an. »Vielen Dank für Ihren Besuch, liebe Zuschauer, und schönen Abend.«

Wenn da nicht dieses Magendrücken wäre und diese furchtbare Angst, in die Hose zu machen. Mein Tandemmaster überprüfte meine Ausrüstung, dann seine. Dann schnallte er mich vor sich. Wie ein Känguruh-Baby in Mütterchens Beutel. Langsam robbten wir uns zu der Tür.

Unser Konzept war klar: 2500 Meter im freien Fall. Jürgen Möllemann hatte mir vorher erzählt: »Man kann sich sogar unterhalten in dieser Minute, in der man mit einer Geschwindigkeit von 250 Kilometer pro Stunde zur Erde saust.« Smalltalk auf dem Weg zur Hölle.

Warum machen Menschen so etwas? Welche Frage: Ich saß auch hier und wartete auf den Absprung. Der Kameramann, auch ein erfahrener Springer, warf mir einen fragenden Blick zu. Irgendwie muß ich ihm das Gefühl gegeben haben, daß bei mir alles in Ordnung war. Er lächelte, ich auch. Noch ein paar Sekunden. Ich hatte an den Lippen meines Tandemmasters gehangen, als er mich unten, während des Trainings und der Trockenübungen beruhigte: »Es kann doch sein, daß ich gar nicht mehr springen will, wenn ich oben bin und runter gucke.«

»Natürlich willst du springen. Du kannst in viertausend Meter Höhe überhaupt nicht mehr realisieren, wie hoch du bist. Es ist ja nicht so, daß du auf einem Fünf-Meter-Brett stehst und runterschaust. Du hast einfach keine Vorstellung mehr, wo du dich überhaupt befindest.«

Er hatte recht. Ich saß in der Tür, mein Tandemmaster hautnah dahinter. Ich schaute runter und begriff gar nicht, was jetzt passieren sollte. Noch nie war ich von einem Menschen so abhängig wie in dieser Situation. Der Kameramann zwängte sich‹ an uns vorbei. Ich schaute zurück zu meinem Redakteur, der mich begleitete und der später über meinen Sprung in die Tiefe berichten sollte. Er würde nicht springen. Und war trotzdem bleich wie bei einer Bestattung.

Ich fragte meinen Tandemmaster:

»Kann wirklich nichts, nichts, nichts passieren?«

Ich konnte seine Ruhe kaum begreifen: »Es kann nichts passieren«, meinte er, »auf mich warten eine Frau und zwei Kinder.«

Der Kameramann kletterte über mich hinweg nach draußen. Ich begann zu schreien: »Hilfe, ich kann nicht runtergucken.«

Der Kameramann begann mich mit einer speziellen Kamera, die auf seinen Helm montiert war, zu drehen.

»Was soll ich jetzt tun?« brüllte ich meinen Tandemmaster an. Ich hatte alles vergessen. Dann hörte ich das heisere »Los!« meines Tandemmasters. Und dann war ich im freien Flug.

Unglaublich. Es war unglaublich. Unglaublich kalt. Die Luft war so schneidig, daß ich das Gefühl hatte, von Millionen Eiszapfen gepiekt zu werden. Ich brüllte irgendetwas. Urlaute, zu denen man fähig ist, wenn man keine Kontrolle mehr über sich und sein Leben hat.

Mein Fallschirmlehrer hatte immer gesagt: »Du mußt den Kopf nach unten halten. Achte um Himmels Willen immer darauf. Sonst kannst du dir dein Genick brechen.«

Ich versuchte meinen Schädel nach vorne zu bringen. Doch ich kam gegen den Flugwind nicht an. Der Gegenwind raubte mir den Atem. Ich versuchte Luft zu holen und schnappte jämmerlich danach. Merkwürdig: Luft gibt's dort oben im Übermaß. Frisch und klar. Und ausgerechnet dort kann man kaum atmen.

Ich spürte meinen ganzen Körper. Alles tat weh. Und das eine Minute lang. Ich hatte einen pfeifenden schrillen Ton im Ohr. Wie ein Herbst-Orkan. Nur direkt am Gesicht. Wie Eiszapfen. Und den Kopf nach vorne. Und Tränen, die über die Wange rannen.

Die Minute war wie eine Ewigkeit. Ich dachte: »Meine Güte, wann zieht der Mann denn den Fallschirm. Hoffentlich vergißt er es nicht.« Er vergaß es nicht. Mit einem Ruck öffnete sich der Schirm. Wir gingen in eine Vollbremsung. Von dieser Sekunde an war's ein Genuß. Keine Eiszapfen mehr im Gesicht. Ich rang erschöpft, aber schon in dieser Sekunde, obwohl noch weit von der sicheren Erde entfernt, glücklich nach Luft.

Mein Tandemmaster hinter mir steuerte gelassen und souverän. Es herrschte plötzlich eine himmlische Ruhe. Der Kameramann, den ich eben, während des Freiflugs, gar nicht wahrgenommen hatte, steuerte sich ein bißchen näher an uns heran. Es wurden phantastische Bilder. Die schönsten, die jemals mit mir gemacht wurden. Ich bin sehr stolz darauf. Wir segelten ganz friedlich zur Erde. Die braunen und die grünen Flecken wurden immer größer, waren bald nicht mehr als kleine Vierecke zu erkennen. Ich sah unten diese Pünktchen. Das Kamerateam, das mich unten empfangen würde, um mich zu drehen. Auf die Leute von den Fallschirmspringer-Schule, die mir die ganze Zeit gesagt hatten: »So kalt wird's da oben gar nicht«, war ich nicht gut zu sprechen. Denn so gefroren hatte ich mein liebes langes Leben noch nicht.

Die Pünktchen wurden Menschen. Mit einem Satz waren wir wieder auf dem Boden. Ich wollte zerspringen vor Freude. Meine ersten Worte waren: »Ich hätte nicht gedacht, daß ich das tue.« Stolz. Es war der pure Stolz, den ich empfand.

Der Blick nach unten in die unbeschreibliche Tiefe, die Unmöglichkeit, sich selbst zu überwinden, der Kick, es dennoch zu tun. Jürgen Möllemann hatte recht: »Es ist wie ein Rausch«, hatte er gesagt. »Vorher hast du ein Gefühl, das so etwas wie Todesangst sein muß. Dein Kopf begreift nicht mehr, was dein Körper gleich tun wird. Du tust es trotzdem und hast dich wieder einmal besiegt. In der Sekunde, in der du im Flugzeug bist, hört das Nachdenken auf. Du bist stärker geworden. Ein tolles Gefühl.« Recht hat er.

Ich wollte gleich nochmal in die Luft, aber das war nicht vorgesehen. Erst am Tag darauf sollte ich mit Möllemann springen, ihn in der Luft interviewen. Ich muß es vorwegnehmen: Am nächsten Tag waren dunkle Wolken über dem Flugplatz. Der Sprung mußte abgesagt werden. Möllemann war enttäuscht. Ich auch. Aber Sicherheit ist beim Sprung mit einem Fallschirm oberstes Gebot. Wir verabredeten, das gemeinsame Abenteuer so schnell wie möglich nachzuholen. Bis heute ist es noch nicht dazu gekommen.

Das Kapitel Fallschirmsprung hatte noch ein kleines Nachspiel. Eines, das mich entsetzte. Mein Tandemmaster, der, dem ich mein Leben anvertraut hatte, ohne groß darüber nachzudenken, hatte wenige Stunden nach unserem gemeinsamen Flug einen Kreislaufkollaps erlitten. Er war plötzlich bleich geworden und zusammengesackt.

Wahrscheinlich hätte ich trotzdem überlebt. Die Technik läßt Fallschirme denken. Manche Schirme, auch unsere, sind so ausgestattet, daß sie sich automatisch öffnen, sollten sie in einer bestimmten Höhe und einer bestimmten Fallgeschwindigkeit noch nicht gezogen worden sein. Das hätte mir vermutlich das Leben gerettet. Aber das Experiment hätte mir für Wochen den Schlaf geraubt. Mein Tandemmaster hatte mich gesund zurück zur Erde gebracht. Ich hoffe, daß es ihm bald besser gegangen ist. Und ich bin dankbar, daß er seinen Kreislaufkollaps nicht mit mir vor dem Bauch in der Luft bekommen hat.

Sie ist eine, die von Reportern gejagt wird. Eine negative Schlagzeile über sie ist weitaus wertvoller als eine positive.

Und heute habe ich neben ihr gesessen. Neben der Frau, die Journalisten als schönste Frau der Welt bezeichnen. Deren Körper als makellos, deren Gesicht als klassisch, deren Proportionen als ideal bezeichnet werden. Claudia Schiffer, Frauke Ludowig, einige andere Vertreter von RTL und ich waren zum Essen verabredet.

Claudia war aus Amerika angerauscht, um ihr neues Fitnessvideo zu präsentieren. Sie war zu Gast in einigen Sendungen von RTL und erzählte von ihrem neuen Steckenpferd – natürlich auch bei LIFE. Und das machte sie wirklich professionell.

Wir verstanden uns gut. Wir unterhielten uns über Prominenz und die Art, sich auf einem Laufsteg zu bewegen, über die Qualität des Essens auf Linienflügen und weitere Unverbindlichkeiten. Belanglosigkeiten wie diese würzen ein solches Essen nicht unbedingt. Aber es wird auch nicht versalzen.

Ich war ziemlich schweigsam am Tisch. Nicht aus Schüchternheit. Mehr aus der Neugierde heraus, möglichst viel mitzubekommen. Ich verfiel immer mehr in Schweigen, weil ich Claudias Gesicht studierte. Sie ist eine Schönheit, unbestritten. Doch sind ihre Gesichtszüge tatsächlich der Maßstab? Claudia Schiffer ist nicht nur ein Modell. Sie ist Lebensgefühl. Sie trägt die Haare wild und setzt damit Zeichen: »Zeigt her eure Mähne.« Dann schnürt sie ihr Dekolleté hoch, propagiert den Wonderbra und macht die Produzenten von erotischer Unterwäsche reich.

Claudia Schiffer und ihre Kolleginnen sind Vorbilder. Ihnen wird nachgeeifert. Sie verkörpern Freude am Leben, Genuß auf der Zunge, ein gutes Gefühl. Und dann sitze ich neben dieser Vorreiterin des guten Geschmacks und mir fällt auf: Sie ist hübsch, aber versetzt mich nicht in Trance. Sie redet schnell und hektisch, und manchmal kiekst ihre Stimme. Sie plappert fröhlich drauflos, erzählt uns von ihren Eßgewohnheiten – an einem Tag normal schlemmen, an den beiden darauffolgenden hungern. Sie beschreibt, wie gerne sie mit dem Flieger nach Deutschland einschwebt und wo sie ihre Kleider kauft.

Claudia Schiffer hat mich dennoch beeindruckt. Sie hat es verstanden, die Gunst der erfolgreichen Jahre zu nutzen und sich perfekt zu vermarkten. Wohlwissend, daß das Verfallsdatum in ihrer Branche ungemein schnell überschritten sein kann. Sie hat das Antlitz eines Engels und dennoch eine ausgeprägte Geschäftstüchtigkeit. Sie hat hochdotierte Werbeverträge unterschrieben und diese professionell erfüllt. Und sie ist überaus verschwiegen.

Während unseres Mittagessens meidet sie ein Thema: David Copperfield. Sie weiß, wie genau sie auf jeden Nebensatz achten muß, wenn sie ausgerechnet mit zwei Moderatorinnen luncht. Zu unserer Ehre muß ich hier beisteuern: Wir haben nicht gefragt. Obwohl alle, die mit ihr am Tisch saßen, vor Neugier platzten. Bis heute wissen wir nicht, ob David und sie wirklich ein Paar sind. Aber vielleicht finden wir es ja beim nächsten gemeinsamen Essen heraus.

Heute habe ich wirklich gerne gearbeitet. Weil ich nicht frieren mußte wie in der Antarktis, weil mir nicht schlecht wurde bei irgendwelchen Kapriolen, weil ich mich heute von einer Seite präsentieren konnte, die kaum einer beachtet. Heute waren meine Hände im Rampenlicht. Ich mag meine Hände. Sie sind schlank und schön geformt.

Ich hatte durch einen Agenten einen Werbeauftrag

bekommen, bei dem ich sofort zusagte. Die Hand- und Nagelpflegefirma Allessandro wollte mich als Werbeträger für ihre Produkte buchen. Das Angebot gefiel mir sofort, weil ich mich mit diesen Produkten identifizieren kann. Also investierte ich gerne einen freien Sonntag für das Foto-Shooting.

Nicht nur das. Ich hatte dem Auftraggeber klar gesagt: »Wir müssen die ganze Serie an einem Sonntag durchkriegen. Ich habe so wenig Zeit.« Also wurde der gesamte Auftrag an einem Tag durchgezogen. Vierzehn verschiedene Outfits. Vierzehn verschiedene Rollen, in die ich zu schlüpfen hatte. Mal die Business-Frau im strengen Kostüm. Dazu passend der dezente Nagellack. Mal die Rockerbraut in Lederkluft. Der Nagellack kohlrabenschwarz wie die Nacht. Mal die Diva mit strenger Knotenfrisur. Der Nagellack passend dazu tiefrot. Mal im Kuschelpulli mit Kaffeetasse am Tischchen. Der Nagellack dazu quietschend rot.

Ich wurde durch die Maske gejagt, bis ich nicht mehr wußte, welche Konturen mir die Natur gegeben hatte. Aber es machte so ungeheuer viel Spaß. Ich erinnerte mich ein bißchen an mein Abenteuer an die Hure Elli. Ich fühlte mich wieder wie eine Schauspielerin.

Das Leben hat nicht nur ein Gesicht. Und genauso wenig muß ich mich auf eines beschränken. An diesem Sonntag durfte ich viele meiner Gesichter zeigen und wurde dafür noch bezahlt.

Gerhard Meir, Promi-Friseur aus München und bekannt dafür, Gloria von Thurn und Taxis zu wahren Ungetümen auf dem Schädel verholfen zu haben, verzauberte mich. Dieser Mann ist wahrlich begnadet. Es waren keine Frisuren, die er in wenigen Minuten erschuf. Es waren Kreationen von Typen, in die er mich verwandelte. Er machte aus mir einen Vamp und einen Kumpel, eine Managerin und ein kleines Mädchen. Ein paar Griffe, ein bißchen Spray. Und wieder einmal hatte ich eine neue Lektion gelernt, wie wichtig eine professionelle Show sein kann. Wer Äußerlichkeiten gut gestalten kann, der ist auch in der Lage, Lebensgefühle zu vermitteln. Und wenn die positiv sind und Freude vermitteln, sollen sie mir hochwillkommen sein.

Verwandelbarkeit macht Spaß. Mir vor allem. Und das, obwohl um mich herum eine Hektik herrschte, die mich an anderen Tagen zur Weißglut gebracht hätte. Der Werbefotograf wollte mich perfekt ausgeleuchtet abbilden und gab nicht eher Ruhe, bis das Licht seinen Vorstellungen auch in der feinsten Nuance entsprach. Ein Fotograf der FREIZEITREVUE sprang den ganzen Tag um mich herum und arbeitete an einer Bild-Reportage. Dieser Fotograf wiederum wurde von einem Kamerateam beobachtet, das zwei Fliegen mit einer Klappe schlug: die Arbeit des Fotografen zu dokumentieren und zu zeigen, wie ein Werbespot rund um meine Hände gedreht wird.

Es ist faszinierend zu beobachten, wie rasant sich das Medienkarrussell dreht und immer wieder den Motor in sich selber findet.

Das Programm haben wir im übrigen auf die Minute pünktlich absolviert. Morgens um zehn Uhr war es losgegangen. Punkt Mitternacht wurden die letzten Lampen gelöscht.

1989: Von der Qual, geächtet zu werden

Isabel Varell war glücklich. Ich konnte es sehen. Jeder konnte es sehen. Ich mochte Isabel. Vor allem deshalb, weil sie ehrlich ist.

Ich konnte ihr ansehen, wenn sie traurig war, ohne lange mit ihr zu reden. Und hatte sie gute Laune, was zumeist der Fall war, steckte sie jeden Menschen, der in ihre Nähe kam, mit ihrem schallenden Gelächter und ihrem unglaublichen Temperament an.

In diesem Augenblick schwebte Isabel. Sie sah mich, stürzte auf mich zu, nahm mich in den Arm, drückte mich an ihr großes Herz und strahlte: »Es ist ein Traumtyp«, flüsterte sie mir ins Ohr. »Ein absoluter Traumtyp.«

»Wer ist es denn?«

»Das errätst du nie«, sagte sie lächelnd.

»Verrat es mir.«

Ich platzte vor Neugier. Meine Freundin und ihre neue Liebe – ich wollte Details wissen. Isabel verstand, daraus ein süßes Geheimnis zu machen. Sie verdrehte lächelnd ihre große Augen.

»Er ist berühmt…«, sagte sie und machte eine dramatische Pause.

»Und weiter.«

»Er ist ein Sänger.«

»Ein Sänger? Mach es doch bitte nicht so spannend.«

»Er ist berühmt und …« wieder eine Pause, »… ich möchte fast sagen, ein bißchen berüchtigt.«

»Also eine Mischung aus Mickey Rourke und Clark Gable.«

»So ähnlich. Und er sieht gut aus und kann unheimlich lieb sein. Aber ich glaube, wenn er will, ist er sehr streng.«

»Suchst du einen Vater oder einen Mann?«

»Beides. Er ist erfolgreich, er ist spannend, er verrät nicht gleich jedes seiner Geheimnisse und möchte trotzdem jedes meiner Geheimnisse kennen.«

»Welcher Mann würde das nicht wollen?«

»Er ist zuvorkommend und charmant.«

»Wie heißt er?«

»Drafi Deutscher.«

Nein.

Das sagte ich nicht. Das dachte ich nur. Aber ich dachte es um so intensiver. Drafi Deutscher. Ein Sänger, der seit Jahren von Marmor, Stein und Eisen singt, unglaublich viel Geld verdient hat und immer wieder die Schlagzeilen diktiert. Mit Exzessen, die von keinem gesunden Lebensstil zeugen.

Ich wollte nicht persönlich werden. Aber ich konnte mir meine lebenshungrige Isabel nicht mit diesem Schlagersänger vorstellen, und hatte große Mühe, mir meine Skepsis nicht anmerken zu lassen.

»Drafi Deutscher?«

»Toll, oder? Er ist gar nicht so, wie alle denken.«

Hatte sie meine Gedanken erraten?

»Ich habe genauso geguckt wie du jetzt, als ich ihn kennengelernt habe.«

Sie hatte meine Gedanken erraten.

»Aber du glaubst nicht, wie umwerfend dieser Mann ist. Er hat mich gesehen und war vom ersten Augenblick in mich verliebt, sagt er. Kennst du noch Männer, die das sofort und unumwunden und ohne Kompromisse sagen würden? Die den Mumm dazu haben? Dazu gehört Geradlinigkeit und Mut. Die meisten Männer sind Feiglinge. Sie haben Angst, sich einen Korb zu holen oder gleich heiraten zu müssen. Drafi ist der erste Mann, der nicht lange herumgeredet hat.«

Ich schwieg. Was sollte ich dazu sagen? Natürlich hatte Isabel recht. Männer mit Format waren mir in der jüngsten Zeit auch nicht mehr oft begegnet. Und natürlich wünschte ich Isabel nur die allerglücklichste, allerliebevollste, allerzärtlichste von allen Beziehungen.

Wir redeten lange an diesem Tag. Über das, was wir vom Leben verlangten, von unseren Partnern, vom Glück. Es fiel mir nicht leicht, Isabels Begeisterung zu teilen. Denn glücklich verliebt fühlte ich mich schon lange nicht mehr. Angesichts ihres Glücks wurde mir wieder einmal bewußt, daß ich schon seit einiger Zeit das Kribbeln im Magen vermißte.

Ich verdrängte wieder einmal mein Gefühlsleben. Werner und ich lebten spannungslos nebeneinander her. Routinierte Küßchen, Regelmäßigkeit bis zur Langeweile. Selbst für unbegründete Eifersucht gab es keinen Anlaß mehr. Unsere Beziehung dümpelte dahin. Ich hatte meine Arbeit. Werner auch. Sie lenkte uns elegant davon ab, schmerzhafte Gespräche zu führen.

Isabel und ich sahen uns seltener. Wir telefonierten oft. Sie in Hamburg, wo sie mittlerweile mit Drafi lebte, ich weiter in Köln. Werner und ich waren aus dem idyllischen Bergischen Land in die Stadt gezogen.

Ich war immer noch viel unterwegs. Doch so

beschäftigt war ich nicht zu merken, daß sich Isabel veränderte. Unsere Telefonate wurden immer kürzer.

Schließlich besuchte ich sie in Hamburg. Und wieder mußte ich mich wundern. Drafi war charmant, zuvorkommend, galant. Er bewirtete uns, briet die köstlichsten Currywürste, die ich jemals in meinem Leben gegessen hatte. Wir hatten viel Spaß an diesem Abend, von dem bald noch die Rede sein wird.

Ich kehrte beruhigt zurück nach Köln. Doch die Ruhe währte nicht lange. Wir telefonierten unregelmäßig miteinander. Isabel erzählte kaum etwas aus ihrer Ehe.

Ich fragte, sie wich aus.

Einige Monate später sahen wir uns wieder. Bei einem Drafi Deutscher-Konzert in Frankfurt. Ich war entsetzt. Mir kam es so vor, als ob Isabels' Augen nicht mehr glänzten. Sie hatte abgenommen. Nichts mehr zu spüren von ihrer Fröhlichkeit, die ihren Charme ausmachte. Ich hatte das Gefühl, daß sie nur darauf bedacht war, Drafi zu gefallen. Sie besorgte ihm Getränke, legte ihm Decken und Handtücher um die Schulter, holte ständig Alkoholnachschub.

Und Drafi? Er, so schien mir, war wenig liebevoll. Er lächelte sie nicht an, so sehr sie sich auch um ihn bemühte. Es tat mir weh, sie so hektisch fröhlich sehen zu müssen. Sie versuchte, mit aller Stärke die Situation zu meistern. Drafis Knurren beantwortete sie mit einem verlegenen Lachen, als ob sie sagen wollte: »Im Grunde zeigt er mir so seine Liebe.«

Dieser Abend gefiel mir überhaupt nicht. Ich erkannte meine Freundin Isabel nicht mehr. Eine bestürzende Erkenntnis. Zu begreifen, daß ein grundehrlicher Mensch begonnen hatte, sich selbst gegenüber nicht mehr aufrichtig sein zu können.

Ich versuchte an diesem Abend noch einmal mit Isabel zu sprechen. Ohne Erfolg. Drafi war immer dabei. Und sobald Isabel die Stimme hob, taxierte er sie mit einem bösen Blick. Mir schien, daß Isabel unfrei war und alle Energie darauf verwenden mußte, das zu verbergen.

Wenige Wochen später. Mein Telefon klingelte. Isabel war dran, sie konnte kaum sprechen, so sehr weinte sie.

»Isabel«, rief ich in den Hörer. »Was ist passiert? Was hat er getan?«

Sie brauchte Minuten, um sich zu sammeln. Schließlich sagte sie: »Er hat das Video.«

»Welches Video?«

»Das Urlaubsvideo von uns. Auf dem Boot. Als wir auf Ibiza waren.«

»Na und?« fragte ich völlig verständnislos.

»Er erzählt überall, daß wir beide lesbisch sind.«

»Wie bitte?«

Lesbisch? Isabel und ich?

Ich schrie sie an: »Wie kann er das tun?«

»Er ist böse, Birgit. Er ist so unglaublich gemein.«

Das Urlaubsvideo. Aufgenommen einen Sommer zuvor auf Ibiza. Ich konnte mich gut daran erinnern. Isabel, Werner und ich wollten ein paar nette Tage im Süden verbringen. Ein Freund Werners überließ uns sein kleines Häuschen.

Eine paradiesische Zeit. Wir verbrachten ganze Tage auf einem Boot, dümpelten träge vor der Küste der Insel, schwammen ein bißchen, sonnten uns, alberten herum und tranken Champagner. Wir ließen es uns gut gehen.

Eines besonders heißen Tages hatten Isabel und ich schon am Mittag eine Flasche Sekt getrunken. Viel zu schnell. Wir beide hatten einen Schwips. Werner holte die Videokamera heraus, mit der er ein paar Jahre zuvor meine Wohnzimmer-Moderationen aufgenommen hatte, damit ich auch abends zu Hause noch an mir arbeiten konnte. Er begann wie ein Kameramann um uns herum zu rennen und rief die ganze Zeit: »Ja Mädchen, kommt, zeigt mir, was ihr könnt.«

Wir kicherten blöd und begannen zu tanzen. Wir tanzten miteinander vor der Kamera, trällerten alberne Liedchen und genossen diese süße prickelnde Schwere im Kopf.

»Schaut her, Leute«, rief ich einem imaginären Publikum zu, »sind wir nicht die schärfsten Gogo-Girls, die ihr euch vorstellen könnt?«

Isabel prustete los und umarmte mich ungestüm. Plötzlich stolperten wir und fielen übereinander auf den Boden des Schiffes. Das Boot schlingerte. Werner hatte Mühe, mit seiner teuren Kamera nicht über Bord zu gehen.

Wir konnten uns kaum noch halten vor Lachen – halb-besoffen, ineinander verkeilt, kaum in der Lage, uns auf dem wackelnden Boden wieder zu berappeln.

Wir machten, immer noch auf dem Boden liegend, alberne Bemerkungen: Isabel nahm mich in den Arm und ich sie. Wir schauten uns voller gespielter Leidenschaft in die Augen und purzelten über das Deck.

Mein Lebenspartner war nicht nur dabei, er war es auch, der die Szene mit der Kamera aufnahm. Wir waren zwei beschwipste Hühner, albern wie Zwölfjährige.

Wir hatten uns so auf diesen Urlaub gefreut und genossen jede Sekunde. Nicht ahnend, wie ein so harmloser Urlaubsspaß später in der Öffentlichkeit verdreht werden konnte. Kurz darauf lernte Isabel Drafi kennen, Die beiden zogen zusammen und ich besuchte sie in Hamburg.

Wieder waren wir bestens gelaunt. Drafi, Isabel und ich. Drafi hatte seine vortrefflichen Currywürste kredenzt, wir saßen im riesigen Wohnzimmer und fühlten uns wohl. Schließlich sagte Isabel ganz verschwörerisch: »Wollen wir Drafi unser Urlaubsvideo zeigen?«

Ich kicherte: »Warum nicht. Zwei schöne Frauen brauchen sich doch nicht zu verstecken.«

Isabel holte die Cassette; Drafi lachte Tränen über die Bilder und unsere Kommentare. Wir hatten viel Spaß an diesem Abend. Es gab keinen Zweifel: Drafi Deutscher wußte genau darüber Bescheid, wie dieses Video entstanden ist und welche Beziehung Isabel und ich zueinander hatten – eine freundschaftliche. Die Behauptung der gleichgeschlechtlichen Liebe zwischen uns war bösartig und infam.

Und jetzt hatte ich eine heulende Isabel am anderen Ende der Leitung, die sagte: »Drafi behauptet überall, daß wir beide, du und ich, ein Liebespaar sind.«

Ich konnte einfach nicht begreifen, was Isabel sagte. Schon allein die Vorstellung war absurd. Einfach unvorstellbar, welchen Unsinn dieser Mann verbreitete.

»Du und ich ein Liebespaar? Aber du hast ihm doch sicherlich begreiflich machen können, daß er sich damit lächerlich macht«

Isabel war völlig hysterisch. »Du kennst ihn nicht. Wenn er seinen Journalistenfreunden irgendetwas steckt, dann drucken die das doch sofort.«

Langsam begriff ich, was auf mich zukam. Presse. Schlagzeilen. Kamerateams vor der Tür. Penetrante Reporter am Telefon. Verstörte Gesichter beim ZDF.

»Aber warum behauptet er so einen Unsinn?«

»Weil…« sie zögerte ein paar Sekunden, »weil ich mich von ihm getrennt habe.«

»Du hast *was*? Aber warum denn?«

Sie erzählte mir, wie quälend sie das Leben an der Seite des Schlagersängers empfunden hat.

»Er ist so ... so anders im Alltag. Er kann lieb sein. Du hast es doch erlebt. Doch von einer Sekunde auf die andere wird er so anders.«

Ich mag Isabel, ich weiß um ihre Gutmütigkeit, ich selber bin schließlich seinem Charme auch einige Tage verfallen. Aber gleich eine Heirat?

Vielleicht bin ich zu vorsichtig mit dem Bund, der schließlich geschlossen sein will, um nicht irgendwann in einer Scheidung zu münden. Aber eine Blitzehe wie diese meiner Freundin mit Drafi war mir suspekt. Und jetzt hatte ich Gewißheit, daß Isabel einen Fehler gemacht hatte.

Allein ihretwegen tat mir die ganze Affäre unendlich leid. Und ich saß mittendrin, hineingezogen in einen schmutzigen Ehekrieg. Isabel war völlig verstört.

»Ich habe es ihm gestern gesagt. Ich konnte einfach nicht mehr, Birgit. Ich kann mit diesem Mann nicht mehr zusammensein.«

Ich verstand sie gut. Aber ich begriff einfach nicht, was unser Urlaubsvideo mit ihrem Ehekrieg zu tun hatte.

Ich überlegte fieberhaft. Die Situation überforderte mich. Ich mußte Isabel, die liebe gute Freundin, trösten. Ich mußte aber auch nachdenken, was jetzt zu tun sein würde. Mir war klar, daß Drafi Deutscher niemals ertragen würde, als verlassener Mann einsam auf seinem Koffer sitzend in der Klatschpresse abgebildet zu sein.

»Was will er denn mit dem Urlaubs-Video?« fragte ich Isabel.

»Er hat gesagt: Wenn du mich verläßt, dann bekommt dieses Video Junge.«

Er wollte es verkaufen. Er wollte aus seiner Scheidung noch ein Geschäft machen. Auf Isabels Kosten und auf meine. Eine Lesbengeschichte im Showgeschäft: Ein

Brüller. In diese Sekunde ging ich – naiv wie ich war – davon aus, daß ich dem Spuk noch ein Ende bereiten konnte. In einem vernünftigen Gespräch zwischen erwachsenen Menschen.

Ich konnte Isabel einigermaßen beruhigen. Wir verabredeten uns für den nächsten gemeinsamen freien Tag. Dann rief ich Drafi an. Sofort begann ich ihn zu beschimpfen:

»Spinnst du eigentlich. Welch einen Unsinn erzählst du über unser Video?«

Er klang kühl und arrogant und sagte, er habe keine Ahnung, wovon ich rede.

»Drafi, bitte. Wir haben gemeinsam über unsere Albereien gelacht. Du mit uns. Und jetzt willst du überall erzählen, daß Isabel und ich ein Liebespaar sind?«

»Seid ihr es nicht?«

»Das weißt du ganz genau.«

»Und was ändert das?«

Ich war kurz davor, die Kontrolle zu verlieren. »Was das ändert? Du lügst und ruinierst vielleicht mein Leben!«

Er machte eine abfällige Bemerkung.

Dieser Mann war nicht mehr ansprechbar. Er zeigte keine menschlichen Regungen mehr. Er wollte sich nur noch an der Frau rächen, die es gewagt hatte, ihn zu verlassen.

»Sag mir, warum du mich mit reinziehst?«

Er lachte und legte auf.

Ich saß vor meinem Telefon und wußte: Ich hatte ein Problem. Durch meine regelmäßige Präsenz bei den Programm-Moderationen war ich für die einschlägige TV-Presse natürlich immer ein Thema. Was macht sie, wen liebt sie, welche Geheimnisse hat sie?

Bislang hatte ich wenig Angriffsfläche geboten. Wann immer mich Redakteure und Reporter anriefen, war ich freundlich. Ich war immer bereit, Interviews zu geben. Ich küßte meinen Lebenspartner Werner vor blitzenden Kameras und gab zu: »Ja, ich bin glücklich.«

Ich merkte schon einigen besonders besessenen Reportern an, wie leidenschaftlich sie bohrten. Und immer gelang es mir, sie mit meiner Freundlichkeit auszubremsen. Nicht nur aus Taktik, auch, um meinen Frieden zu haben. Ich hatte viel gelernt in der Zwischenzeit und wollte meine Professionalität im Umgang mit der Presse nicht preisgeben.

Das Showbusineß bestand, so viel hatte ich schnell begriffen, aus taktischen Spielereien. Wer mag wen? Wer plaudert wo und an welcher undichten Stelle welche Informationen aus? Wer hat mit wem Geheimnisse? Dieses Netzwerk zu durchschauen machte mir wenig Spaß, und dennoch mußte ich – in gewissen Grenzen – mitspielen.

Meine Waffe war immer die unverbindliche Freundlichkeit gewesen. Kein Wunder, daß gewisse Medien dadurch nur um so angestrengter nach Skandalen suchten. Jetzt bekamen sie die Waffe in die Hand. Ich ahnte in dieser Sekunde, nachdem ich vor meinem Telefon saß, eine Wut in mir, die mich zu zerreißen drohte, Haß einem Mann gegenüber, der mich fertigmachen wollte, weil er sich betrogen fühlte, daß ich die nächste bin. Häme ist eine gute Waffe, um einen Menschen an den Rand der Verzweiflung zu bringen.

Mir war klar, daß ich eine unruhige Nacht vor mir hatte, daß ich die Lawine nicht mehr stoppen würde und daß ich zum erstenmal Angst davor haben würde, am nächsten Tag die Zeitung aufzuschlagen.

Und tatsächlich: Drafi Deutscher hatte ganze Arbeit geleistet. Er verstand es perfekt, sich zu inszenieren. Und das richtige Instrument dafür hatte er auch ausgewählt.

Schlagzeile BILD: »Drafi Deutscher – Meine Frau ist lesbisch!«

Im Text war von einer Fernsehansagerin die Rede. Hübsch und schwarzhaarig. Nein, man vermied es geschickt, meinen Namen zu drucken. Und trotzdem wußte jeder Bescheid.

Ich las diesen Artikel und war entsetzt. Ein verzweifelter Drafi Deutscher wurde geschildert, zerbrochen an einer Frau, die ihn hemmungslos betrogen hat. Der er vertraut hatte, die er nicht nur geliebt, sondern auch, vor allem das, mit materiellen Gütern überschüttet hatte. Bis er schließlich dieses Video in die Hände bekommen habe. Zwei Frauen – seine Gattin und diese »bekannte, schwarzhaarige Fernsehansagerin«, in zärtlicher Umarmung vereint.

Drafi, der Betrogene, der Einsame, der Verlassene, von einem niederträchtigen Weibsbild in die Falle gelockt. Natürlich nur, weil er reich und gutmütig war.

Mir war schlecht. Für die nächsten beiden Monate sollte ich keinen Appetit mehr haben. Wie gemein. Ständig arbeitete ich daran, mein Gewicht zu halten. Jetzt verschwanden die Pfunde wie von selbst. Und ich konnte es keine Sekunde genießen.

Am Ende der Affäre sollte ich fünfzehn Pfund verloren haben. Ich war dürr. Schön fand ich mich nicht, wenn ich morgens, nach einer weiteren durchwachten Nacht, in den Badezimmerspiegel schaute.

Ich mußte irgendwie reagieren, irgendetwas tun. Mit Werner konnte ich nicht rechnen. Pünktlich, wenige Wochen, bevor das Unheil über mich hereinzubrechen zu begann, hatten wir uns so gestritten, daß eine Trennung nicht mehr zu vermeiden war. Ich nahm mir einen Anwalt. Freunde hatten ihn empfohlen. Ein Anwalt, der

Ruhe und Souveränität ausstrahlte. Was brauchte ich mehr als Ruhe? Ich vertraute diesem Mann, ich verließ mich auf ihn. Und auch dieser Mann sollte mich wenige Wochen später enttäuschen. Mehr als das: Er sollte mich an den Rand des finanziellen Ruins bringen.

Zuvor aber verabredeten wir eine Strategie. Verleumdungsklage gegen Deutscher, wenige gezielte Auftritte in der Öffentlichkeit. So wollte ich versuchen, den Eklat nicht zu einem Skandal werden zu lassen. Denn schließlich hing meine gesamte Karriere davon ab.

Mein Anrufbeantworter daheim war voller Anrufe von Reportern, die dringend Interviews mit mir machen wollten. Auch der Anruf eines Autors einer großen Wochenzeitung. Er sagte: »Wir sollten uns verabreden, Frau Schrowange. Ich möchte ihnen gerne etwas zeigen.«

Ich rief ihn an. Wir verabredeten uns in Frankfurt. Und er zeigte mir stolz seinen Besitz. Ein Videoprint, abfotografiert von unserem Videofilm. Birgit Schrowange – mit blankem Busen ...

Auf einem Boot im Mittelmeer, scheinbar unbeobachtet, ein bißchen angeheitert in der brüllend-heißen Sonne – wer achtet in dieser Situation schon darauf, daß das Oberteil des Bikinis perfekt sitzt?

Schön – ich konnte mich daran erinnern, daß mein Busen für ein paar Sekunden frei lag, als Isabel und ich, kichernd und glucksend, über den Boden kugelten. Na und? Selbst an Baggerseen geniert sich heute kein Teenager mehr, sich in ganzer Schönheit zu zeigen. Wen stört's? Niemanden.

Nur ich darf es nicht. Weil ich Fernseh-Ansagerin bin, weil ich tadellos zu sein habe, weil ich kein Recht auf Freiheit hatte. Ich zwang mich zur Ruhe. Und versuchte mich mit diesem Mann zu unterhalten, der mir dieses kompromittierende Foto unter die Nase hielt.

»Sie sehen doch auch in dieser Stellung sehr gut aus, Frau Schrowange«, sagte er und grinste.

»Finden Sie?«

»Durchaus. So ein Foto, seitengroß. Ich bin sicher, viele Menschen in diesem Land würden sich freuen, Sie so zu sehen.«

Eine entwürdigende, demütigende, peinliche Situation. So elend war mir schon lange nicht mehr.

»Was wollen Sie von mir?«

»Sie geben mir ein offenes Exklusivinterview. Beantworten mir alle Fragen, schildern Ihre Sicht der Dinge. Das ist eine einmalige Gelegenheit. Millionen Menschen werden lesen, was wirklich war.«

»Glauben diese Millionen Menschen nicht sowieso, was sie wollen?«

»Die Menschen glauben, was Sie ihnen sagen. Sie müssen es nur tun. Wenn Sie sich komplett still verhalten, wird Deutscher Sie mit seinen Geschichten in die Wand drücken, bis das ganze Land über Sie lacht.«

»Sie garantieren mir, daß ich das Interview lesen darf, bevor es gedruckt wird.«

Er merkte, ich hatte angebissen.

»Selbstverständlich.«

Wir machten einen kurzen formlosen Vertrag. Das Interview, das wenige Tage später erschien, war sachlich und korrekt. Ich war für wenige Stunden beruhigt. Ich hatte einen Tag lang, den der Veröffentlichung, das Gefühl, Drafi Deutscher ein ebenbürtiger Gegner zu sein.

Ich fühlte mich wirklich wie in einem Krieg, in dem ich eine Schlacht gewonnen hatte. Doch der Kampf ging weiter. Drafi Deutscher entblödete sich nicht, in alle Talkshows zu gehen, um seine Geschichten zu erzählen. Und was für Geschichten? Er erzählte von Gruppensex und Orgien und wüsten Spielereien. Er saß selbstgefällig in den Sessel vor den Kameras und log und log. Klatschzeitungen merkten schnell, daß die Geschichte der Auflage förderlich war. Sie lebten wochenlang von mir.

Mein ehrliches Interview war zur Kenntnis genommen worden. Mehr aber auch nicht. Die Story war zu gut, um nicht genau auf die Wahrheit zu achten.

Ein paar Wochen später unterhielt ich mich mit einem Reporter. Er erzählte mir, daß die gesamte Redaktion in den Konferenzraum gerufen worden war, um das Video zu begutachten.

»Sie sind in Scharen geströmt«, erzählte der junge Mann freimütig. »Chefredakteure, Reporter, Sekretärinnen. Sie alle wollten die angeblichen Sex-Exzesse auf dem Boot sehen. Und was soll ich Ihnen sagen? Alle waren enttäuscht. Was? Das ist alles? haben sie gesagt. Mehr ist nicht zu sehen, als zwei angeschickerte Frauen?«

Ich schaute den Mann entgeistert an und fragte: »Aber wenn Sie genau wissen, daß die Video-Aufnahmen völlig harmlos sind: Warum schreiben und schreiben Sie immer weiter?«

Ich brachte ihn in Verlegenheit. Eine gute Erklärung hatte er nicht parat. Täglich bekam ich Einladungen zu Talkrunden. Ich empfand die Schreiben in meinem Postkasten, die Ansagen auf meinem Anrufbeantworter als Hohn: »... Chance, Ihre Sicht der Dinge ...«. »... klarzustellen, warum Drafi Deutscher lügt ...«. »... zusammen mit Isabel Varell die Wahrheit zu sagen ...«!

Isabel erklärte sich schließlich bereit, einigen Einladungen zu folgen. Welch eine Demütigung, vom Noch-Ehemann gezwungen zu werden, auf diese Art und Weise Details einer ehemaligen Liebe preisgeben zu müssen.

So sehr ich mich bedauerte in dieser Situation: Isabel war weitaus schlimmer dran als ich. Ihre beängstigende Zwangslage war mir damals nicht wirklich bewußt. Ich machte ihr Vorwürfe. Unser Verhältnis war völlig angespannt und hätte leicht zerbrechen können.

»Wie konntest du nur so dumm sein, das Video achtlos herumliegen zu lassen?« fuhr ich sie während einer hitzigen Diskussion an.

Isabel schaute mich entsetzt an: »Du warst doch dabei.«

»Natürlich. Aber da wußte er schon, daß es Aufnahmen gibt von uns.«

»Hast du an diesem Abend auch nur eine Sekunde gedacht, er würde uns damit erpressen?«

»Ich habe dich gewarnt vor diesem Typen.«

»Natürlich, du mußt gerade den Mund aufmachen bei deinem Glück mit Männern.«

»Du solltest vorsichtig sein mit dem, was du sagst.«

»Ich habe diesen Streit nicht angefangen.«

»Nein, aber eine Ehe, die zum Scheitern verurteilt war.«

Zwei Frauen, beide kreuzunglücklich und überfordert, wissen manchmal nicht, wo die Grenzen des guten Tons sind.

Wir beide wurden nur noch unglücklicher, wenn wir stritten. Wir fühlten uns wie Gefangene. Sie bekannt, ich bekannt – natürlich konnten wir nicht gemeinsam in ein Restaurant gehen, weil die verstohlenen Seitenblicke von den Nachbartischen weh taten und den Appetit verdarben. Es tat mir so leid, daß ich nicht souverän genug war zu sehen, daß Isabel schuldlos war an meiner Misere.

Ich fühlte mich tatsächlich mißbraucht. Mißbraucht von einem teuflischen Mann, dem es egal ist, wie Menschen über ihn denken, dem auch gleichgültig ist, mit welcher Schlagzeile er in den Zeitungen steht.

Über eine Headline wie »Schrowanges Anwalt

getürmt« muß er sich tatsächlich krumm gelacht haben.

Es kam, wie es kommen mußte. Drafi war nicht der einzige, der mich ausnutzte in diesen Tagen. Ich begriff erst gar nicht, was passiert war. Als ich meinen Anwalt um einen neuen, dringenden Termin bitten wollte, spulte eine sonore Stimme vom Anrufbeantworter: »Diese Praxis ist nicht mehr besetzt.«

Ich brauchte Tage, um herauszufinden, daß mein Anwalt nicht eine einzige Akte in meiner Angelegenheit bewegt hatte. Er hatte munter Geld kassiert, insgesamt um die 85 000 Mark, und war verschwunden. Nach Dubai, wurde mir viel später gesagt.

Häppchenweise erfuhr ich: Der Anwalt soll Kontakte zur Scientology-Sekte gehabt und in ihren Diensten gearbeitet haben. Just zu dem Zeitpunkt, als er mich – und im übrigen auch Isabel – abkassiert hatte, entschied er sich, das Land zu verlassen. Bis heute habe ich keine Ahnung, was mit meinem Geld passiert ist. Und ich habe nicht die geringste Aussicht, auch nur eine Mark wiederzusehen.

Mann weg, Ruf weg, Geld weg. Ich saß in diesen Tagen sehr oft allein zu Hause in meiner neuen, einsamen Wohnung und dachte: »Jahrelang bist du, Birgit Schrowange, von Erfolg zu Erfolg geschwebt. Du hattest das goldene Händchen. Mußtest du kämpfen? Mußtest du leiden? Hart arbeiten, das ja. Aber welche Tortur müssen andere erdulden? Bist du jemals dankbar gewesen? Hast du darüber nachgedacht, wie schön das Leben ist, das dir vergönnt ist zu leben?«

Tatsächlich glaubte ich an manchen Tagen, daß alles vorbei wäre. Die irritierten Blicke auf der Straße, beim Einkaufen, im Restaurant. Manche schauten verächtlich, manche voller Mitleid. Danke denen, die den Mut gehabt haben, zu mir zu kommen und zu sagen: »Ich glaube diesem Deutscher kein Wort. Machen Sie nur so weiter.«

Die meisten schwiegen und hatten ihren Spaß daran, die vermeintliche Lesbe aus dem Fernsehen unverhohlen zu mustern.

Ich bekam Existenzangst. Urplötzlich war ich im Begriff, für meinen Arbeitgeber, immerhin eine Anstalt öffentlichen Rechts, nicht mehr tragbar zu sein. Das Zweite Deutsche Fernsehen lebt nicht zuletzt vom guten Image. Jahrelang war ich eine Verkörperung guter, solider Arbeit. Jetzt gehörte ich im weitesten Sinne zur Rotlichtfraktion. Täglich wartete ich auf Post aus Mainz. Es wäre ein leichtes gewesen, meinen freien Vertrag aufzukündigen.

Ich wurde zum Programmdirektor gebeten.

Ich sah an seinem Gesicht, daß er mit mir litt.

»Man hat sich auf Sie eingeschossen«, sagte er teilnahmsvoll.

Ich konnte nur nicken, nicht sprechen, denn ich wußte nicht, was auf mich zukam.

»Ist denn irgendetwas dran an diesen Geschichten, die dieser Deutscher über Sie erzählt?«

»Nein, natürlich nicht.«

»Warum erzählt er es trotzdem in jede Kamera, die eingeschaltet ist?«

»Er will seine Frau verletzen, Isabel, eine gute Freundin von mir. Und das, was er über uns erzählt, schadet ihr ganz gewiß. Nur leider mir genauso.«

»Im Grunde ist es auch völlig egal, was dieser... Schlagersänger meint, der Öffentlichkeit preisgeben zu müssen. Sie sollen auf jeden Fall wissen, daß wir Ihre Arbeit sehr schätzen und daß Sie sich keine Sorgen zu machen brauchen.«

Er ließ uns einen Kaffee bringen und gab mir in die-

194

ser Stunde endlich mal wieder ein Gefühl der Geborgenheit.

»Ich kenne diese Situation nicht, in der Sie sich befinden. Aber es dürfte ausgesprochen unangenehm sein.«

»Das ist es. Ich habe keine Ahnung, was ich dagegen unternehmen soll.«

»Am besten gar nichts. Die Stimmung ist so, wie sie ist. Vielleicht kann ich Sie etwas trösten: Keiner hier in der Etage hat auch nur den Hauch von Zweifel, daß dieser Deutscher ein gemeiner Schwätzer ist.«

Das ZDF stand hinter mir. Sie setzten mich in dieser heißen Phase der Schmutzkampagne sogar besonders häufig ein.

Doch es gab noch ein anderes Problem: meine Auftraggeber für Galas, Modeshows, Präsentationen. Firmen, die gerne mein gutes Image kauften. Ich wartete darauf, daß keine Aufträge mehr kamen. Ich rechnete mit dem Schlimmsten und machte trotzdem meinen Job weiter.

Ich hatte gerade einen Auftrag auf der Photokina in Köln. Für Agfa-Gevaert stand ich jeden Tag auf der Bühne, um durch das Programm zu führen. Es lief immer gleich ab: Ich heulte hinter der Bühne, ging nach vorne und lächelte, stöckelte wieder zurück und flennte mir die Seele aus dem Leib. Ich merkte ganz genau, wie interessiert mich die Leute taxierten, immer die Frage im Blick: »Ist sie oder ist sie nicht?«

Täglich war die unappetitliche Affäre Futter für Schlagzeilen in irgendeinem Blatt. Ich war es leid, ich war müde. Aber ich leistete mir nicht einen Ausfall. Mir war klar, daß nur darauf gewartet wurde, daß ich mich dem Druck beugte. Einfach zu Hause bleiben, Rolläden runterziehen, Licht aus – keiner da. Wie einfach wäre es gewesen. Ich blieb hart, ich mußte es sein.

Das war wirklich schwer. Auf einem Podest zu stehen, frohgelaunt zu wirken und die schmutzigen Gedanken der Menschen unten im Zuschauerraum förmlich zu sehen. Ich war ausgesprochen mißtrauisch in diesen Wochen. Wer kann es mir verübeln? Bis die Welle der Solidarität einsetzte. Während ich hinter der Bühne kauerte, kamen sie alle zu mir, trösteten mich, nahmen mich in den Arm und machten mir Mut für meinen nächsten Auftritt. Während der Pausen, in denen ich in der Halle stand, für jeden ansprechbar, stellten sich Menschen zu mir und murmelten, manche verlegen, manche resolut: »Kopf hoch. Diesen Schmutz glaubt kein Mensch.«

Zu Hause quoll mein Briefkasten über. Derselbe Tenor: »Deutscher ist ein bösartiger Querulant. Kein Gedanke, daß auch nur ein Körnchen Wahrheit in seinen Tiraden steckt.« Es waren viele Briefe. Hundert in der Woche. Manchmal noch mehr.

Jeder einzelne tat gut. Ohne unbescheiden klingen zu wollen: Ich wurde gemocht. Mein Ruf hatte kaum Schaden gelitten. Drafi Deutscher hatte sich mit seinen lächerlichen Märchen keinen Gefallen getan. Er war der Bösewicht.

Die Geschichte mit mir und Drafi war noch lange nicht zu Ende. Sie ist es im übrigen bis heute nicht.

Eine lange Weile von etwa zwei Monaten dauerte die Krise. Dann gewann ich zögerlich wieder die Oberhand. Ich nahm mir wieder einen Anwalt und verklagte Drafi Deutscher auf Schmerzensgeld. Das Gericht sprach mir 50 000 Mark zu. Immerhin etwas.

Doch Drafi Deutscher wäre nicht Drafi Deutscher, wenn er sich bis heute nicht davor gedrückt hätte, das Geld, das mir zusteht, zu zahlen. Mehr noch. Er macht sich tatsächlich einen Spaß daraus, mit seinen Gläubigern Katz und Maus zu spielen. Selbst in der Öffentlichkeit scheute er sich nicht, seine Schuldner zu verhöhnen. Eines Abends saß er bei meinem hochverehrten Kollegen Thomas Gottschalk auf der Talkbank. Die beiden hatten viel Spaß miteinander.

Thomas, sich in dem guten Einfall seiner Redaktion sonnend, posaunte: »Drafi, stell dir vor, wir haben einen Gerichtsvollzieher ins Publikum eingeladen, damit du dir die Jungs mal anschauen kannst, die hinter dir her sind.«

Deutscher amüsierte sich köstlich.

Thomas Gottschalk: »Sag mal, Birgit Schrowange hat doch auch noch Geld von dir zu bekommen.«

Deutscher, immer noch grinsend: »Nur über meine Leiche.«

Dann hielt sich Drafi den Bauch vor Lachen, und ich hätte am liebsten den Fernseher aus dem Fenster geworfen.

Doch Drafi schaffte es, noch einen draufzusetzen. Er demütigte mich, meinen Anwalt und einen verschlafenen Gerichtsvollzieher.

Mein Anwalt hatte einen Hinweis bekommen. Drafi Deutscher plane, nach Mallorca zu verreisen. Mit den Taschen voller Geld. Deutscher würde an einem ganz bestimmten Tag zu einer bestimmten Uhrzeit vom Düsseldorfer Flughafen abreisen.

Ich flehte meinen Anwalt an: »Bitte, fahren Sie selbst mit zum Flughafen. Wir dürfen uns nicht auf einen Gerichtsvollzieher verlassen.«

Er willigte ein, mit nach Düsseldorf zu fahren, und wurde Zeuge einer überaus grotesken Szene. Ich habe sie mir immer und immer wieder beschreiben lassen, weil ich es einfach nicht glauben wollte, was sich auf einem der langen Gänge im Flughafengebäude zugetragen haben soll.

Es muß sich offenbar wie folgt zugetragen haben:

Deutscher tauchte auf. In Begleitung seiner neuen Lebensgefährtin. Mein Anwalt erkannte ihn und zischte dem Gerichtsvollzieher zu: »Nun gehen Sie schon auf ihn zu. Das ist Drafi Deutscher.«

Der Gerichtsvollzieher tat, wie ihm geheißen war und sagte sehr laut und sehr vernehmlich. »Sind Sie Drafi Deutscher?«

Mein Lieblingsfeind blieb stehen. Er wurde erkannt, die Szene erregte Aufsehen. Menschen blieben stehen und beobachteten das Schauspiel.

»Was wollen Sie von mir?« fragte Drafi und muß wohl blitzschnell erfaßt haben, was sich zutrug.

Mein Anwalt wieder energisch fordernd zum Gerichtsvollzieher: »Tun Sie endlich Ihre Pflicht. Dieser Mann ist Drafi Deutscher. Meine Mandantin hat rechtmäßige Forderungen. Pfänden Sie endlich.«

Der arme Gerichtsvollzieher schien völlig überfordert. Er blieb steif stehen und erstarrte.

Drafi, wahrhaftig kein dummer Mensch, machte sich einen Spaß daraus, die Szene zu einer Performance, zu machen. Genüßlich soll er ein Bündel mit Tausend-Mark-Scheinen aus seiner Manteltasche geholt und sie seelenruhig seiner Lebensgefährtin zugesteckt haben.

Mein Anwalt schrie: »Greifen Sie doch endlich zu, Mann Gottes!«

Zu spät. Das Geld, das mir rechtmäßig zustand, war – für Sekunden zum Greifen nah – in der Handtasche des neuen Deutscher-Liebchens verschwunden. Drafi sagte noch amüsiert: »Es tut mir leid. Ich selber besitze nichts. Tut mir leid. Kein Pfennig zu holen.«

Mein Anwalt versuchte noch schwach, den Gerichtsvollzieher davon zu überzeugen, wenigstens die Uhr zu pfänden. Doch der erwiderte nur: »Die kann auch falsch sein.«

Armes Deutschland. Richter hatten mir mein Recht gegeben. Auf einem in unserem Lande so wichtigen Dokument war festgehalten: Birgit Schrowange hat von Drafi Deutscher so und so viel Geld zu bekommen.

Ich hatte keine Chance. Das Papier war wertlos, mein Recht nicht mehr als Grund zum Amüsement für Drafi Deutscher. Bei allen Schattenseiten – wie man sich aus peinlichen und bedrohlichen Situationen herauswindet, versteht er. Er wird sich vermutlich geschüttelt haben vor Lachen, als er endlich die Maschine nach Mallorca betreten hat.

Vielleicht ist es unlogisch. Aber seit diesem Tag bin ich nicht nur wütend auf Drafi Deutscher, ich zweifele manchmal sehr an dem System, in dem wir leben.

Immer fleißig arbeiten, immer seine Pflicht erfüllen, und das Finanzamt hält ganz sicher die Hand auf, wenn es darum geht, Geld einzukassieren, das ihm zusteht. Der Staat sorgt schon dafür, daß er das bekommt, was er verdient. Doch ich stand mit leeren Händen da.

Vielleicht ist es naiv. Vielleicht ist tatsächlich der Ehrliche der Dumme. Aber wenn ich mir vorstelle, daß ich Geld zu bekommen habe von einem Mann, der überreichlich davon hat, und sich schlicht weigert, es mir zu zahlen, dann könnte ich kochen vor Wut.

Ich habe nichts bekommen. Drafi schuldet mir Geld, und ich habe resigniert. Der Ritt durch die Instanzen war mir zu nervenaufreibend. Ich tröste mich damit, daß Drafi Deutscher vermutlich kein wirklich glückliches Leben führt. Das er, klassisch hin- und hergeworfen zwischen Genie und Wahnsinn, niemals wirklich Ruhe findet.

Ich beschloß eines Tages: genug jetzt. Es muß weitergehen. Denn ich hatte immer noch ein großes Problem. Meine alte Beziehung und eine neue, die sich anbahnte. Werner, mein Freund, machte mich verrückt vor Ärger. Und ein anderer sollte mich bald verrückt vor Leidenschaft machen.

Die Geschichte von zwei gleichen Pullovern und einer kleinen Liebelei

Ich kenne nur wenige Ehepaare, die heute glücklich sind wie am ersten Tag. Und ich beneide sie darum. Eines der wenigen Ehepaare, die tatsächlich glücklich scheinen wie am ersten Tag, sind Petra Schürmann und ihr Mann.

Heute abend habe ich sie wieder getroffen. In München – beim ZDF. Eine kleine Genugtuung. Mein ehemaliger Arbeitgeber hatte mich darum gebeten, mit anderen zusammen die Moderation für eine Benefizveranstaltung für Kinder in Europa zu übernehmen.

Natürlich habe ich zugesagt. Unter anderem auch, weil ich wußte, daß Petra Schürmann dort sein würde. Petra Schürmann ist eine Frau, von der ich immer gelernt habe. Nicht nur, wie ich mich richtig schminke, wie ich mit meiner Nervosität umgehe, wenn ich vor die Kamera muß. Petra Schürmann hat mich vor allem gelehrt, nicht neidisch zu sein. Nicht auf die Schönheit anderer Frauen, nicht auf den Reichtum anderer Männer, nicht auf das Familienglück von Freundinnen und nicht auf die Macht der Menschen, die über mich gebieten können.

Petra ist eine Schönheit. Sie ist sechzig Jahre alt und bildschön. Sie ist für mich der beste Beweis, daß jeder

Mensch irgendwann für sein Gesicht selber verantwortlich ist.

Wie lebe ich? Wie fühle ich? Wie oft lache ich? Wie sehr bemühe ich mich, die angenehmen Seiten des Lebens eher wahrzunehmen als die unangenehmen?

Bittere und verbitterte Züge haben nichts mit dem Alter zu tun. Neid ist ein Gefühl, das ich verstehe und dennoch sinnlos finde. Warum sollte ich einer Jüngeren die glatte Haut neiden? Natürlich schaue ich das eine oder andere Mal einer schönen Frau hinterher und frage mich, wie sie es schafft, die Form zu wahren. Aber neidisch bin ich deshalb nicht.

Ich habe früh begriffen, daß es Verschwendung von Energie ist, über Gegebenheiten grübeln, die sowieso nicht zu ändern sind. Hin und wieder möchte ich das auch Menschen in meiner unmittelbaren Umgebung raten. Eine neue Mitarbeiterin in der Redaktion, verantwortlich für den reibungslosen Ablauf der Sendung, führte sich anfangs prächtig ein. Sie war zuvorkommend, freundlich und entspannt. Ich mochte sie, ihre lockere, witzige, manchmal auch vorwitzige Art. Ich nahm sie sogar mit zu Partys und stellte sie meinen Freunden vor. Freunde, die mir später davon berichteten, was diese Dame in meiner Abwesenheit alles über mich kolportierte.

Sie sprach mir jegliche Art von Intelligenz ab, fand Vokabeln für mich, die jenseits des guten Geschmackes waren, lästerte öffentlich über meinen Kleiderstil. Sie entblödete sich nicht, ihre Bemerkungen im Redaktionskreis zu machen. Einzige Voraussetzung: Ich durfte nicht in der Nähe sein.

Als sie mich schließlich als faulen Hypochonder abtat, während ich mich mit einem Bandscheibenvorfall kaum bewegen konnte, platzte mir der Kragen. Ich bat

sie um ein Gespräch, sagte ihr, daß mir durchaus zugetragen worden sei, welche Meinung sie von mir öffentlich vertrat. Sie wurde blaß und stritt ab, mich beleidigt
zu haben. Ganz im Gegenteil, die gesamte Redaktion
würde mich geringschätzen. Nur sie nicht. Es war wie in
einer billigen Seifenoper.

Verwunderlich, wie sehr mich diese Episode
beschäftigte. Ich ärgerte mich sehr über diese spitzen Ver-
leumdungen. Ich fühlte mich in der eigenen Redaktion
angegriffen, verletzt und demontiert. Und ich versuchte
herauszufinden, welchen Sinn die Frau darin sah, mich
zu beleidigen.

Vermutlich war sie neidisch. Wenn junge Menschen,
neu im Fernsehgeschäft und möglicherweise schneller die
Karriereleiter emporgestiegen, als gut für sie ist, meinen,
nach einem halben Jahr Berufserfahrung alles zu wissen
und alles zu können, dann brauchen sie einen Nasenstü-
ber.

Diese Kollegin ist mittlerweile nicht mehr bei uns.
Wahrscheinlich hat sie gar nicht begriffen, wie sehr mich
ihre üblen Beschimpfungen und ihr grundloser Neid hinter meinem Rücken getroffen haben. Ich war nicht besonders entspannt in dieser Zeit, als ich mich ständig über
diese Anfeindungen ärgern mußte.

Wie sehr genoß ich die Gegenwart von Petra Schürmann und ihrem Mann. Wir haben uns so viel zu
erzählen. Und jedes Mal profitiere ich von ihrem Erfahrungsschatz.

Ihr Mann Gerhard ist ein hochintelligenter und
warmherziger Mann. Ich mag es, ihm zuzuhören. Denn
nach jedem Gespräch fühle ich mich ein bißchen klüger.

Wenn wir uns sehen, erinnern wir uns garantiert an
eine Geschichte, die im Jahre 1989 eine ganze Schar von
Boulevardreportern beschäftigte.

Sommerloch. Die Zeitungen brauchten eine Schlagzeile. Und sie fanden sie.

An jenem 30. Juni räumten sie ihre Titelseite, nur um festzustellen, daß die Programm-Ansagerin des Ersten Programms, Petra Schürmann, ein Kleid trug, das der Programm-Ansagerin des Zweiten Programms, Birgit Schrowange, bis auf die Faser genau glich.

Ein wenig muteten wir wohl wie Zwillinge an, die sich abgesprochen haben.

Tatsächlich trug Petra in München so wie ich in Mainz ein schlichtes schwarzes Kleid mit einem in Gold darauf gestickten Fisch. Beide wußten wir, daß die jeweils andere ein solches Kleid besaß. Daß wir es tatsächlich an ein- und demselben Tag tragen würden, zeitgleich und damit als kleine Sensation für die damals noch überschaubare Fernsehlandschaft, ist reiner Zufall.

Eine Fernsehillustrierte lud uns wenige Wochen später sogar noch zu einem Einkaufsbummel ein, um unsere Geschmäcker zu testen. Und wieder lagen wir nicht weit auseinander.

Ich schlüpfte in einen Lederanzug aus weichem Velours. Farbe dunkelblau. Petra griff sich das gleiche, nur in braun. Und wir beide waren nicht eine Sekunde neidisch aufeinander.

Der Abend beim ZDF war aus einem weiteren Grund ein besonderer für mich. Ein klein wenig habe ich mich verliebt. In Hellmuth Karasek. Ich kannte ihn vom LITERARISCHEN QUARTETT, habe ihn dort oft gesehen. Er wählt seine Worte so vernünftig und verliert doch nie den Faden. Er strahlt Ruhe aus und vermittelt doch den Eindruck eines quicklebendigen Teenagers.

Im Rahmen dieser Benefizveranstaltung wurde wunderbare klassische Musik gespielt. Mozart. Auch ich mochte diese Musik, lehnte mich zurück, schloß die Augen und fühlte mich gut. Aber der Mann neben mir begann zu weinen, als er die Musik hörte. Er schämte sich nicht, seinen Gefühlen freien Lauf zu lassen. Und das in der Öffentlichkeit.

Mut gehört dazu. Und Unabhängigkeit. Die Unabhängigkeit, keinen Pfifferling darauf zu geben, ob sich jemand über den Ausbruch seiner Emotionen ärgert.

Und gleich noch einmal schaffte es dieser Mann an einem Abend, mich zu beeindrucken. Ich war nicht besonders gut gelaunt. Auch nicht auf der Bühne. Es passierte das, was mich nur sehr selten ereilt und wovor ich zu Beginn meiner Karriere die größte Angst hatte: Ich hatte einen Blackout, ich verlor den Faden, mitten in der Moderation.

Die Erfahrung hatte mich gelehrt: »Sei ehrlich zu deinem Publikum.« Ich entschuldigte mich, gab zu, den Faden verloren zu haben, und setzte mich zurück auf meinen Platz. Während das Programm weiterlief, fühlte ich mich recht mies. Und was machte Hellmuth Karasek? Er tröstete mich auf seine unnachahmliche Weise – wie eine Mischung aus Großvater und jugendlicher Liebhaber.

»Seien Sie froh, daß Sie so ehrlich sein können. Das wirkte so sympathisch. Oben auf der Bühne, dem einsamsten Platz der Welt. Wir sind doch alle keine Computer.«

Recht hatte er. Also schaute ich mir den Mann, der mir warme Worte zusprach und mir half, die Krise zu überwinden, etwas genauer an. Und tatsächlich:

Karasek ist ein attraktiver Mann. Keiner, der mit breiten Schultern und Waschbrettbauch punkten kann. Aber einer, der die natürliche Ausstrahlung hat, um die ihn viele beneiden.

Der eine hat's, der andere bekommt's niemals.

Aus seinem Gesicht spricht Erfahrung, seine Worte kommen punktgenau und treffen in der Regel die Mitte. Und das, was er sagt, tut gut. Ein Mann mit solch einem Wissen und solch einer Fähigkeit, schwierige Zusammenhänge verständlich darzulegen, könnte ein klein wenig arrogant sein. Er ist es nicht. Ich habe mich an diesem Abend noch sehr lange und sehr gerne mit ihm unterhalten und konnte mir selber sagen, als ich mich zu Bett legte: »Heute bist du etwas klüger geworden.«

1990: Eine große Liebe zwischen den Kontinenten

Er war auf einmal da. Ruhig, besonnen, höflich, zuvorkommend, charmant, ausgeglichen. Er saß an diesem Tresen und fiel auf. Ganz einfach so.

Wie oft höre ich: Die Schrowange, eine Luxus-Frau, hoher Marktwert wegen Prominenten-Bonus. An die traut sich keiner ran. Tatsächlich sind die meisten Männer irritiert, wenn sie mich sehen. Der Fluch des Bekanntheitsgrades. Und dann saß da plötzlich dieser Mann, der mir in den nächsten Wochen beweisen sollte, wie unkompliziert Liebe doch sein kann.

Die Szene: ein Abend während der Photokina in Köln. Ich moderierte die Präsentation der Firma Agfa-Gevaert. Etwas wackelig noch. Denn an jeder Ecke fühlte ich mich mißtrauisch beobachtet. Ist sie nun lesbisch oder ist sie es nicht? Wäre ja nicht schlimm, wenn, aber wissen wollten sie es doch. Es war keine böse Neugier. Es war einfach Interesse daran, der freundlichen Moderatorin doch noch einen Skandal anhängen zu können.

Es war der Abend nach einer Veranstaltung. Meine Freundin Heike und ich saßen an der Bar des Presseclubs in Köln und plauderten. Natürlich über Männer. Von Werner hatte ich mich getrennt.

Auch bei uns war es die letzte schmerzhafte Konsequenz eines schleichenden Prozesses. Kälte, Entfremdung, das vertraute Gesicht ist nicht mehr vertraut. Schließlich entschied ich: Es ist vorbei.

Nach zehn Jahren, nach so viel gemeinsam verbrachter Zeit. Er hatte mir viel gegeben. Aber jetzt war er im Begriff, mir viel zu nehmen.

Erst wollte er von Trennung nichts wissen. Aber ich blieb recht souverän. Die Unentschlossenheit von früher – getrennt, wieder zusammen, wieder getrennt – wollte ich mir nicht gestatten. Ich wußte: Wenn erstmal Risse in der Mauer sind, kracht bald das ganze Gebäude zusammen. Werner und ich würden miteinander nicht mehr glücklich werden. Also machte ich Schluß.

Ganz sicher war ich in den vergangenen Monaten härter und entschlossener geworden. Der Skandal war vorüber. Ich war nicht mehr Gegenstand der Schlagzeilen. Ich hatte meine Lektionen gelernt. Werner und ich redeten viel miteinander während dieser harten Zeit. Aber ein Halt konnte er nicht mehr sein. Es war vorbei.

Wie merkwürdig. Viele Monate hatte ich ihn angehimmelt. Ich wollte an Werners Seite alt werden, keine Frage. Dann kam der Alltag, die Routine mit der Erkenntnis der Schwächen des anderen. Schließlich die Einsicht, mit diesen Schwächen nicht leben zu können.

Ich war mir selbst gegenüber ehrlicher geworden. Vielleicht auch ein bißchen härter. Bisher war ich immer diejenige gewesen, die den Schlußstrich gezogen hatte. Am Ende einer jeden Beziehung stand stets die Frage: »Kann ich mir mit diesem Mann eine lebenslange Liebe vorstellen?« Die Antwort war immer nein. Und der schmerzhafte Prozeß der Trennung begann. Und damit auch die Zeit der Einsamkeit.

Plötzlich war keiner mehr da, den ich wie selbstverständlich anrufen und treffen konnte. Die Beziehung zwischen Werner und mir war in den vergangenen Monaten so kühl geworden, daß die Trennung kaum noch schmerzte. Sie war fast eine logische Konsequenz.

Ich, wieder allein, aber nicht wirklich unglücklich, saß an diesem Abend mit meiner Freundin Heike, die bei Agfa arbeitete und deshalb auf der Photokina meine ständige Begleiterin war, an dieser Theke und nippte an einem Glas Sekt.

Ich fragte Heike: »Wer ist dieser Mann?«

»Meinst du den älteren mit den grauen Haaren?«

»Ja«, hauchte ich so tonlos wie möglich, denn wie eine unreife Teenagerin wollte ich natürlich nicht dabei vom Objekt meiner Begierde ertappt werden, wie ich Interesse entwickelte.

»Wer das ist? Unser Vertriebsdirektor, ein ganz hohes Tier.«

Das änderte die Situation. Heike kannte ihn. Also konnte ich in die Offensive gehen.

»Was glaubst du? Meinst du, du kannst ihn mir vorstellen?«

»Bist du verrückt?«

»Warum?«

»Ich kann doch nicht einfach zu ihm gehen und sagen: ›Hier ist eine Freundin von mir, und die steht auf Ihre schönen Augen. Sie heißt Birgit, und ich laß euch jetzt allein.«

»Du bist doof.«

»Birgit, bitte«, meinte sie. »Erspar mir diese Situation. Rittinghaus ist ein hervorragender Chef. Aber ich habe noch nie ein privates Wort mit ihm gewechselt.«

Was sollte ich sagen? »Dann wird es Zeit.« Ich wollte meine liebe Freundin Heike keinesfalls in eine peinliche Situation bringen. Aber dennoch fand ich diesen Mann dort ungemein anziehend.

Er schaute rüber, er prostete uns zu, er lächelte, lächelte nochmal, stand nach einer Weile langsam auf und schlenderte zu uns herüber: »Meine Damen, darf ich mich für einen Moment zu Ihnen setzen?«

Er sah nicht nur gut aus. Er war charmant und höflich zugleich. Ich nötigte ihn geradezu an unsere Seite.

»Ich finde, daß Sie unsere Produkte ganz hervorragend präsentieren«, schmeichelte er mir galant, und ich bedankte mich.

Wir unterhielten uns angeregt. Er und ich. Heike saß daneben und war überflüssig.

Erhard Rittinghaus ließ an diesem Abend keine Gelegenheit aus zu betonen, daß er Junggeselle sei, daß er zwar seine Freiheit habe, aber daß es dennoch Nachteile gäbe, alleine zu sein.

Unsere Konversation dauerte nicht lang, aber dennoch lang genug.

Das Ende der Messe kam. Auf der Abschlußfeier liefen wir uns wieder über den Weg. Mir schien, daß er sich ständig in meiner Nähe aufhielt. Regelmäßig prostete er mir zu. Ich lächelte und spürte mein Herz schlagen. Tatsächlich bot er meiner Freundin Heike und mir am Ende des Abends an, uns nach Hause zu fahren. Bevor er sich im Wagen verabschiedete, tauschten wir Telefonnummern aus.

Das Warten begann. Ich kam mir vor wie eine Sechzehnjährige. Ich hatte seine Telefonnummer. Gut. Aber er hatte auch meine. Er ist älter, er ist der Mann, er muß sich als erster melden. Ich wartete.

Zwischendurch fuhr ich nach Mainz, machte meine Programm-Moderation, präsentierte weiter Galas und öffnete immer mit einem bangen, hoffnungsfrohen

Gefühl meine Wohnungstür in Köln: Blinkt der Anrufbeantworter? Hat er sich gemeldet?

Wochen vergingen. Ich rief Heike an: »Hilf mir, Heike. Er ruft nicht an. Hast du ihn getroffen?«

»Er ist mir auf dem Gang begegnet, ja.«

»Und? Hat er etwas gesagt?«

»Er hat etwas gesagt, ja. Laß mich überlegen. Er hat irgendetwas gemurmelt von unserer gemeinsamen Bekannten.«

»Meinte er mich damit?«

»Wahrscheinlich.«

»Hast du nicht nachgefragt?«

»Ich habe mich nicht getraut.«

»Heike!«

Ich war entsetzt. Er hat an mich gedacht, und meine liebe Freundin hat sich nicht getraut, ihn mit der Nase daraufzustoßen, daß ich sehnsüchtig auf seinen Anruf warte.

»Aber er hat doch meine Telefonnummer.«

»Schon, aber er ist sehr beschäftigt.«

»Wenn er Interesse hätte, wäre ihm egal, wieviel er zu tun hat.«

Richtig. Jeder Mann hat alle Zeit der Welt, wenn er eine Frau umwirbt. Dieser Mann nahm sich nicht die Zeit. Also war's wohl nichts mit dem Interesse.

Normalerweise bringt mich eine solche Erkenntnis nicht aus dem Gleichgewicht. Doch bei Erhard war es anders. Diese beiden Begegnungen hatten mir gut getan. Erhard gehörte nicht in diese schillernde Welt, in der ich mich bewegte. Und gerade das machte ihn so anziehend. Er war ruhig, sachlich, charismatisch. Er machte einen verantwortungsvollen Job und hatte es nicht nötig, aller Welt ständig davon zu erzählen. Er hatte mein Herz bewegt. Und das war bislang noch nicht vielen Männern gelungen. Ich hielt es nicht mehr aus. Ich rief ihn an:

»Herr Rittinghaus, hier ist Birgit Schrowange.«

»Hallo.«

War es ein erfreutes »Hallo«? Oder ein sachliches? Oder gar ein genervtes?

»Erinnern Sie sich noch an mich?«

»Welche Frage, Frau Schrowange! Natürlich.«

»Wir wollten doch zusammen etwas trinken. Haben Sie das vergessen?«

»Natürlich nicht. Wann und wo?«

Wir verabredeten uns.

Beim ersten Treffen funkte es. Er gestand mir, daß er sich nicht getraut hatte, mich anzurufen. Ich hing an seinen Lippen. Er war nicht nur sehr charmant und erfolgreich, er war auch bescheiden. Welch ein Glücksfall. Ich mußte nur noch seine Gunst erwerben. Er erzählte mir, daß er mich erst auf der Bühne der Photokina wirklich wahrgenommen hat. Mit dem Medium Television konnte er nie viel anfangen. Schon gar nicht mit den Moderationen des Zweiten Deutschen Fernsehens.

Er wußte nicht, wer ich war, hatte mich niemals gesehen. Und gerade das mochte ich an ihm. Erhard war also garantiert keiner, der mit mir zusammensein wollte, weil ich eine TV-Moderatorin war.

»Meine Sekretärin hat mich auf Sie aufmerksam gemacht. Aber«, er machte eine kleine Pause, »sie hat auch zu bedenken gegeben, daß Sie im Rufe stehen, nun ja, eher Frauen zugeneigt zu sein.«

Er hatte das Stichwort gegeben. Ich erzählte ihm die ganze Geschichte. Schließlich war er davon überzeugt, daß ich genauso heterosexuell bin wie er. Das Eis war geschmolzen. Es gab keinen Grund mehr, uns nicht ineinander zu verlieben.

Erhard war genau der Typ Mann, den ich jetzt brauchte. Er war ruhig und gelassen. Schnellebige Strömungen der Zeit ließen ihn völlig kalt. Er hörte mir zu, er ließ mich schimpfen, er beruhigte mich. Er half mir, wieder Boden unter die Füße zu bekommen. Neu zu lieben, ist herrlich. Ich war frisch, motiviert, lächelte über Drafi Deutscher und seine Eskapaden, versöhnte mich mit Isabel, fuhr frohgelaunt nach Mainz zum ZDF und bemühte mich, meinen Ansagen den besonderen Pfiff zu geben.

Die ersten Wochen waren paradiesisch. Erhard kam wie ich aus dem Sauerland. Er war zuverlässig, er hatte denselben Ehrgeiz wie ich gehabt, der Provinz zu entfliehen, und war auch erfolgreich gewesen. Die Welt hatte er erobern wollen, viele Länder sehen. Er hatte es geschafft und konnte genauso entspannt ins Sauerland zurückkehren wie ich.

Wir redeten viel. Über uns. Unsere Ansprüche ans Leben. Er sagte: »Ich bin fünfzig Jahre alt. Ich habe verlernt, daran zu glauben, eine Frau kennenzulernen, die mich interessiert, die ich anziehend finde, mit der ich mich auseinandersetzen kann.«

Später sollte ich lernen, was er damit meinte. Aber zum jetzigen Zeitpunkt war es mir völlig egal.

Erhard Rittinghaus, ein Ausbund an Charme und Männlichkeit, erfolgreich, gutaussehend – ein Traummann. Den Großteil seines Lebens hatte er im Ausland verbracht. Frankreich, Indien, Neuseeland. Immer wieder hatte es ihn in fremde Länder gezogen. Er wollte Pionierarbeit leisten und zahlte oft mit Einsamkeit. Er erzählte von den Beziehungen, die er hatte. Ein unstetes Leben ist der größte Feind einer gesunden Partnerschaft. Auch er mußte das erkennen. Und jetzt saß er mit mir an einem Tisch, schaute mir verliebt in die Augen und wunderte sich, daß diese Frau sich auch für ihn entschieden hatte.

Eine Kleinigkeit war mir zwar bewußt. Aber ich verdrängte sie geschickt: Erhard war beinahe schon auf dem Sprung in ein neues Abenteuer. Sein Unternehmen hatte ihm angeboten, Amerika-Direktor der Firma zu werden. Eine unglaubliche Chance für ihn. Er hatte zugesagt, kurz bevor wir uns kennengelernt hatten. Für mich kein Problem. Ich mag Amerika. Ich freute mich darauf, ihn regelmäßig dort zu besuchen. Erhard war in den ersten Wochen eine unglaubliche Hilfe für mich, die Drafi Deutscher-Affäre endgültig zu begraben. Er machte mir klar, wie wichtig diese Erfahrung auch für mich gewesen war.

Denn tatsächlich: Mein Ruf hatte keinen Schaden genommen. Und ich hatte mir bewiesen, daß ich auch in der Lage bin, mit kritischen Situationen umzugehen. Mein Nervenkostüm war zerknittert, das Bauchgrimmen der Wut kam zwar regelmäßig nach den Mahlzeiten zurück. Aber innerhalb von Wochen hatte sich das Alptraum-Szenario, in dem ich monatelang gelebt habe, relativiert.

Stolz sagte ich mir selbst: »Birgit, du hättest die Klamotten hinschmeißen können. Du hättest jede Gala absagen können. Du hast es nicht getan: Prima.«

Ein schönes Gefühl, mit mir zufrieden zu sein. Ich hab's genossen. Genau wie jede Minute mit Erhard.

Wir fuhren zusammen ins Sauerland. Zu seiner Mutter, zu meinen Eltern. Meine Familie brachte ihm viel Sympathie entgegen.

Wir machten viel Sport zusammen. Wir fuhren Ski und Wasserski, wir wanderten, gingen ins Kino, trafen uns mit Bekannten und lernten uns mit jedem Abend besser kennen. Bald planten wir den ersten gemeinsamen

Urlaub. Und wir hatten unseren ersten gemeinsamen Auftritt in der Öffentlichkeit. Der Presseball in Köln. Ein Medienspektakel. Köln ist eine Fernsehstadt mit einer überdurchschnittlichen Zahl von Prominenten und entsprechend vielen Fotografen. Kaum betraten Erhard und ich den Saal, stürzten sie sich blitzlicht-gewitternd auf uns. Erhard war entsetzt.

»Was wollen die von uns?« raunte er mir zu.

»Du bist mein Neuer. Das kann nicht unbemerkt bleiben.«

»Bist du denn so prominent, daß all diese Fotografen sich dafür interessieren?«

»Anscheinend.« Was mir einerseits schmeichelte, war mir gleichzeitig peinlich. Ich merkte, wie unangenehm Erhard dieser Auftritt war.

Noch peinlicher waren die Klatsch-Schlagzeilen des nächsten Tages: »Kölns schönste Moderatorin und Kölns begehrtester Junggeselle – ein Paar.« Nein, Erhard konnte nicht viel mit dieser Art der Publizität anfangen.

Nach einem dreiviertel Jahr, kaum, daß wir uns aneinander gewöhnt hatten, packte er seine Sachen und zog nach Amerika.

Ich empfand diesen Zustand zunächst nicht als Belastung. Ich hatte durch meine freie Tätigkeit fürs ZDF die Möglichkeit, meine Zeiten so einzuteilen, daß ich immer zehn, zwölf, vierzehn Tage am Stück in Ridgewood, fünfundzwanzig Autominuten von New York entfernt, bei Erhard verbringen konnte.

Die Abmachung zwischen uns beiden war klar: Ein Jahr warten wir ab, dann wird über eine mögliche Heirat nachgedacht. Tatsächlich: Ich, Birgit Schrowange, dachte wieder einmal darüber nach, mich für den Rest meiner Tage zu binden.

Die erste Prise Amerika war überwältigend. Diese

unglaubliche Stadt New York. Ich spazierte durch die Straßen und merkte, wie sehr mich Manhattan faszinierte. Immer, wenn ich wieder einmal allein im Haus in New Jersey saß und mich langweilte, fuhr ich in die Stadt und ließ mich durch New York treiben.

Nach ein paar Tagen flog ich wieder nach Deutschland, machte meinen Job beim ZDF und jettete wieder zurück, weil ich es vor Sehnsucht kaum aushielt. Frankfurt – John-F.-Kennedy-International Airport. Immer hin und her. Ein hektisches Leben ohne wirkliche Ruhe. Ein Leben auf zwei Kontinenten ist interessant, aber macht müde.

Alles war neu und spannend. Noch freute ich mich auf jede Reise nach Amerika. Acht Stunden Hinflug. Leidenschaftliche Begrüßung am Flughafen. Wunderbare Abendessen in den schönsten und teuersten Restaurants New Yorks. Ich machte einen Sprachkurs und redete mir das Gefühl ein, etwas für mich zu tun.

Wann immer Erhard sich freinehmen konnte, reisten wir durch das Land. An die Westküste, in die Nationalparks, Boston, Dallas, Denver. Ich habe den ganzen Kontinent gesehen. Manchmal packten wir kurzentschlossen für drei, vier Tage unsere Taschen und flogen auf die Bermudas. Ein Traum?

Wenn ich an diese Zeit zurückdenke, kommt sie mir vor wie aus einem Film. Erinnerungen haben den Nachteil, daß sie die vergangene Wirklichkeit verklären und rosarot filtern.

Erhard wußte, wie er einer Frau hin und wieder seine Verehrung beweist. Nicht zu oft, aber regelmäßig, brachte er mir eine Überraschung mit nach Hause. Ein Schmuckstück, einen wunderschönen Ring beispielsweise, oder Kleidung. Den Kaschmirpulli, den er mir geschenkt hat, trage ich heute noch am liebsten.

Mir ging es wieder einmal glänzend. Und wieder einmal konnte ich es kaum ertragen. Meine innere Stimme wurde im Laufe der Monate immer lauter. War ich glücklich? Nun ja, nicht unglücklich. Aber leidenschaftliches Glück fühlte sich anders an. Pendelte ich gerne zwischen den Kontinenten hin und her? Noch ja. Aber wie lange noch? Gefiel mir das Leben mit Erhard, das mehr und mehr Konturen einer biederen Ehe annahm?

Ich wollte nicht erneut Antworten geben. Denn ich wußte, daß diese Antworten wieder einmal der Grund sein würden, etwas zu verändern. Veränderung ist zwar gut, aber unbequem. Und das einem furchtbar faulen Menschen wie mir klar zu machen, ist schwierig.

Ich flog wieder nach Deutschland, machte mißmutig meinen routinierten Weg zum Lerchenberg in Mainz und betete mir vor: »Es muß sich etwas ändern. Du mußt etwas tun.«

Ich spulte mein Programm ab und flog wieder zurück nach Amerika. Über dem Atlantischen Ozean hatte ich die düstersten Gedanken. Ich, eine beliebte Fernseh-Ansagerin mit einem tollen Freund in Übersee, fand mich komplett nutzlos und unmotiviert. Irgendein Kick mußte her.

Er kam. In Form zweier Ereignisse – einer Schlagzeile und eines gesellschaftlichen Großereignisses in Baden-Baden. Die erste las ich zufällig, zum zweiten war ich zufällig eingeladen. Zwei Zufälle, die dafür sorgen sollten, daß mir das nächste Jahr Chancen bieten sollte, die ich bislang noch nicht hatte.

Die Geschichte von Umberto und seinem Traum, Zimmermann zu werden

Natürlich war es verlockend gewesen, die Einladung zu erhalten. Natürlich haben Erhard und ich spontan zugesagt. Nicht wissend, daß diese Reise auch ein unbequemer Marathonlauf werden sollte.

Ich erlebte Rio de Janeiro zum ersten Mal. Ich sah den Zuckerhut und die häßlichen Betonburgen an der Copacabana. Und wunderschöne Menschen überall. Brasilianerinnen, viele von ihnen hochaufgeschossen, lang, schwarze Haare und Beine scheinbar länger als ein ausgeklappter Norm-Zollstock, sind von der Natur reichlich beschenkt. Wenn sie das nötige Kleingeld haben, die Schönheit zu pflegen. Die meisten Brasilianerinnen haben dieses Geld nicht. Und sind deshalb selten am Strand der Eitelkeiten zu finden.

Wir fuhren und gingen durch diese Stadt und brauchten keine fünf Minuten, um von einer Welt in die andere zu treten. Ich wollte gerade noch von den schönen Körpern schwärmen, als ich das wahre Elend sah. Schlimmste Schicksale am Straßenrand. Kranke, behinderte, alte Menschen. Sie schauen dich an, direkt in die Augen. Du versuchst an ihnen vorbeizusehen, ihnen vorzugaukeln, daß du sie ignorierst, und bittest gleichzeitig um Verständnis dafür, daß du nicht jedem einzelnen mit ein paar Geldstücken helfen kannst. Diese Armut verschlug mir den Atem.

Ich habe viel gelesen, über die Ghettos in Indien oder in Afrika, ich habe auch in Amerika Viertel gesehen, die verwahrlost sind. Aber Rio hat mich traurig gemacht. Weil die Armen und die Reichen hier Nachbarn sind. Weil sie sich gegenseitig belauern. Die Reichen schützen sich gegen die Armen. Und denen bleibt nur, sich gegen sich selbst zu schützen. Soziale Ungerechtigkeit – hier hast du einen Namen.

Was Rio für mich so schwierig gemacht hat: Ich lief ständig mit einem schlechten Gewissen herum. Ich konnte nichts tun. Auch Erhard wirkte bedrückt. In diesen Tagen fühlten wir unsere Ohnmacht. Wie Heißhungrige stürzten wir uns deshalb auf Umberto und seine Geschwister. Sie lebten in dem SOS-Kinderdorf der Hermann-Gmeiner-Stiftung und lachten tatsächlich zuweilen.

Diese Kinder hatten wirklich kein Zuhause. Vorher gab es keine Eltern, keine Mutter, die ihnen die Suppe kochte, kein Vater, der dafür sorgte, daß sie ihre Hausaufgaben machten. Ihre Eltern hatten sie schon lange verraten.

Mitarbeiter des Kinderdorfes erzählten mir später, daß Umbertos Vater, alkoholkrank und nicht mehr zu kontrollieren, die Kinder jeden Tag mit Zigaretten, die er auf ihrer Haut ausdrückte, mit heißen Messern und mit Bügeleisen, dem einzigen elektrischen Gerät, das in diesem Haushalt funktionierte, gequält hat.

Ich sah die vier Geschwister, die mich groß anschauten und sich verstohlene Blicke zuwarfen, und ich konnte nicht begreifen, daß das, was an Eindrücken und Geschichten auf mich einströmten, tatsächlich von dieser Welt war. Es dauerte Stunden, bis Umberto ruhig neben mir auf der Wiese sitzen blieb, ohne sich hilfesuchend umzuschauen.

Irgendwann erzählte er mir, daß er gerne so wäre wie Pele, der Fußballer, der in Brasilien wie ein Gott geliebt wird. Er erzählte mir von seinem Traum, einen Beruf lernen zu können. Zimmermann vielleicht. Und ich war froh über jedes Wort, das Umberto mit mir sprach. Ich hätte es ihm nicht verdenken können, wenn er mich, eine Erwachsene, mit so viel Abscheu behandelt hätte, wie es sein eigener Vater mit ihm getan hat.

Wir waren nur wenige Tage dort. Ich will nicht sagen, daß Rio de Janeiro mein Leben geändert hat. Manchmal wünsche ich mir, daß es so gewesen wäre.

Ich habe jüngst die Geschichte eines amerikanischen Arztes gelesen, der seine sichere Heimat in der westlichen Welt verlassen hat, um in der Dritten Welt zu helfen. Daran fast krepiert wäre. Sich aber dennoch durchgekämpft hat. Ich höre von solchen Menschen, ich bewundere sie und frage mich, ob sie sich auf ihrem Sterbebett wohler fühlen werden als ich.

Die Probleme der Dritten Welt sind auch unsere. Doch die Probleme dort, in Afrika, in Südamerika, in den asiatischen Entwicklungsländern, sind so gigantisch, daß sie mit normaler Vorstellungskraft nicht zu erfassen sind.

Lösungen? Was ist die Lösung, wenn ein Armenhaus so groß wie ein Kontinent ist? Vielleicht wäre es eine Lösung, wenn jeder, der sich einen Urlaub im südeuropäischen Ausland leisten kann, den in einem SOS-Kinderdorf verbringen würde. Ich fühlte mich nach meinem Trip nach Rio nicht kraftlos. Ganz im Gegenteil. Umberto und seine Geschwister hatten mir das zuteil werden lassen, was ich ihnen nur im geringen Umfang zurückgeben konnte: Ich ging wieder gerne zur Arbeit, ich freute mich über eine dampfende Tasse Kaffee und über den Biß in ein frisches Brötchen. Nur eine Angst habe ich. Angst davor, Umbertos Schicksal zu vergessen. Ich hoffe, noch einmal nach Rio zu kommen, um Umberto zu besuchen. Vielleicht ist er bis dahin schon ein Fußballspieler geworden. Oder wenigstens Zimmermann.

Heute bin ich wie eine Spinne an der Wand herumgekraxelt. Unglaublich. Senkrecht an einer steilen Wand, jede Unebenheit ist ein Rettungsanker, jeder noch so kleine Vorsprung bietet dem ganzen Körper Halt. Ein bißchen ist es wie Schwerelosigkeit. Aber so bald der große Zeh die Anspannung verliert, geht's in die Tiefe.

Free-Climbing – noch so eine Sportart, die ich gerne auf dem Fernsehschirm verfolgt habe. Menschen, die insektengleich Steilwände emporsteigen, die besten von ihnen ungesichert. Ohne Seil, ohne Netz. Sie tun es einfach, um zu beweisen, daß ihnen der Nervenkitzel mehr bringt, als der eigenen Angst nachzugeben.

Und plötzlich kam ein Redakteur auf die Idee: »Birgit, warum machst du's nicht?«

Wie oft hatte ich diese Frage in den vergangenen Wochen schon gehört? In einem Fesselballon fliegen, in einem reißenden Fluß Schwimmversuche machen, Haien ins Maul schauen. Abenteuer Vielfalt. Das Leben hat reichlich zu bieten.

Und immer hatte ich »Ja« gesagt. Und immer habe ich ein bißchen Angst gehabt. Und immer habe ich mich nachher großartig gefühlt.

Wir fuhren zum Gardasee, trafen dort Thomas Bubendorfer, einen Österreicher, den Superstar unter den Free-Climbern Europas. Auch der Kameramann, der unsere Harakiri-Aktion drehen sollte, war ein begeisterter Climber.

Ich wußte nicht, worauf ich mich eingelassen hatte. Als ich eine drei Meter hohe Wand sah, sagte ich großspurig: »Das mache ich ohne Seil.« Bubendorfer strahlte mich an.

Ich kleidete mich entsprechend ein: Schuhe, eine Sporthose, ein T-Shirt. Mehr brauchte ich nicht. Jedes Gramm zu viel kann in den Bergen Folgen haben. Und falls ich hinunterfalle, rettet mich auch ein Stahlkorsett nicht.

Wir begannen mit dem Aufstieg. Die drei Meter hohe Wand war nur der Aufstieg zum Aufstieg. Wir hörten gar nicht mehr auf, den Berg hinaufzulaufen, den ich gleich an der Steilwand wieder verlassen sollte.

Siebzig Meter insgesamt. Sieben Mal den Zehner im Schwimmbad. Wer einmal in der Badeanstalt dort oben hinuntergeschaut hat, zehn Meter nur, der mag ahnen, was das Siebenfache bedeutet.

Ich war nach einer Stunde oben und wirklich zum ersten Mal kurz davor zu kneifen. Dort hinunter, geradlinig, steil nach unten – oh mein Gott.

Der Kameramann musterte mich eindringlich, bevor er seine Kamera schulterte. Später sagte er zu mir: »Ich hätte nicht geglaubt, daß du es tust.«

Er kannte mich nicht. Am Abend dann sagte er mir philosophierend: »In den Bergen lernst du die Menschen kennen. Wer dort Mut hat, der versteckt sich in keiner Situation in der Zivilisation.«

Er hat mich ein bißchen geadelt, und mich hat es ein bißchen gefreut. Tatsächlich war es ein haarsträubendes Abenteuer. Ich begann mich langsam abzuseilen. Natürlich war ich gesichert. Aber trotzdem mußte ich unendlich vorsichtig sein. Der Berg spendiert zwar Halt, immer wieder ragen Vorsprünge heraus. Vorsicht, sie sind trügerisch, oft glatt oder nicht so komfortabel, wie sie wirken. Das Schlimmste war: Ich war buchstäblich in der Hand fremder Menschen. Die hielten das Sicherungsseil. Wenn sie versagten, wenn einer von ihnen die Kontrolle verlieren würde, wenn sie mein Gewicht nicht mehr halten würden – Hilfe.

Ich machte mir tatsächlich, zig Meter über dem Abgrund baumelnd, diese Gedanken. Kein Wunder, daß ich Panik bekam. Ganz weit hinten sah ich winzig klein die Autobahn mit den Miniaturwagen.

Denke ich jetzt an dieses Abenteuer zurück, sind es wirklich die Kleinigkeiten, die haften geblieben sind. Ein verstörter, verängstigter Redakteur, der das Schauspiel von oben mitverfolgte und blaß geworden war. Thomas Bubendorfer, der um mich herum kraxelte. Und das alles ohne Sicherungsleinen.

Ich fragte ihn später, warum er sein Leben aufs Spiel setzt. Auch er sagte einen Satz, den ich mir bis zum Lebensende merken möchte: »Es kommt nicht darauf an, ob ich die Sicherheit durch eine Leine oder ein Sprungtuch bekomme. Wichtig ist, daß die Sicherheit aus mir selbst kommt. Dann erreiche ich auch den Gipfel.«

Einmal hat er ihn nicht erreicht. Achtzig Meter stürzte er in die Tiefe. Er überlebte schwer verletzt. Und kann dennoch nicht davon lassen.

Ich bewundere diesen Mann. Aber ein klein wenig verrückt ist er dennoch.

Auch Bubendorfer war nachher des Lobes voll. Normalerweise braucht ein Free-Climb-Anfänger Tage und Wochen, um überhaupt ein Gefühl für diesen Extremsport zu bekommen. Die Zeit hatte ich nicht. Aber ich muß mich dennoch ganz geschickt angestellt haben.

Meter für Meter, was sag ich, Zentimeter für Zentimeter, kroch ich den Berg hinauf. Als ich die Bilder später sah, wurde mir schlecht. Aber ich machte weiter. Was hätte ich tun sollen? Ich tastete nach Ritzen, nach Kanten, nach Ecken. Sie waren da. Ich mußte sie nur finden und optimal ausnutzen. Die Fingernägel rissen ein, die Fingerkuppen begannen bald zu schmerzen, richtig wehzutun. Ich mußte das Ziehen unterdrücken. Ich biß die Zähne zusammen, bis sie knirschten. Es war unmenschlich. Und machte ungemein Spaß.

Mein Lehrer, Thomas Bubendorfer, gehört zu denen, die den Extrem-Sport auch ausüben, um ihren Geist zu schärfen. Manchmal verzieht er sich wochenlang in die Berge, ohne Kontakt zur Außenwelt, ohne TV und Telefon. Er sperrt die Zivilisation aus und macht die Erfahrungen mit sich, um die ich ihn ein bißchen beneide. Denn ich krieche den Berg ganz gerne rauf und wieder runter. Aber ich würde wohl keinen langen einsamen Urlaub in der kargen kalten Bergwelt verbringen wollen. Vielleicht sollte ich es wirklich einmal ausprobieren. Denn Grenzen zu überschreiten, von denen man nicht einmal wußte, daß sie existieren, ist ein Luxus, der mit Geld nicht zu bezahlen ist.

Ich hatte die Grenze überschritten, als ich mich die letzten Zentimeter zum Gipfel hinaufzog. Ich machte Bemerkungen, die hier nicht gedruckt werden würden. Aber ich war oben, ich hatte es geschafft.

Glücklich pustend, nicht ahnend, daß die Krise noch kam. Denn ich mußte wieder hinunter. Der Vorgang war simpel. An dem Seil, das mir beim Weg nach oben Sicherheit gegeben hatte, sollte ich zu Boden gelassen werden. Ich bewegte mich ganz langsam, immer weiter. Ich ahnte, daß der Erdboden näher kam. Ich hörte immer wieder Thomas Stimme: »Du mußt dein Gleichgewicht ausbalancieren. Hörst du, dein Gleichgewicht? Du mußt dich mit deinen Beinen abstützen. Nicht so verkrampft«, brüllte er, »entspann dich doch, um Himmels willen.«

Zu spät. Kurz vor dem Boden hatte ich die Kontrolle verloren. Es wurde zum Alptraum. Ich reagierte panisch. Ich brüllte wie am Spieß, hielt mich krampfhaft am Seil fest, wurde hin- und hergeschleudert. Immer wieder prallte ich gegen das Bergmassiv, scheuerte mir meine Beine auf. Alles tat mir weh. Es war furchtbar.

Ich hatte nur einen Gedanken: »Wenn du jetzt auch nur ein bißchen losläßt dann fällst du, dann zerschmetterst du da unten.« Natürlich war ich abgesichert. Aber mein Kopf spielte mir einen Streich nach dem anderen. Die Phantasie ersetzte die Wirklichkeit und ließ mich leiden.

Ich hörte nur Satzfetzen: »Durchatmen ... bleib ruhig ... nicht so verkrampft ... atme, atme ... langsam, ganz langsam, meine Güte ... versuch es.«

Der Kameramann, der seine Bilder schon im Kasten hatte und diese Szenen glücklicherweise nicht drehte, schaffte es schließlich, mich zu beruhigen. Nach Minuten der Panik entspannte ich mich wieder. Wenn er nicht gewesen wäre, würde ich wahrscheinlich heute noch in den Bergen hängen. Mit einem exzellenten Blick auf Portofino.

1993: Eine Show, für die sich meine Freunde schämten

Ich mußte ihn sprechen, ich mußte ihn erwischen. Ich ging zu dieser Party und hatte nur einen Gedanken im Kopf. Und wenn ich erst einmal Gefallen an einer Idee gefunden hatte, setzte ich alles daran, sie zu realisieren. Also schwatzte ich mich bei dieser Veranstaltung in Baden-Baden von Smalltalk zu Smalltalk, spielte die Charmante, verfolgte aber aus dem Augenwinkel ganz genau, wer an mir vorbeiflanierte.

Ich mußte ihn unbedingt treffen. Kein einfacher Plan, bei einem großen Fest wie diesem.

Viele Prominente waren eingeladen. Der Bundeskanzler, Rudolf Scharping, der bereits verstorbene damalige französische Staatspräsident François Mitterrand, dazu ein paar Farbtupfer aus der Showbranche. Und auch ich stand auf der Gästeliste.

Ein paar Tage zuvor wollte ich noch absagen. Dann sah ich die Schlagzeile: »Jürgen Drews: Aus bei der Deutschen Schlagerparade.« Zufall Nummer 1.

Ich nahm die Einladung zur Hand und las die Gästeliste durch. Er stand drauf. Der Mann, der jetzt ein Moderatorenproblem hatte.

Die DEUTSCHE SCHLAGERPARADE, das zum Hintergrund, ist die klassische Songshow mit Liedgut aus Deutschland – solide, saubere Schlagermusik, die ständig belächelt, oft angefeindet, nie ernstgenommen wird und dennoch enorme Umsätze erzielt.

Ich hatte immer auch eine Sendung dieses Kalibers im Auge gehabt, wenn ich mich beim ZDF um neue Formate bemüht hatte.

Ich war wirklich nicht faul gewesen. Ich hatte zusammen mit Kollegen an neuen Ideen gefeilt, Konzepte geschrieben und vorgelegt. Für Modesendungen, Moonlightshows, Spielformate für spezielle Berufsgruppen. Immer wieder saß ich bei meinem Chef Oswald Ring und forderte: »Bitte geben Sie mir endlich eine Sendung. Ich bin so unzufrieden mit dieser Ansagerei.«

Die Antwort war stets dieselbe – jovial und freundlich: »Wir bemühen uns. Seien Sie geduldig. Wir werden schon etwas für Sie finden.«

Und wieder hatte ich eine Schicht. Vier Uhr nachmittags: Dienstbeginn. Texte schreiben, freundlich in die Kamera lächeln: »Liebe Zuschauer, jetzt sehen Sie das und das, viel Vergnügen und gute Unterhaltung.« Routine, ausgereizt und lähmend langweilig.

Zwischenzeitlich offerierte mir das ZDF den einen oder anderen Appetithappen. Das Pfingstkonzert beispielsweise. Mit Publikum. Spannend, klar. Aber dann?

Schließlich tauchte ich im Nachmittagsprogramm unter. WIEDERSEHEN MACHT FREUDE. Ein nettes Konzept. Prominente werden eingeladen und durch ihre Vergangenheit geführt. Ein Format, das erfolgreich weitergeführt wurde. Doch ich wollte ins Abendprogramm. Nur: Im Abendprogramm wollte mich die Programmdirektion nicht sehen.

Und wieder tauchte ich in der Chefetage auf.

»Herr Ring, bitte geben Sie mir eine Abendsendung.«
Er druckste herum. »Wir haben ein Problem, Frau Schrowange.«

»Welches?«

»Wir wissen nicht, wie wir Sie einsetzen sollen.«

»Aber ich habe Ihnen doch Vorschläge gemacht.«

»Schon.«

»Und die Sendungen, die ich zusätzlich moderiere? Mache ich meine Arbeit nicht gut?«

»Aber natürlich, Frau Schrowange. Das wissen Sie auch.«

»Warum bekomme ich dann keine Sendung im Abendprogramm?«

Ich bin nicht immer so hartnäckig. Nur, wenn ich weiß, was ich will. Dann aber wehe dem, der sich mir in die Quere stellt.

Oswald Ring räusperte sich: »Wir alle sind der festen Überzeugung, daß Sie eine ganz hervorragende Präsentatorin einer Abendsendung wären.«

»»Aber ...«

»Wir haben bereits eine Moderatorin, die Ihrem Typ zu ähnlich ist.«

Ich wußte sofort, wen er meinte – Sabine Sauer. Eine sehr nette, professionelle Kollegin, die, leider, leider, dunkle Haare und große Augen hat. Wie ich.

Ich geb's zu: Ich war neidisch. Sabine Sauer war oft und regelmäßig auf dem Schirm. Sie machte eine Kinosendung, eine Showsendung, durfte Galas im attraktiven Samstagabendprogramm moderieren und wurde dabei sogar noch von mir angesagt. Sie und ich waren zu ähnlich, und damit war ich überflüssig. Ein logisches Argument. Aber trotzdem tat es weh.

Sie besetzte exakt meine Nische. Show und Stars, locker präsentiert. Ein Job, den ich bei Hunderten von

Galas mittlerweile ohne den Hauch von Lampenfieber meisterte. Ring sah mir meinen Frust an.

»Beruhigen Sie sich, meine Liebe. Sobald wir etwas für Sie haben, sind Sie an der Reihe. Haben Sie doch einfach etwas Geduld.«

Mir war nicht nach Harmonie: »Ich habe seit fast einem Jahrzehnt Geduld. Sie haben großzügige Zeitvorstellungen.«

»Ihre Zeit wird kommen«, versuchte er mich zu beruhigen.

Davon war ich überzeugt. Aber nicht in Mainz und nicht auf dem Lerchenberg. Die Situation war klar. Und ich entschied mich, aktiv zu werden. Bei genau dieser großen Party der Prominenz in Baden-Baden, zu der ich – Zufall Nummer 2 – eingeladen war. Auf der Gästeliste stand ein Mann, den ich unbedingt treffen mußte. Der Mann, der möglicherweise meine Zukunft in der Hand hatte. Dieter Thomas Heck.

Wir waren uns schon einige Male begegnet. Ich wußte, daß er mich kannte. Er war stets freundlich zu mir. Und ich wußte auch, daß ich ihn heute abend ansprechen mußte, um mir wenigstens die theoretische Möglichkeit zu erhalten, eine Chance zu bekommen.

Dieter Thomas Heck hatte – sehr clever – als Produzent das Konzept der DEUTSCHEN SCHLAGERPARADE an alle Dritten Fernsehprogramme der ARD verkauft. Sein Präsentator Jürgen Drews stand nicht mehr zur Verfügung.

Ich war in Angriffslust. Irgendwo mußte er sein. Ich hatte seinen grauen Schopf schon in der Menge aufblitzen sehen, seine laute, tiefe Stimme gehört.

Die Situation war kompliziert. Ich konnte mich schließlich nicht stocksteif in eine Ecke stellen und warten, bis er meinen Weg kreuzte. Gleichzeitig durfte ich mich aber auch nicht zu intensiv in Gespräche verwickeln lassen. Denn ich mußte ständig auf dem Sprung sein und deshalb die Talks so oberflächlich wie möglich halten. Mit der Chance, meinen Gesprächspartner jederzeit stehenzulassen.

Heck kam näher. Aber Heck war immer im Gespräch. Jovial, freundlich, dominant, stets eine hübsche Anekdote auf den Lippen. Heck, so wie ich ihn später kennenlernte sollte, ist ein Vollprofi. Einer mit liebenswert schrulligen Seiten.

Langsam hüpfte ich von Gesprächsgruppe zu Gesprächsgruppe, immer mehr in seine Richtung. Und dann standen wir zusammen.

Ich griff an: »Guten Tag, Herr Heck, kann ich Sie kurz sprechen?«

»Aber natürlich, Frau Schrowange.«

Also los. »Ich habe gehört, Sie suchen einen Moderator für die DEUTSCHE SCHLAGERPARADE.«

Er sah mich an: »Ja, ja, das tu ich. Kennen Sie einen?«

»Ja. Mich.«

Wieder diese forschende Blick. »Sie?«

Er blickte sich um. »Hilde! Hildchen! Kannst du bitte kommen.«

Hilde Heck trat in mein Leben.

»Schau, Schatz. Du kennst doch Birgit Schrowange.«

Sie sah mich an. »Aber natürlich kenne ich Birgit Schrowange.«

»Frau Schrowange hatte eine gute Idee.«

»Welche?«

»Frau Schrowange würde gerne die DEUTSCHE SCHLAGERPARADE moderieren.«

Die Hecks schauten mich an.

»Was hältst du davon, Mausi?«

Mausi? Tatsächlich – die beiden sollten sich immer

wieder mit ihren Kosenamen nennen. Aber dazu später mehr.

»Auf diese Idee wäre ich nicht gekommen«, sagte Dieter Thomas Heck. »Aber schlecht ist sie nicht.«

Es war mal wieder Zeit für mich, etwas zu sagen.

»Ich bin sicher, daß ich ihre wunderbare Sendung perfekt präsentieren kann.«

»Ach, tatsächlich?«

»Aber ja. Und ich bin sicher, daß ich genau die Frau bin, die Sie jetzt suchen.«

Ich traf den richtigen Ton. Hilde schaute mich an, dann Dieter: »Eine wunderbare Idee. Warum lassen wir Frau Schrowange nicht einfach casten?«

Gute Idee. Mit Castings hatte ich Erfahrung. Bislang hatte ich jeden Test vor der Kamera mit Bravour bestanden. Wenn ich die Hecks soweit hatte, war ich fast am Ziel.

»Gern«, sagte ich. »Wann und wo?«

Wir klärten die Modalitäten, und ich fühlte mich grandios. Grandios frech und grandios gut. Die Hecks hatten angebissen, schneller als ich gedacht hatte.

Ein paar Tage später bekam ich Post. Einladung zum Casting in Köln. Sie schickten mir Informationsmaterial zu. Ich sollte mich auf die Sendung vorbereiten und tat es. Von Nervosität spürte ich kaum etwas. Ich wußte: Ich werde sie schon von mir überzeugen.

Wir machten den Schnelldurchlauf einer Sendung. Ich sagte den Titel an. Der Interpret kam vom Band. Ich machte die ganze Sendung – inklusive Hürden. Den Zuschauer, der irgendeinen Preis gewonnen hatte, spielte Heck persönlich. Er berlinerte mich voll und versuchte mich, aus der Ruhe zu bringen. Ich blieb charmant und bremste ihn aus.

Pluspunkt. Ein paar Pannen. Routine.

Ein bißchen nervös war ich schon. Dennoch hatte ich so viel an Kameraerfahrung gewonnen, daß ich mich während dieses Testlaufs amüsiert an mein erstes Casting für das Schulfernsehen des Westdeutschen Rundfunks erinnerte.

Heck war begeistert:»Du warst toll.«

Er blickte zum verantwortlichen Redakteur des Südwestfunks, der das Projekt betreute. Heck zog mich beiseite:»Ich bin sicher«, raunte er,»daß du den Job bekommst. Ich muß die Cassetten nur dem Intendanten zeigen. Du kennst das Spiel.«

Ein paar Tage später kam der Brief. Ich war Moderatorin einer Musiksendung, die einmal im Monat in allen Dritten Programmen lief. Ich hatte wieder ein Ziel erreicht. Ich hatte meine eigene kleine Sendung vor Publikum. Ich konnte wieder etwas Neues hinzulernen. Und, was das allerwichtigste war, ich hatte meine eigene Showtreppe. Ich wollte diese Showtreppe wenigstens einmal in meiner TV-Karriere hinuntergehen. Und wie es sich für eine ordentliche deutsche Schlagersendung gehört, hatte die DEUTSCHE SCHLAGERPARADE eine wunderschöne glitzernde Treppe.

Ein kleines Problem hatte ich noch – das ZDF. Ich ging zu meinem Sendeleiter, Michael Sauer.

»Ich würde gerne die DEUTSCHE SCHLAGERPARADE moderieren.«

»Bitte?«

»Ich habe dieses Angebot bekommen und würde es gerne wahrnehmen.«

»Das können Sie gerne tun. Aber dann können Sie unmöglich für uns weiterarbeiten.«

»Warum nicht?« Damit hatte ich nicht gerechnet.

»Meines Wissens läuft die SCHLAGERPARADE bei den Kollegen der Dritten Programme.«

»Das ist richtig. Aber dort bin ich Show-Moderatorin. Hier bei Ihnen sage ich Programme an.«

»Aber genau darin liegt doch das Problem.«

»Worin liegt das Problem?«

»Wir können Ihnen unmöglich erlauben, diese Sendung zu moderieren und gleichzeitig Ihrer Tätigkeit bei uns weiter nachzugehen.«

Schön. Die Herren wollten es nicht anders.

»Dann müssen Sie mich rausschmeißen.«

»Frau Schrowange, bitte.«

Aber ich war zu wütend. Seit Jahren wurde ich mit leeren Versprechungen hingehalten. Und bei der geringsten Chance verstellten sie mir den Weg.

»Ich höre hier auf. Ohne Scherz.«

Der arme Mann krümmte sich vor Verlegenheit.

»Bitte, Frau Schrowange, muß das denn sein?«

»Sonst würde ich es nicht tun.«

Er schaute betreten: »Ich weiß nicht, ich weiß nicht, ob ich das beim Intendanten durchbekomme.«

»Tun Sie Ihr Bestes.«

Er bekam's durch. Endlich ein Lichtblick. In den vergangenen Monaten hatte ich mich gefühlt wie ein pubertierender Teenager, der die Welt haßte. Der Job frustrierend, die Perspektive düster, der Mann in Amerika. Mittlerweile verabscheute ich es, nach Mainz zu fahren. Ich hauste in einer winzigen Wohnung, weil ich mir zwei Wohnungen, eine in Köln, die andere in der Nähe des ZDF, natürlich nicht leisten konnte. Ich wohnte, immer wenn ich in Mainz war, bei einem netten älteren Ehepaar. Aber auch das freundliche Gerede mit den beiden war mir zuviel geworden.

Und immer wieder diese schrecklichen Abende. Herumsitzen im kargen Moderatorenzimmer. Warten auf die paar Sekunden Rotlicht. Das schillernde TV-Geschäft verkümmerte zu einem tristen Routinejob. Ab und zu schaute der Leiter vom Dienst vorbei. Die Aufnahmeleiter saßen herum und fanden sich damit ab, so ihr Geld zu verdienen. Hinter den Kulissen der öffentlich-rechtlichen Maschinerie herrschte Friedhofsstimmung.

Ich machte meine Ansagen und wußte, daß sie professionell wirkten. Ob sie gut waren, dafür hatte ich das Gefühl schon lange verloren.

Immer wieder sagte ich zu meinem Sendeleiter: »Mache ich meinen Job gut? Gibt es Sachen, die ich verbessern kann? Muß ich andere Kleider tragen?«

Die lapidare Antwort war stets: »Es ist alles gut. Nur weiter so.«

Ich wurde aggressiv, wenn ich so etwas hörte. Meinetwegen sollen sie mich ausschimpfen, weil die Kette schief hing oder ich mich versprochen hatte. Meinetwegen sollten sie mich lobhudeln. Irgendeine Reaktion ist besser als dumpfes Schweigen. Ich war wieder einmal an einem Tiefpunkt.

Bis zum Anruf von Dieter Thomas Heck: »Glückwunsch. Du hast den Job.« Die Show konnte beginnen. Ich fuhr nach Baden-Baden zum Südwestfunk.

Die Prozedur sollte von nun an immer die gleiche sein. Einmal monatlich reiste ich an, wir probten, wir zeichneten auf, ich fuhr wieder zurück. Sehr entspannt. Und sehr familiär.

Tatsächlich hatten die Hecks das richtige Händchen dafür, wie ein komplettes Produktionsteam gut und effektiv geführt werden kann. Wir waren eine große Clique. Und die Hecks waren wie Vater und Mutter. Zuerst fand ich diesen menschlichen Umgang im Vergleich zum Kühlschrank-Ambiente des ZDF sehr angenehm. Später amüsierte mich der Umgang der Hecks untereinander und mit uns schon ein bißchen.

234

Mein erster Auftritt. Die Zuschauer schauten mich erwartungsvoll an. Und ich hatte – endlich mal wieder – Lampenfieber. Um die Leute an mich zu gewöhnen, ging ich ins Studio und begann mich ein bißchen warmzureden. Ein paar Witzchen, ein paar Sprüche, durchaus auch die ehrliche Aussage, daß mein Herz kräftig schlug.

Das Gefühl, vor zweihundert, dreihundert Menschen zu stehen, die unterhalten werden möchten, die aber auch gleichzeitig fasziniert sind davon, für ein paar Stunden Teil dieses Showbusineß zu sein, ist ein Austausch von Energie, der schwer mit Worten zu beschreiben ist.

Ich stehe vor diesen Menschen und fühle mich ganz anders als noch in den Minuten zuvor. Ich werde zu einer anderen Person. Charmanter, einladender, spontaner, witziger, so hoffe ich. Diese Energie, die von einem Publikum ausgeht, ist nicht physikalisch berechenbar. Die Sympathie, das Interesse, die Neugier der Zuschauer verwandelt sich in einen dynamischen Schub und mündet in einem kräftigen Adrenalinstoß.

Die erste Sendung verlief völlig unproblematisch.

Die ersten Sekunden waren schwierig. Ein bißchen nervöser war ich. Aber ich ging meine erste eigene Showtreppe hinunter. Ich freute mich wie ein kleines Kind über den Applaus. Die erste Sendung wurde kein Sensationserfolg. Aber ich brachte sie solide hinter mich. Mehr wollte Familie Heck gar nicht. Sie waren zufrieden mit mir. Und ich war es auch.

Was sich in den nächsten Tagen erst einmal ändern sollte. Eine Freundin sprach mich an. »Warum moderierst du denn jetzt diesen Schwachsinn?« fragte sie mich.

»Welchen Schwachsinn?« Ich hatte tatsächlich keine Ahnung, was sie meinte.

»Diesen Schlagerkram.«

Mein Freundeskreis begann sich für mich zu schämen.

Meine Bekannte schonte mich nicht in diesem Gespräch. Deutsches Schlagergut sei letztendlich nichts anders als kultivierter Mist, und ich möge mir doch gut überlegen, ob ich mich tatsächlich vor diesen Karren spannen lassen wolle. Ich schaute sie entsetzt an. Nicht, weil ich nicht ernst nahm, was sie sagte. Eine gewisse Selbstkritik hatte ich mir erhalten. Und ich konnte sehr wohl einschätzen, wie die Dichter und Denker dieses Landes auf eine Sendung wie die Deutsche Schlagerparade reagierten.

Es waren bittere Diskussionen. Und ich glaube, ich habe gewisse Menschen nicht davon überzeugen können, daß mein Ehrgeiz, meine Lust auf Experimente und Vorwärtsdrang viel stärker sind als meine Eitelkeit. Natürlich gehört dazu, sich produzieren zu wollen, Spaß auch an der Zurschaustellung der eigenen Person zu haben. Aber wenn ich das Gefühl habe, nur noch meine Eitelkeit zu befriedigen, dann höre ich sofort auf.

Ich mag viele Fehler haben; der, mich vor allem und jedem als Showtante beweisen zu müssen, gehört nicht dazu. Gute Freunde werden das gerne bestätigen.

Nichts gegen die Menschen, die Showbusineß auch auf ihr Privatleben übertragen. Sie haben einen hohen Unterhaltungswert für ihre Mitmenschen. Das Ehepaar Heck gehört dazu. Ich habe ihre Auftritte gemocht.

Eines Abends saß ich mit Hilde nach der Show in einem Restaurant zusammen. Denn auf diese Kleinigkeit legten die Hecks stets wert: Ein gemeinsamer Arbeitstag klingt auch gemeinsam aus. Und Hilde erzählte angeregt: »Weiß du, Süßilein«, so nannte sie mich manchmal, »ich war einmal alleine im Urlaub vor ein paar Jahren. Ich saß am Abendbrottisch und schaute raus und sah diesen wun-

236

derbaren Sonnenuntergang.« Dann wurde ihr Blick ganz traurig. »Ich will dir was sagen: Ich konnte diesen Abend überhaupt nicht genießen, weil mein Dieter nicht bei mir war. Und da habe ich mich entschlossen, nie wieder ohne ihn wegzufahren.«

Aha. Aber sie war noch nicht zu Ende: »Schätzchen, auch du wirst irgendwann so einen Mann finden und den wirst du nie wieder loslassen. Ihr beide werdet dann genauso glücklich sein wie Dieter und ich.«

Noch eine Geschichte, die ich niemals vergessen werden. Wieder saßen wir abends zusammen und aßen. Der Kellner kam an den Tisch und brachte ein Telefon. »Frau Heck, Ihr Gatte.« Die Show ging los. »Mausilein, wo bist du? Mein Schatz. Wir vermissen dich so sehr.«

Er sagte irgendetwas, was wir nicht verstehen konnten, aber alle, die am Tisch saßen, ahnten, was es war, denn Hilde flüsterte: »Ja, Maus, ich dich auch.«

Leise ging die Tür auf. Dieter Thomas Heck trat ein. Seine Frau konnte ihn nicht sehen. Während Hilde weiter ihrer Liebe Ausdruck verlieh, bedeutete er uns, ihn nicht zu verraten. Er schlich um sie herum und überfiel sie mit einem Kuß.

Böse Zungen behaupten: Die Hecks sprechen nicht miteinander. Sie moderieren sich an. Merkwürdige Situationen. Aber durchaus erträglich, weil ich sie nur einmal im Monat um mich herum hatte und die Hecks mich ganz und gar in ihr Herz geschlossen hatten.

In der Schlagerbranche wird viel Geld verdient. Selbst Altstars, die mit dem Ende der siebziger Jahre ihren Zenit überschritten zu haben scheinen, leben heute noch luxuriös von ihrem Ruf. Ich lernte Karel Gott kennen, Nicole, Jürgen Marcus, Bernd Clüver. Was ist schlecht daran, Menschen zu unterhalten und damit Geld zu verdienen? Niemand wird genötigt, Platten oder CDs zu kaufen. Wer's trotzdem tut, wird seine Freude daran haben. Also: ein gutes Geschäft für alle Beteiligten. Ich fühlte mich gut. Also nörgelte ich nicht mehr.

Auch Erhard entspannte sich wieder. Wir hatten die erste schwere Krise unserer Liebe hinter uns. Denn Erhard war nicht nur der weltgewandte, liebevolle Partner. Alltag in Ridgewood bedeutete: Ein Mann, der fünftausend Menschen zu führen hat, ist abends hundemüde, wenn er nach Hause kommt. Er mußte den Konzern effektiv und profitabel fühlen. Das kostet Kraft. Er wollte seine Ruhe. Es war fast schon langweilig. Er malochte, ich maulte. Zuerst vertrieb ich mir die Zeit mit ausgeprägtem Stadtbummel in Manhattan.

Und abends: »Wie war's im Büro, Schatz?«

»Hm.«

Nur bei gesellschaftlichen Pflichten taute Erhard professionell auf. Als Amerika-Direktor gehörten Empfänge fast mit zur Arbeitszeit. Küssen am Anfang, in der Mitte und am Ende. Und überaus unerträglich nette Frauen, die mit einem hysterischen »Oh Honey, you're looking so great« den Charme eines jeden Abends zerstörten.

Erhard machte inmitten dieses Trubels eine sehr gute Figur. Auch ihm lag die Show. Obwohl er diese Form der Oberflächlichkeit gerne weit von sich wies.

Dennoch: Meine Nörgelphase war vorbei. Ich hatte wieder eine Perspektive und entspannte mich. Erhard Rittinghaus registrierte das durchaus. Und ein paar Monate lang freute er sich auch daran. Wenn ich ihn in Amerika besuchte, war ich nicht mehr zickig und unausgeglichen, sondern anschmiegsam und freundlich. Zumindest immer dann, wenn er da war. Denn mein Freund, der Mann, den ich wirklich von Herzen liebte, war nun einmal Geschäftsführer eines Konzerns und verantwortlich für einen ganzen Kontinent.

Er konnte schlecht seinen Schreibtisch um fünf Uhr abends abschließen. Und die Konferenz an der Westküste ließ sich meinetwegen auch nicht verlegen. Alles schien so angenehm. Doch die Entspannung hielt nicht lange vor. In den nächsten Monaten sollte sich mein Leben von Grund auf ändern. Wieder einmal. Und wieder einmal von vorne.

Die Geschichten von unfreundlichen Verkäuferinnen und von Harald Schmidt

An diesem Tag war ich gereizt. Und dann passierte mir diese Geschichte in der Strumpfabteilung. Mir platzte beim Einkaufen der Kragen. Und das, obwohl ich eher ein geduldiger Mensch bin. Aber diese Verkäuferin, mit der ich mich heute auseinandersetzen mußte, hatte mich aus der Fassung gebracht. Ich wollte nichts anderes als Strümpfe kaufen und ging zu diesem Zweck in ein großes Kaufhaus. Ich hatte genaue Vorstellungen und stöberte eine Weile die Regale durch. Meine Marke fehlte, was ich mir nicht vorstellen konnte.

Ich ging selbstbewußt auf eine der Damen, die gelangweilt in der Nähe der Kasse standen, zu und fragte sie freundlich:»Können Sie mir helfen? Ich suche nach einer ganz bestimmten Sorte Strümpfe.« Sie ließ sich erklären, wonach mir der Sinn stand, und antwortete schroff:»Da drüben.«

Sie schickte mich zurück in die Ecke, aus der ich gekommen war. Ich tauchte also noch einmal ab, optimistisch, daß die Dame zwar unfreundlich, jedoch vertraut mit ihrem Sortiment war. Ich startete einen neuen Versuch. Nicht mehr ganz so gelassen wie beim ersten Mal. Wieder ohne Erfolg.

Ich lächelte nicht mehr und ging, leicht entnervt,

240

noch einmal auf dieselbe Verkäuferin zu, sagte, diesmal schärfer: »Ich habe die Strümpfe nicht gefunden. Würden Sie mir bitte noch einmal helfen.«

Sie musterte mich mißbilligend: »Ich habe Ihnen doch gesagt, da hinten.«

Ich spürte die Wut in mir steigen.

»Jetzt reicht's mir aber«, sagte ich energisch, »ich glaube, ich habe wohl ein Recht darauf, von Ihnen gut bedient zu werden. Was glauben Sie eigentlich, wie Sie mit Ihren Kunden umspringen können?«

So zurechtgerückt, folgte die Dame meiner Anweisung. Das allerdings weiter unwillig und unmotiviert.

Dienstleistungskultur in Deutschland bringt mich auf die Palme. Die Gleichung ist ganz einfach: Ich kaufe etwas, jemand verkauft mir etwas. Ich möchte respektiert werden, jemand gibt mir das Gefühl, gern gesehen zu sein. Was ist so schwierig daran? Amerika, ein Kontinent, zehn Mal so groß wie Deutschland, besiedelt mit der vierfachen Bevölkerung, ist geprägt von einem phänomenalen Dienstleistungsdenken. Überall heißt es »Hey, how are you«, »Nice to see you«, »Be my guest«. Das wiederum ist oft oberflächlich. Aber schließlich soll aus dem Kauf einer Bratpfanne keine Freundschaft fürs Leben werden. Alleine das fröhliche »You're welcome«, ungefähr zu übersetzen mit »Gern geschehen« als Erwiderung auf ein »Dankeschön«, spricht Bände.

Klar: Die Umgangsformen in Übersee sind weitaus oberflächlicher als hierzulande. Aber auch ein nicht ganz so ernst gemeintes »Ich-bin-nicht-nur-dein-Kellner-sondern-für-die-Zeit-deines-Aufenthaltes-bei-mir-dein-Diener« verführt mich, Geld auszugeben. Und das, meine Güte, ist doch der Sinn von Dienstleistung. Deutsche dienen nicht gerne. Bedienen gehört in dieselbe Kategorie und beschert manchem Oberkellner scheinbar

Magendrücken. Sei's drum. Nur, dann soll er den Job wechseln.

Das Leben mag hart sein in der Gastronomie oder anderen Dienstleistungssektoren. Und der Verdienst ist zumeist spärlich.

Doch Job ist Job. Und nur, wer auch diesen Job an der Basis gut macht, hat eine Chance, eines Tages nicht mehr zu bedienen, sondern vielleicht bedienen zu lassen. Was ich mag, ist eine positive Grundstimmung. Öfter lächeln, öfter scherzen, öfter herumalbern. Warum nicht blödeln wie Kinder? Die haben schließlich noch Spaß am Leben. Und den will ich auch haben, egal wie alt ich bin.

Vielleicht mag es unlogisch erscheinen. Ich kann mich fürchterlich über eine unfreundliche Verkäuferin ärgern. Nicht aber darüber, von einem der bösartigsten, gleichzeitig brillantesten Entertainer Deutschlands in schöner Regelmäßigkeit durch den Kakao gezogen zu werden.

Ich rede von Harald Schmidt Und bei dem war ich heute abend zu Gast.

Freunde hatten gesagt: »Geh dort nicht hin. Schmidt braucht Kanonenfutter, und du kommst ihm gerade recht.«

Harald Schmidt hatte mich eingeladen. In seine Late-Night-Show. Eine pikante Einladung. So wie die amerikanischen Vorbilder David Letterman oder Jay Leno, legendäre Standup-Comedians, über die ich mich stets köstlich amüsierte, als ich noch regelmäßig in Amerika war, arbeitet Schmidt allabendlich immer wiederkehrende Figuren in seine Monologie ein. Die dicken Kinder von Landau beispielsweise, eine etwas alberne Figur namens »T«, daherkommend als Teebeutel, zwei Chinesen mit witzigen Weisheiten ohne Sinn, nicht zu vergessen diesen unsäglichen, peinlichen, tatsächlich beleidigenden Vergleich zwischen der WDR-Moderatorin Bettina Böttinger und einer Kloschüssel, ein Kalauer, bei dem Schmidt tatsächlich bewußt und damit unentschuldbar in diverse Fettnäpfchen getreten ist.

Und auch mich meinte Schmidt hämisch aufs Korn nehmen zu müssen. Er wurde nicht müde, ein berufliches Abhängigkeitsverhältnis zwischen meiner geschätzten Kollegin Barbara Eligmann und mir zu erfinden. Natürlich gibt es zwischen Barbara und mir nur den einen gemeinsamen Nenner, daß uns ein Brötchengeber ernährt. Manchmal treffen wir uns auf dem Flur oder bei Festen und reden miteinander. Barbara Eligmann war auch zu Gast bei LIFE – DIE LUST ZU LEBEN. Gemeinsam mit Frauke Ludowig, der RTL-Frau, die scheinbar jeden Promi vor die Kamera holt, flogen wir nach New York.

In der Vorweihnachtszeit ist New York ein Rausch. Noch bunter, greller, schriller, verrückter als in den vorangegangenen elf Monaten. Die Weihnachtsbäume dort sind größer und werden etwas bunter geschmückt. Die Teddybären, die hunderttausendfach verschenkt werden, sind ungefähr doppelt so groß wie der durchschnittliche deutsche Geschenk-Teddybär. Und der Schmuck, der von reichen Amerikanern für die Ehefrau gekauft wird, ist ein klein wenig teurer als bei uns. Frauke Ludowig hatte beim Weihnachtsbummel einen Sechzehn-Karäter am Finger. Für 350 000 Mark. Sie hat ihn nicht gekauft.

Frauke, Barbara und ich shoppten uns quer durch Manhattan. Barbara ist New York-Fan. »Mit achtzehn Jahren war ich zum ersten Mal hier«, erzählte sie mir. »Und seitdem hat mich diese Stadt nicht mehr losgelassen. Mindestens einmal pro Jahr komme ich nach New York und hole mir einen Energieschub.«

Für Frauke war es eine Premiere. Sie war nie zuvor in New York gewesen. Und war gestreßt. »So viele Leute, so ein Tempo, so ein Krach. Ich bin froh, abends in meinem Hotelzimmer zu liegen. Kein TV, keine Menschen um mich herum, absolute Ruhe.«

Frauke entlarvte sich darüber hinaus noch als überaus gewiefte Schnäppchenjägerin. Zielsicher steuerte sie die Geheimtips an, in denen das Preis-Leistungs-Verhältnis Richtung ideal tendierte. Sie gestand, daß sie es haßt, etwas gekauft zu haben, das sie wenig später preiswerter in einer anderen Auslage findet. Sehr sympathisch.

Beide, sowohl Frauke als auch Barbara, hielten ihr Geld zusammen. Selbst das Computer-Softwareprogramm für ihren Mann ließ Barbara stehen. Allerdings nicht aus Geiz. Aus Vorsicht. Das Programm fällt unter das Kriegswaffenkontrollgesetz. Und hätte die EXPLOSIV-Moderatorin beim Rückflug möglicherweise beim Zoll in eine peinliche Situation gebracht. So viel zu unserem gemeinsamen Erlebnis.

Fakt bleibt: Weder bin ich Barbaras Chefin noch ist es umgekehrt. Auch ein Harald Schmidt weiß das, ohne daß es ihn daran hindert, diese Scherzchen zu machen. Außerdem machte er sich gerne einen Spaß daraus, mich als Deutschlands »härteste Reporterin« zu diffamieren. Eine bissige Anspielung auf einige Reportereinsätze zu Anfang meiner Zeit von EXTRA, als ich Bösewichte mit ihren Schandtaten konfrontierte. Immerhin hatte er Schneid genug, Barbara und mich in seine Show einzuladen. Mich traf es als erste. Und ich zögerte, im Gegensatz zu vielen in meiner Umgebung, nicht eine Sekunde.

Ich will gerne den Grund verraten. Viele Prominente Amerikas freuen sich wie kleine Kinder, wenn sie in den Late-Night-Shows drüben Erwähnung finden. Gast in der Late-Night-Show zu sein erhöht dort den Marktwert. Warum sollte es in Deutschland nicht auch einmal so werden?

244

Zu meinem Auftritt: Den ganzen Tag über grübelte ich, wie ich Harald Schmidt überraschen konnte. Ich entwickelte eine ganz simple Strategie. Gönne ihm keine Ruhepause. Zieh einen Trumpf nach dem anderen aus dem Zylinder. Er wird es nicht wagen, dich als humorlos bloßzustellen. Das kann er sich nach seinen Auftritten nicht erlauben. Ich weiß, daß es schwierig ist, auf seine ätzenden kleinen Fragen schlagfertige Antworten zu finden. Also entschied ich mich für die Vorwärtsstrategie. Ich wollte Schmidt keine Atempause gönnen. Ein Gag von mir sollte den nächsten ablösen. Und Schmidt sollte kaum Zeit zum Luftholen finden.

Schmidts Redaktion hatte mir eine Maske mit seinem Konterfei besorgt und hinter die Bühne geschmuggelt. Sekunden, bevor Schmidt mich ankündigte, zauberte ich sie hervor, setzte sie mir auf und stolzierte so auf die Bühne. Ein Witz, der mir sofort die Sympathien der Zuschauer einbrachte.

Unser Gespräch war nicht der Rede wert. Aber ich bemühte mich, ihm auf der Ebene zu begegnen, auf der er sich ständig bewegte – ironisch, sarkastisch, zynisch, mit einem leichten Lächeln auf den Lippen.

Der Höhepunkt sollte noch kommen. In der Werbepause besorgte ich mir eine Schüssel mit einer Gesichtsmaske und Gurken, die mir ein Mitarbeiter Schmidts zuvor heimlich bereitgestellt hatte, zauberte sie für Schmidt überraschend auf den Studiotisch und wartete nur darauf, daß er auf seine unnachahmliche Art und Weise das Thema Schönheit anschnitt. Er tat es, und ich kam zur Sache.

Ich ließ mich nicht daran hindern, Schmidt die Geheimnisse meiner Pflege hautnah zu verraten. Ich genoß den überraschten Blick in seinen Augen und ließ nicht zu, daß er mich fragen konnte, was nun, in seiner Show, mit ihm passieren würde.

Die Zuschauer johlten. Nicht, weil der Gag so genial, sondern weil die Überraschung gelungen war. Schmidt war nicht mehr Herr seiner Show. Und das bedeutete den klaren Punktsieg für mich. Der Abend war gerettet, ich hatte mein Gesicht gewahrt und ein klein wenig an der Fassade des Oberzynikers Harald Schmidt gekratzt.

Von ihm, den ich zuvor kaum gekannt hatte, bekam ich im übrigen einen Eindruck, der mich sehr überraschte. Ich hatte einen charmanten, brillanten, redegewandten, überaus souveränen Begleiter erwartet. Doch als er mich begrüßte, merkte ich sofort: Schmidt ist nicht Schmidt. Wir hatten wenig Gelegenheit, wirklich intensiv und ohne Klamauk miteinander zu reden. Trotzdem merkte ich, daß Harald Schmidt ein recht introvertierter und schüchterner Typ ist. Er konnte mir nicht richtig in die Augen sehen – ein sicheres Zeichen für Unsicherheit. Vielleicht muß er so sein, um seine tägliche Show mit Spitzen in alle Richtungen zelebrieren zu können.

In jedem Fall bewundere ich ihn und seine Disziplin. Nahezu allabendlich eine halbe Stunde vor Publikum zu stehen und einen Monolog zu halten, der dann auch noch witzig sein muß – Hut ab. Ich könnte es nicht und viele, viele, die glauben es zu können, scheitern kläglich daran.

Eines hat mich unglaublich geärgert. Schmidts Produzent behauptete ein paar Monate später in einer Zeitschrift, daß Schmidts Gagschreiber meinen gesamten Auftritt so geplant und mir die Witze mundgerecht aufgeschrieben haben.

Darüber habe ich mich aufgeregt. Weil es gelogen ist, weil ich keine vorgeschriebenen Witze nacherzählen möchte und weil man so nicht mit Gästen umspringt.

246

Ich bin schon mehrfach wieder eingeladen worden, noch einmal in der Harald-Schmidt-Show aufzutreten. Bislang habe ich abgelehnt. Aber ich bin ja nicht nachtragend.

Die Worte schmeichelten mir ungemein.

»Die Schrowange hat ihren Job wirklich gut gemacht.« Kein Geringerer als Klaus-Jürgen Wussow adelte mich. Nicht in meiner Gegenwart, sondern in der zahlreicher Journalisten. Eine Geste, die mir gefiel.

Wussow war nicht von Anfang an angetan von der Idee, mit mir vor eine Kamera zu treten. Die Skepsis sei ihm gestattet. Mir aber auch das Recht, ihn vom Gegenteil zu überzeugen.

Wieder einmal war mir eine Rolle in einem Fernsehspiel angeboten worden. Carl Spiehs, bekannter Produzent, hatte mich am Rande der RTL-Verleihung des »Goldenen Löwen« beiseite genommen und mich gefragt, ob ich interessiert wäre. Natürlich war ich.

Ich erinnerte mich an meine kleinen Rollen im Freitagskrimi EIN FALL FÜR ZWEI und an den Spaß, den ich hatte. Auch jetzt strebte ich keine Karriere im neuen Fach an. Aber hin und wieder eine Rolle, vor allem, wenn sie so spannend war wie diese, die mir Carl Spiehs tatsächlich anbot, nahm ich dankend an.

Ich sollte für die ARD-Serie KLINIK UNTER PALMEN eine mysteriöse Frau spielen. Eine Frau, die von ihrem Mann vor Jahren plötzlich verlassen wurde. Als sie herausfindet, daß ihr untreuer Gatte auf einer karibischen Insel ein neues Leben mit neuem Beruf und vor allem neuer Ehefrau begonnen hat, reist sie ihm hinterher.

Meine Rolle sah vor, daß ich mich in sein neues Leben einschleiche. Ich finde nicht nur heraus, daß er sich der Bigamie schuldig gemacht hat. Er gibt sich, obwohl nur Krankenpfleger, als Arzt in der Klinik seines neuen Schwiegervaters aus. Das Drama spitzt sich zu, als mich mein Filmmann erkennt und sich wieder in mich verliebt.

Es kommt zu einem gigantischen Showdown mit tragischem Ende. Und das alles vor dieser grandiosen Kulisse der Dominikanischen Republik.

Acht Drehtage waren angesetzt für mich. Die schwerste Aufgabe lag ausgerechnet, oder vielleicht auch glücklicherweise, am ersten Tag vor mir. Eine lange Einstellung mit Klaus-Jürgen Wussow. Er bot mir an: »Wir können die Szene Stück für Stück einspielen.«

Doch ich lehnte ab. Ich kannte meinen Text. Ich wußte, was ich zu tun hatte, weil ich stundenlang mit einem Schauspiellehrer geübt hatte. Und ich wollte jedem Mitglied der Crew beweisen: Ich bin nicht nur Moderatorin.

Diese erste Szene war der frühe Sieg. Danach hatte ich das gesamte Team auf meiner Seite. Sie akzeptierten, daß ich nicht nur geduldeter Gast mit prominentem Gesicht war, sondern fest entschlossen, diszipliniert und professionell mitzuarbeiten. Und außerdem gefiel es mir, mal wieder in eine andere Rolle schlüpfen zu können. Es machte ungemein Spaß. Auch als ich einen fremden Mann, Horst-Günter Marx, meinem fiesen Film-Gatten, der sich aus dem Staub gemacht hatte, einen leidenschaftlichen Filmkuß geben mußte. Eine Premiere für mich.

Ich fragte ihn: »Deutet man so einen Kuß nur an?«

»Ach woher. Wir müssen uns schon wirklich küssen.«

Aha. Leidenschaft unterm Wasserfall, beobachtet von unzähligen Menschen, verewigt auf dem Filmmaterial einer Kamera, belauscht von hochsensiblen Mikrofonen.

Welch eine interessante Erfahrung.

Ich nahm all meinen Mut zusammen und küßte ihn. Es war ganz leicht. Horst-Günter Marx, ein hübscher, angenehmer Mann, küßte ungemein gut. Er versuchte nicht, die Situation auszunutzen. Er gab mir das Gefühl, eine Kollegin, aber auch eine attraktive Frau zu sein.

Die acht Drehtage waren ungemein anstrengend. Und sehr ereignisreich. Morgens um halb sieben mußte ich in die Maske. Vor acht Uhr abends gab es keine Ruhe. Für LIFE entstand parallel dazu eine Reportage über meinen Ausflug ins Schauspielfach. Ulli Schwind, der Redakteur, zog mich die ganze Zeit auf:»Jetzt wirst du auch noch Leinwandstar.«

Dauernd sprach er meinen Text nach und machte sich lustig über meinen Auftritt als Schauspielerin. Ich nahm es ihm nicht übel. Ich wußte, wie er es meinte.

Mein ganzes Team war in den vergangenen Monaten während der Dreharbeiten für LIFE so etwas wie eine Ersatzfamilie geworden. Mir war es sehr wichtig, immer mit der gleichen Crew zusammenzuarbeiten. Wir verstanden uns blind bei der Arbeit. Und prächtig danach. Außenstehende wunderten sich über unseren Umgangston. Locker, respektlos, aber voller Sympathie. Auch für die Schwächen des anderen.

Barny zum Beispiel. Der Kameramann. Was für ein schöner Mensch. Groß, stark, schöne Augen, ein wunderbares Lächeln. Allerdings hat Barny vorstehende Zähne. Ich wurde nicht müde, immer wieder zu sagen: »Barny, du bist der schönste Mann, den ich kenne. Wenn da nur nicht deine Zähne wären.« Jedes Mal kugelte sich Barny vor Lachen. Ich mag Menschen, die sich über sich selbst amüsieren können.

Zum Team gehörte auch Martin, der Producer. Der Mann, der mir beim Rafting schon mal das Leben gerettet hatte. Doch Martin war mehr als nur Krisenmanager. Er garantierte gute Stimmung, wenn der Streß zu groß wurde und die Hektik die Arbeit bremste. Wenn gar nichts mehr half, begann er mich nachzumachen. So überzeugend, daß alle am Set kräftig lachten und danach entspannt weiterarbeiteten.

Barny, Martin und Ulli hatten noch eine andere Macke. Sie machten ständig Fitnesstraining. Ihre Lieblingsdisziplin waren Liegestütze. Je mehr, desto besser. Und jedesmal kamen sie stolz wie kleine Kinder zu mir, um von ihrem neuesten Rekord zu erzählen.

Doch diese ausgewachsenen Männer fürchteten mich auch ungemein. Sie haßten mich, wenn wir in kleinen Privatflugzeugen flogen und ich den Piloten aufmunterte: »Machen sie doch bitte mal einen Looping. Ich mag diesen Kitzel in der Magengegend so gerne.« Mein starkes krisenerprobtes Team holte im Zweifelsfall Kohlen aus dem Fegefeuer. Aber Kunststückchen mit Flugzeugen, in denen sie saßen, ertrugen sie nicht. Sie jammerten und zogen sich ihre Mützen über den Kopf und jaulten: »Birgit, hör bitte auf.«

Und jetzt stand Ulli Schwind vor mir und sagte: »Du willst also Schauspielerin werden?«

»Bist du neidisch? Du willst doch auch nur vor die Kamera, oder?« fragte ich ihn.

»Ach woher.«

Natürlich war er neidisch. Und irgendwann gab er es zu. Ich schaffte Abhilfe. Ich sprach kurz mit Otto Retzer, dem Regisseur. Und er brauchte keine zehn Minuten, um Ulli Schwind eine Rolle zu geben. Keine große. Aber Ulli war dabei. Und er machte seine Sache ausgezeichnet. Er mußte sich an ein losrasendes Auto hängen und einen wirklichen Stunt hinlegen. Nach Ende der Szene klopfte er sich den Staub aus der Hose, grinste mich an und sagte: »Ich habe doch gewußt, daß ich auch ein Schauspieler bin.«

»Die Kritik wird entscheiden, wer von uns beiden besser war«, hielt ich gegen.

»Du hast einen Vorteil«, sagte er schelmisch.

»Welchen?«

»Du siehst besser aus.«

Am Abend nach diesem Dreh waren wir zum Essen verabredet. Ulli hatte sich etwas verspätet, und ich gab Anweisungen für seinen Empfang: »Wenn Ulli gleich kommt, stehen wir alle auf und applaudieren ihm, hört ihr. Standing ovations für einen großen Schauspieler.« Ulli bekam seinen Riesenapplaus und spielte großartig mit: »Liebe Birgit, liebe Kollegen. Die Zeit unserer gemeinsamen Arbeit geht nun, so schade es auch ist, dem Ende entgegen. Ich bin sicher, daß ich bald in Angeboten ertrinken werde. Meine Bitte an euch: Sollte ich zu arrogant werden, erinnert mich daran, wie ich angefangen habe, daß auch ich einer von euch bin. Und du, liebe Birgit, hilfst mir bitte, die besten Angebote auszuwählen. Prost.« Damit setzte er sich, und ein wunderbarer langer Abend begann.

Am letzten Tag unseres Aufenthaltes unterhielt ich mich mit Klaus-Jürgen Wussow. Ich sonnte mich in seinem respektvollen Blick.

Er frage: »Sie sind doch keine ausgebildete Schauspielerin. Und trotzdem haben sie so gut gespielt. Wie schaffen Sie das?«

»Ich bin eben im Sternzeichen des Widders geboren.«

»Widder?« Er schaute mich väterlich an und sagte: »Meine Tochter ist auch Widder. Ihr Widder-Mädchen, ihr schafft einfach alles, was ihr wollt.«

1994: Eine Trennung

Familie Heck war sehr zufrieden. Die DEUTSCHE SCHLA-GERPARADE lief mit mir nicht schlechter als zuvor mit Jürgen Drews.

Erhard registrierte, daß ich nicht mehr so verkniffen in seinem wunderbaren Haus saß und grübelte, wie es wohl mit mir und meinem Beruf weitergehen mochte. Aber er registrierte durchaus andere Charakterzüge an mir, die ihm zu denken gaben. In Sachen Diplomatie war ich nie besonders talentiert. Eines Tages musterte ich ihn, immerhin den Chef von ein paar Tausend Menschen, ziemlich unverblümt und sagte: »Schatz, willst du dir nicht einmal wieder einen neuen Pullover kaufen.«

Er schaute mich entgeistert an: »Einen neuen Pullover? Ich finde, ich bin recht gut angezogen.«

»Das bist du. Aber hier und da ein etwas modernerer Schliff, und du wärst ein ganz anderer Mann.«

»Ich gefalle dir also nicht, so, wie ich bin?«

»Natürlich gefällst du mir so. Würde ich sonst einmal im Monat diese Strapazen auf mich nehmen, nur um bei dir sein zu können?«

»Dann mäkle bitte nicht an meiner Kleiderordnung herum. Ich finde, ich bin sehr gut angezogen. Punkt.«

Wir hatten große Probleme. Die Distanz, die zwischen uns lag, sein Leben, das sich von meinem grundsätzlich unterschied, der Altersunterschied. Zum ersten Mal stellte ich meine Schwäche für ältere Herren in Frage. Natürlich war Erhard charmanter, zuvorkommender, liebenswürdiger als viele Männer Anfang Dreißig. Aber er war auch festgefahrener, unfähiger, Standpunkte zu ändern. Ohne es wirklich zu merken, rutschten wir in eine Dauerkrise.

Anfangs, als er nach Amerika umgesiedelt war, hatten wir uns die gemeinsame Zukunft noch wunderbar und rosarot ausgemalt. Er würde unser gemeinsames Zuhause vor den Toren New Yorks suchen und finden, ich würde die Zwischenzeit nutzen, um mich beim ZDF für eine andere Show zu bewerben, eine, für die ich bequem einmal im Monat angeflogen kommen könnte. Er würde glücklich sein, mit dem, was er tut, denn schließlich ist ein Top-Manager-Job für ein Unternehmen wie Agfa in Amerika ein Traum. Und ich könnte mich selbst verwirklichen und ganz nebenbei auch noch treue Ehefrau eines tollen Mannes sein. Hochzeit, Kinder, Luxusleben.

Ein Leben voller Würze. Wenn's denn so gewesen wäre. Denn immer, wenn ich dort war, fiel uns sehr schnell auf, wie unterschiedlich wir eigentlich lebten. Er hatte eine Karriere in Amerika, eine solide, die aufzugeben ihm sicherlich sehr schwer fallen würde. Ich begann, mich in Deutschland immer mehr freizuschwimmen. Er sagte: »Ich habe einen Vertrag zu erfüllen. Außerdem will ich diesen Traumjob gar nicht aufgeben.«

Ich sagte, durchaus egoistisch: »Ich habe eine Karriere vor mir, die sich gerade jetzt noch ausbauen läßt. Ich will nicht nach Amerika gehen, um hier völlig von der Bildfläche zu verschwinden.«

Hätte ich damals, als Erhard und ich uns kennengelernt hatten, auf mein Gefühl gehört, wäre ich ihm blind
nach Amerika gefolgt. Erhard hatte damals immer
gewarnt:»Ich gehe jetzt erst einmal rüber, schaue, wie es
dort ist, wir überbrücken ein Jahr. Dann sehen wir weiter.«
Aus dem einen Jahr Brücken-Freundschaft waren
schon drei geworden. Drei phantastische Jahre mit einem
phantastischen Mann. Aber es war nicht abzusehen, ob
wir uns auch geographisch in absehbarer Zeit näher-
kommen würden.

Für mich war schon seit einem Weilchen klar: In
Deutschland herrscht immer noch Aufbruchstimmung in
der Fernsehlandschaft. Hier und da bekam ich schon
Angebote für Shows und Konzepte bei den privaten
Anstalten. Ich wußte, daß meine Zeit kommen würde.
Ich hatte also überhaupt keine Lust, mit einem Umzug
nach New York in Deutschland in Vergessenheit zu geraten. Einmal fort vom Schirm und schon verstaubte man
im Schrank der Nostalgie.

Außerdem durfte ich mich keinesfalls so prominent
fühlen, als daß ich in Übersee mit Angeboten überschüttet werden würde.

Ich spürte, daß sich bald etwas tun würde. Ich mußte nur warten. Es fiel mir schwer. Vor allem, weil meine
Beziehung immer mehr zur Belastung wurde. Wie ein
altes, zerknittertes Ehepaar rieben wir uns aneinander.
Mit dem Unterschied, daß wir alle Intensität, alle Krisen,
aber auch alle schönen Stunden in die Zeit zu stopfen
hatten, die wir gemeinsam verbrachten. Durch die
SCHLAGERPARADE war ich nicht mehr ganz so flexibel.

Alle zwei Monate flog ich für ungefähr eine Woche
nach New Jersey. Es war nicht so, daß mich nicht alles
zu ihm zog. Ich war gerne dort. Denn nur dort hatte ich
meine Eifersucht einigermaßen im Griff.

Zugegeben, ich bin schon reifer geworden. Als Teenager war Eifersucht ein wirkliches Problem. Mittlerweile kann ich gut damit umgehen. Allerdings machte es mir auch keine Mühe, mir vorzustellen, daß Erhard als charmanter, zuvorkommender Mann der guten, alten, europäischen Schule seinen Spaß hatte. Mit Mitarbeiterinnen, Sekretärinnen, Damen der gehobenen Gesellschaft. Ich habe schon gelitten. Natürlich völlig absurde Phantasien, denn Erhard hat einen viel zu guten Charakter und ist dadurch mit einer beneidenswert sauberen Moralvorstellung gesegnet. Aber machen Sie das einer eifersüchtigen Furie klar, die im Bett liegt und sich in der Dunkelheit die schillerndsten Szenen ausmalt.

Ich habe mit ihm darüber geredet. Er versuchte, mich zu beruhigen. Er war immer verständnisvoll. Er ist und bleibt ein Traumtyp. Aber einer, der mich mit meinem oft überschwenglichen Drang nicht verstehen wollte. Immer öfter bekam ich Anfragen, mich fotografieren zu lassen. Stapelweise lagen mir Angebote vor, mich nackt oder in Dessous oder in irgendeiner Weise lasziv ablichten zu lassen. Ich lehnte natürlich ab. Und dennoch: Einige Vorschläge interessierten mich. Sie waren nicht platt und peinlich, sondern sie versuchten, mich sinnlich zu zeigen. Fotografen machten schöne Fotos von mir. Solche, für die ich mich ganz sicher nicht zu schämen habe. Peinlich genau achtete ich darauf, wieviel Haut meines Dekolletés zu sehen war, wie hoch der Rock rutschte. Es blieb alles im vertretbaren Bereich. Und dennoch nörgelte mich Erhard immer wieder an. Er bezeichnete die Aufnahmen als Pin-Up-Fotos. Und ich war beleidigt.

Ich mochte diese Fotos. Sie gefielen mir, weil ich meine erotische Seite darin wiederfand.

Er gestattete mir meine Weiblichkeit nicht, hatte keine Ahnung von der Form des Exhibitionismus, der mir

und vielen anderen Menschen Freude machte, ohne wehzutun. Wir stritten uns immer öfter.

Er kannte mich gut genug, um zu wissen, daß ich es
liebe, ungeschminkt in T-Shirt und Jeans meine Freizeit
zu verbringen. Eben weil ich ständig geschminkt werde,
genieße ich mein alltägliches Gesicht. Und kleine Eitelkeiten wie Fotografien, die den Hauch von Erotik nicht
verbergen, gönne ich mir einfach, weil ich Freude daran
empfinde. Ich bin keine Emanze. Ich sehe mich gerne auf
Titelblättern. Warum auch nicht? Mein natürliches
Schamgefühl verbietet durchaus, manche Posen zu
gestatten. Aber Erhard hatte seine Moralvorstellung
scheinbar unbeschadet aus den späten fünfziger Jahren
herüberretten können.

Wir stritten uns, versöhnten uns und wurden beide
eigentlich immer unglücklicher, weil wir keinen Ausweg
sahen. Zwei Jahre lang lebten wir in einem permanenten
Zustand des Liebeskummers. Das zehrt und macht mür-
be bei der Arbeit.

Wieviele Stunden haben wir nachts am Telefon dis-
kutiert? Hat es Sinn, zusammen zu bleiben? Wie hoch
ist der Preis? Er in Amerika, ich in Deutschland – wie
kann ein Kompromiß aussehen? Und wenn es keinen
Kompromiß gibt, wer von uns beiden kann mit dem
Makel leben, auf Kosten des anderen so viel aufgegeben
zu haben?

Seine Argumentation war immer die gleiche: »Dieses Geschäft, in dem du arbeitest, ist ein einziges Luft-
schloß. Irgendwann zerplatzt es, und du stehst ohne
Sicherheit da.«

Wir drehten uns immer weiter im Kreis. Unsere Diskussionen machten so müde. Wir entschieden, daß wir
uns trennen mußten, und konnten doch nicht lassen von-
einander. Denn so viel ist klar: Was wir füreinander emp-

fanden, war Liebe. Und so eine Beziehung zu beenden, ist unglaublich schwer. Wieviele Ehen werden aufrechterhalten, obwohl die Partner schon seit Jahren nichts mehr füreinander fühlen?

Wir waren in einem klassischen Dilemma. Er war so großherzig und verwöhnte mich, wann immer er eine Gelegenheit dazu fand. Nicht, um mich nach Amerika zu locken. Dazu hatte er viel zu viel Respekt vor mir. Nein, er liebte einfach das Glänzen in meinen Augen, wenn er mir einen Wunsch erfüllte oder mich mit etwas Schönem überraschte. Aber bei aller Großherzigkeit konnte er nicht verhehlen, daß er älter, gesetzter, schwermütiger und vor allem viel vernünftiger ist als ich.

Ich kann ein furchtbar albernes Mädchen sein. Erhard und ich waren auf dem Weg nach Amerika und wurden wie üblich beim Einchecken kontrolliert. Der Beamte durchsuchte meine Tasche, und ich funkelte ihn an: »Guter Mann, bemühen Sie sich nicht. Natürlich habe ich das Kokain nicht in meiner Tasche, sondern am Körper versteckt.« Der gute Mann lächelte und verstand den Witz. Erhard hingegen nicht.

»Ich finde das nicht so lustig. Wie kannst du den armen Mann so verladen?«

In solchen Moment war er mir fremd. Und ich ihm wahrscheinlich auch.

Ich flog seltener nach Ridgewood. Ich hatte Angst davor, immer aggressiver zu werden. Gegen ihn, das Land, in dem er lebte, das Leben, das er dort führte. Nach fünf Jahren mußten wir uns schließlich eingestehen, daß es einfach nicht mehr ging. Vielleicht hätten wir unsere Probleme in den Griff bekommen, wenn nicht die räumliche Entfernung gewesen wäre. Die unausweichliche Trennung war sehr schmerzhaft. Die Arbeit mit den Hecks lenkte mich etwas ab von meinem privaten Kummer. Wenn sie auch noch so anstrengend waren: Hilde und Dieter Thomas hatten dieses Show-Biz so in ihr Leben integriert, daß mir der monatliche Ausflug nach Baden-Baden wirklich wie eine Reise in eine riesengroße Kulisse vorkam. Nebenbei war ich Teil der Show, lernte viel und – was sich bald als ungemein wertvoll erweisen sollte – machte immer mehr auf mich aufmerksam.

Das große Angebot sollte bald kommen.

Die Geschichte von einer besonderen Show und einem gräßlichen Unfall

Showbusineß ist alles. Show-Biz ist nicht nur, wenn ich eine Schlagerparade präsentiere oder einen Steilwand-Kletterer interviewe. Der ganze Alltag kann Show-Biz sein.

Das jährliche Schützenfest in Nehden beispielsweise ist perfektes Showbusineß. Mit dem einzigen Unterschied, daß es nicht von Kameras eingefangen wird.

Dieses Jahr habe ich mir wieder einmal das Vergnügen gegönnt. Ich bin nach Hause gefahren. Für meine Eltern ist das Fest einer der Höhepunkte des Jahres. Und für mich auch ein bißchen.

Ich schaffe es nur noch alle zwei oder drei Jahre, zum Nehdener Schützenfest zu gehen. Niemals hätte ich früher auch nur im Traum daran gedacht, daß ich einmal Sehnsucht nach diesem Dorffest haben würde. Alle Dorfbewohner gut gelaunt, ein bißchen angeschickert. Auf dem Schützenplatz herrscht eine ausgelassene Stimmung. Der Bratwurstduft schwebt durch das ganze Dorf und macht Appetit. An jeder Ecke wird dröhnend gelacht.

Schützenfest heißt ein launiges Wochenende lang Ferien von der Routine. Früher interpretierte ich die Bierseligkeit rund um den Dorfkern als Spießigkeit. Heute bin ich toleranter. Wer gerne lacht und den Nachbarn in den Arm nimmt und gleichzeitig auch noch sportlich ehrgeizig ist und Schützenkönig werden möchte, kann ganz so spießig nicht sein.

Außerdem freuen sich meine Eltern so sehr, wenn ich zum Schützenfest nach Nehden komme. Es ist gemütlich, wenn alle drei Kinder mit an diesen ellenlangen Holztischen auf unbequemen Bänken sitzen und sich zuprosten.

Meine Freundin Heike und ihr Lebensgefährte, Ahmed Sassi, ein Tunesier, haben mich begleitet. Ich mag die beiden. Nicht nur, weil ich sie miteinander verkuppelt habe. Auch, weil ich ihre Gegenwart schätze. Menschen, die mir so vertraut sind, daß ich mich nicht verstellen muß. Solche Menschen sind mir besonders wertvoll und verdienen das Prädikat Freunde für mich.

Ahmed Sassi begleitet mich besonders gerne, wenn ich zu meinen Eltern fahre. Daheim, in Nordafrika, ist er ein viel intensiveres Familienleben gewöhnt als hierzulande üblich. Irgendwann hat er mir gestanden, wie sehr er das großfamiliäre Flair im Hause meiner Eltern liebt. Seitdem gehört er fast mit zur Familie. Genauso wie früher. »Diesen Magen kriegen wir auch noch voll.«

Das Wochenende war wunderbar. Wir reisten gut gelaunt bei meinen Eltern an. Sie empfingen uns mit Kaffee und Kuchen. Dann gingen wir auf die sogenannte Halle, die Schützenhalle mitten in Nehden, dem Zentrum des Wettkampfes und der Feierlichkeiten.

Wir sahen den Umzug, der traditionell quer durchs Dorf führt und an dem sich jeder beteiligt, der aufrecht gehen kann.

Später ging die ganze Familie essen, und danach wurde getanzt. Schiebertänze, so richtig zünftig, wie es nur noch auf dem Lande geschieht. Dort, wo die Männer noch richtig zupacken und sich die Frauen noch ordentlich führen lassen. Vielleicht ist es Biederkeit, der ursprüngliche Wunsch, beschützt zu werden. Aber wenn ich mit meinem Vater tanze, dann habe ich wirklich das Gefühl, als Dame in sicheren Händen zu sein. Wahrscheinlich paßt akkurater, sauberer Standardtanz nicht zur großstädtischen Kühle. Schade.

An diesem Abend war mein Vater nicht der einzige, der kräftig seine Arme um meine Hüften legte. Erst tuschelten die Nachbarn, die mich schon als Säugling kannten, ein bißchen, sie schauten und lächelten verlegen.

Doch der Charme eines Schützenfestes liegt unter anderem darin, daß die Dorfgemeinschaft mit Fortdauer des Abends einen kleinen Schwips bekommt und jeder mit jedem spricht. Die Nachbarn kamen zu mir, nahmen mich wieder in ihre dörfliche Mitte.

Meine Schwester und mein Bruder – bei solchen Gelegenheiten sehe ich sie. Momente, in denen mir auffällt, daß ich ein klein wenig anders bin als der Rest meiner Familie. Wir mögen uns, wir freuen uns, wenn wir uns sehen. Aber wir brauchen unsere Zeit, um uns zu beschnüffeln. Bisweilen fühle ich mich etwas fremd. Aber nur ein paar Minuten. Denn die Familie bleibt doch das Zuhause.

Genau wie das Schützenfest – ich habe eine ganze Nacht lang getanzt. Mit dem halben Dorf war ich auf der Tanzfläche. Die Nacht war lang und lärmend. Der Tag darauf umso ruhiger und melancholischer. Wochenlang hatte ich mich darauf gefreut, meine Nichte zu sehen. Ein fröhliches freches bezauberndes Mädchen mit rotem Haar, das schon jetzt weiß, wie es seinen Willen durchsetzt. Als Tante fühle ich mich sehr wohl. Ich glaube nicht mehr daran, noch Mutter zu werden. Dafür mag es zu spät sein. Nicht aber dafür, meine Nichte zu verwöhnen.

Heute ist es passiert. Viele haben gesagt: »Es mußte ja so kommen.« Ich sage: Die Abenteuer waren es wert. Quer durch die Welt zu reisen und innerhalb eines Jahres viele Länder zu sehen, spannende Menschen zu sprechen und an die eigenen Grenzen zu gehen – all das ist es wert, ein Risiko einzugehen.

Ich hatte mich entschlossen, die Sendung LIFE – DIE LUST ZU LEBEN zu moderieren. Also hatte ich mich auch entschlossen, mögliche Gefahren zu akzeptieren. Ich stellte mich also auf diesen Hundeschlitten, der von wahren Rennmaschinen, den Huskies, gezogen wird, und gab mich ganz dem Rausch der Geschwindigkeit hin.

Ich stand auf den Kufen des Schlittens, wie auf Skiern, mußte vorne diese unglaublichen Bündel an Energie bändigen, den Schlitten steuern und meine Euphorie bremsen. Mit knapp vierzig Stundenkilometern über die Schneepiste zu rasen, in der glitzernden Sonne, macht unempfindlich für Gefahren.

Natürlich hätte ich besser eingewiesen werden müssen in diese Sportart, und schließlich trug ich auch noch das falsche Schuhwerk. Ich war auch falsch beraten, als ich zuließ, vier statt zwei Hunde vor meinen Schlitten spannen zu lassen. Die Summe aller Fehler führte zum Unfall. Und dieser Unfall zersplitterte meinen rechten Knöchel und ließ mich lange humpeln wie einen Invaliden.

Ich hatte Schmerzen wie noch nie in meinem Leben und bekam stärkste Betäubungsmittel, um wenigstens stundenweise zu schlafen. Doch ich bleibe dabei: Dieses Abenteuer ist eines der spannendsten, das ich bislang kennengelernt habe. Die Frauen und Männer, die sich von Huskies in aberwitzigen Geschwindigkeiten durch Eiswüsten ziehen lassen, brauchen den Rausch wie eine Droge.

Ich habe Uschi Liebhard kennengelernt, eine der wenigen weiblichen Mushers, so werden die Schlittenhundeführer genannt. Uschi hat mir mächtig imponiert. Sie ist weiblich und kräftig zugleich, zuvorkommend und resolut in einer Person. Und ehrlich. Sie sagte mir früh, daß so eine Hundeschlittenfahrt nicht ganz ungefährlich ist.

Wie gefährlich aber, begriff ich erst später, nachdem ich Dieter Zirngibl kennengelernt habe. Zirngibl ist der einzige Deutsche, der 1997 beim legendären Yukon Quest teilgenommen hat, dem Rennen der Hundeschlitten quer durch die menschenfeindlichste Region auf diesem Globus: Alaska. Die Distanz bemißt sich auf 1600 Kilometer. 1600 Kilometer zwischen Whitehorse in Kanada und Fairbanks, in Alaska. Nur die Weltelite der Musher traut sich die Teilnahme zu.

Der Rekordhalter brauchte zehn Tage und sechzehn Stunden. Zum Vergleich: Dieter Zirngibl, wahrlich ein Star unter den Muschern, war vierzehn Tage lang unterwegs. Vierzehn Tage lang in eisigsten Temperaturen, nahezu ohne Schlaf, umgeben von ehrgeizigen Hunden und perfekt organisierten Pflegetrupps. Zirngibl erzählte mir: »Nicht der schnellste Musher gewinnt, sondern der mit den besten Hundepflegern.«

Zu begreifen, wie groß der Reiz dieser unwirtlichen Sportart ist, bedeutet, hinaufzuklettern auf die Kufen. Ich ließ mich eineinhalb Tage lang einweisen in die Geheimnisse.

Später sah ich Bilder von mir. Schon auf der ersten Fahrt trieb ich die Hunde vor mir an. »Tempo, Tempo, hey!« brüllte ich. Zu diesem Zeitpunkt waren es nur zwei Hunde. Ich fühlte mich sicher. Der zweite Tag brach an. Die Route heute sollte schwieriger sein. Außerdem wurden vier Hunde vor meinen Schlitten gespannt. Doch ich war sicher, auch vier Huskies steuern zu können.

Wir rasten los. Ich hatte ein gutes Gefühl. Der Fahrtwind war diesmal gar nicht so eisig, weil die Sonne die Luft erwärmt hatte. Wir waren unglaublich schnell. Und ich genoß es. Ich wollte nicht, daß es aufhört.

Vielleicht war ich eine Sekunde unkonzentriert, als es passierte. Der Schlitten kam in eine leichte Schräglage. Ausgerechnet dort, wo ein schiefer Markierungspfahl in den Schnee gerammt worden war. Ich verlor die Kontrolle, mein Schlitten streifte den Pfahl, ich konnte mich nicht mehr halten, versuchte mich mit dem rechten Fuß abzustützen und knickte sofort um. Es knallte häßlich. Ein Stich raste durch mein Gehirn. Mehr Schmerz spürte ich in dieser Sekunde noch gar nicht. Aber ich wußte: Fürs erste war das Abenteuer vorbei.

Sofort kamen Sanitäter, hoben mich auf. Langsam schlich sich ein mieser Schmerz durch meinen Körper. Ich versuchte, den Fuß zu bewegen. Keine Chance. »Was ist mit mir?« stammelte ich die ganze Zeit. Die Männer um mich herum beruhigten mich. Einer trug mich zum Schneemobil, setzte mich auf den Rücksitz. Mittlerweile schmerzte der Fuß höllisch und trieb mir Tränen in die Augen.

Ich wurde zum Zielstand gefahren und sofort ins Krankenhaus gebracht.

Die Diagnose: Dreifacher Knöchelbruch.

Ich wurde sofort operiert; acht Nägel, eine Stellschraube und eine Platte wurden in meinen Fuß eingesetzt. Die ersten Nächte nach dem Unfall waren die schlimmsten meines Lebens. Ich schlief nicht – ich dämmerte. Und das auch nur durch starke Schmerzmittel.

Viele Menschen riefen mich an und besuchten mich. Sie alle wollten mir nur Gutes tun. Doch ich wollte niemanden sehen, vielleicht mit Ausnahme meiner Eltern.

Es war wie ein Alptraum. Das Leben bestand für endlose Tage nur aus Schmerzen.

Was half es mir?

Ich lag im Bett, unfähig mich zu bewegen, kaum in der Lage, auch nur zu lächeln. Denn wer lächelt schon gerne, wenn er vor Schmerz am liebsten heulen würde?

Natürlich wurden mir die unbequemen Fragen gestellt: »Frau Schrowange, war's nicht ein bißchen viel des Übermuts?«

»Werden Sie jetzt kürzertreten?«

»Haben Sie gar Angst?«

»Müssen Sie für die Quote unbedingt jeden aberwitzigen Sport einmal ausprobiert haben?«

Zu betonen, daß viele kleine Gemeinheiten zusammen kommen mußten, um mich derart unglücklich stürzen zu lassen, wäre vergebens gewesen. Genau wie die Beteuerung, daß ein gebrochener Knöchel, selbst, wenn es ein komplizierter Bruch ist, keine lebenslange Behinderung bedeutet.

Ich brauchte nur wenige Tage, um wieder einen klaren Kopf zu bekommen.

Natürlich hatte ich einen schmerzhaften Unfall gehabt. Aber der war geschehen und zu reparieren. Ich war unter allerbester medizinischer Obhut. Kompetente Ärzte versicherten mir begründet, daß der Heilungsprozeß gut voranschritt und ich, wenn ich bereit wäre, hart an mir zu arbeiten, natürlich wieder laufen und spurten und skaten und im Zweifelsfall sogar Hundeschlitten-rennen fahren können würde.

Mein Arbeitgeber, RTL Television, gab mir jede Unterstützung, die ich brauchte. Meine Eltern wurden nach Österreich geflogen. Später jettete ich wochenlang zwischen Köln und der Reha-Klinik von Professor Dungl, einer absoluten Koryphäe auf seinem Gebiet, hin und her, um schnell wieder fit zu werden.

Und natürlich ließ ich es mir nicht nehmen, drei Wochen nach dem Unfall schon wieder im Studio zu sitzen, um EXTRA zu moderieren. Es ging mir gewiß nicht darum, aller Welt zu zeigen: »Die Schrowange ist knochenhart.« Nein. Nur, jammernd in der Wohnung zu hocken und grübelnd den Unfall immer und immer wieder zu durchleben, fördert keinen Heilungsprozeß.

Ich war wieder da. Viel schneller, als die meisten glaubten. Sogar schneller, als ich es für möglich gehalten habe.

1994: Eine eigene Sendung und ein enttäuschender Abschied

Der Anruf kam plötzlich und unverhofft. Der Mann sagte: »Ich würde Sie gerne für RTL zu einem Casting einladen.«

»Zu einem Casting?« Wieder dieses Reizwort. Immer, wenn mir ein Casting angeboten wurde, dann tat sich etwas in meinem Leben. Aber warum auch nicht?

»Um welches Projekt geht es?«

»Um eine neue Sendung. Ein neues Reportage-Magazin, das RTL plant.«

RTL. Eine neue Welt. Eine Richtung, aus der ich eigentlich kein Interesse erwartet hatte. Ein Angebot von SAT.1 hatte ich einige Monate zuvor ausgeschlagen, weil mir das Konzept nicht gefiel.

In stillen Stunden hatte ich mich schon gefragt, ob nicht auch ich ein Gesicht für das Privatfernsehen habe. Privatfernsehen ist schneller, bunter, schriller, oft auch brutaler und rücksichtsloser als öffentlich-rechtliches Fernsehen. RTL war ganz sicher nicht mit dem zu vergleichen, was ich bislang gemacht hatte.

Natürlich sagte ich zu. Der freundliche Herr, der mich angerufen hatte, versprach mir eine Videocassette mit Reportagen. Ich sollte sie mir anschauen und mir Textvorschläge für Anmoderationen zurechtlegen.

Wenige Tage später hatte ich die Cassette in meinem Briefkasten. Ich sah sie mir an. Eine Reportage über BSE und eine über Lokführer, die damit leben müssen, daß sich Selbstmordkandidaten vor ihren Zug geworfen haben. Ich setzte mich hin und feilte am Text meiner Moderationen, die ich beim RTL-Test vorzutragen hatte. Kein leichter Job für mich. Ich rief meinen befreundeten Kollegen Christian Angeli an, der später auch zu RTL wechselte und dort Karriere machte. Er ist ein begnadeter Texter. Er gab mir wertvolle Tips.

Das Casting: Es ist nicht so einfach, in einem sterilen Studio mit schweigenden Kameramännern, die einen durch lautlos glotzende Kamera-Ungetüme anpeilen, möglichst lebensecht zu wirken. Ich muß zugeben: Eigentlich bin ich ein bequemer Mensch. Und ich bin's gern. Weil die Fähigkeit, das Leben als Genuß zu akzeptieren, mir weitaus mehr bedeutet, als durch die Jahre zu hetzen. In meinen Augen ein grandioser Selbstbetrug. Wie viele Menschen jagen weiter und weiter, weil sie sich den Frieden erst nach der gesetzlich auferlegten Überschreitung des Rentenalters erlauben wollen? Doch wer viele Jahre seines Lebens nur geackert hat, wird die Fähigkeit der Muße mit 65 Jahren auch nicht mehr erlernen. Es soll nicht bitter klingen, weil jeder Mensch seine eigene Entscheidung trifft. Meine ist ganz klar: Leben, so viel wie möglich. Pflichten, so viel wie nötig.

Es paßt nicht ganz zum Kapitel Ehrgeiz, dem ich in meinem Leben nicht wenig Raum gebe. Muße hier, Vorwärtsdrang dort sind möglicherweise zwei Pole, die kaum unter einen Hut zu bringen sind. Maßstab kann immer nur der sein: Bin ich, Birgit Schrowange, zufrieden? Wenn ja, ist alles gut. Wenn nein, muß ich etwas ändern. Und ich war nicht mehr zufrieden. Also mußte ich etwas ändern.

Ich begann, mich wirklich intensiv mit dem Gedanken auseinanderzusetzen, für RTL zu arbeiten. Natürlich war mir klar, daß das ZDF Probleme damit haben würde. RTL war schon seit weit über einem Jahr der erfolgreichste Sender und hatte gerade dem Zweiten Deutschen Fernsehen viele Zuschauer abgejagt. Auch das machte das RTL-Angebot so verlockend.

Ich machte mich fit für mein nächstes Casting. Als ich zum erstenmal das RTL-Gebäude in Köln an der Aachener Straße betrat, wartete ich darauf, nervös zu werden. Ich wurde vom Redaktionsleiter der neuen Sendung, Frank Hoffmann, einem jungen, gutaussehenden Mann, begrüßt. Es war alles so, wie ich erwartet hatte. Ich wurde geschminkt – ich reklamierte noch für mich, möglichst wenig geschminkt zu werden – und ins Studio geführt.

Es war das klassische Casting. Anmoderationen, streng gesprochen, schließlich war ich hier bei RTL. Ich mußte noch ein Interview führen mit einem Redakteur. Wieder die eine oder andere kleinere Panne.

Der Redaktionsleiter nahm mich nach dem Casting bei Seite und sagte:»Ich fand, Sie waren die Beste. Ich fände es gut, wenn Sie diese Sendung moderieren würden.« Auch andere Kolleginnen von mir waren angesprochen worden. Bekannte Gesichter. Christiane Gerboth, bekannt als überaus professionelle Moderatorin der PRO 7-NACHRICHTEN. Ein kühler Typ, blond und blaue Augen, aber sehr apart. Ich hätte sie mir schon gut in der Kulisse vorstellen können, in der ich sehr bald Montag für Montag stehen würde. Als Präsentatorin einer Sendung, die immer noch keinen Namen hatte. Eine andere Kollegin war Christiane Feist. Sie hatte bereits Erfahrung mit einem ähnlichen Magazin wie EXTRA es später werden sollte, hatte Anfang der neunziger Jahre bei SAT.1 das Reporter-Magazin AKUT moderiert. Ich habe sie gerne angesehen. Auch sie empfand ich durchaus als Konkurrentin, die ihren Job sehr gut machte.

Es reizte mich ungemein, beim Casting als erste durchs Ziel zu gehen. Denn diese Erfahrung wollte ich unbedingt machen: ein Projekt von der ersten Minute zu erleben. Es ist unglaublich spannend, in dieser Phase mitarbeiten zu können. Nichts steht fest, alles ist möglich. Viele hassen dieses unorganisierte Chaos, ich liebe es. Den Vorgesetzten zu fragen:»Wie löse ich dieses Problem?« Und er antwortet:»Egal wie, löse es.«

Gerade in öffentlich-rechtlichen Anstalten ist jedes noch so kleine Detail ausschließlich mit dem Ausfüllen eines Formulars zu regeln. Dieser Einblick hinter die Kulisse ist nicht neu, aber er ist ein Grund für das Gefälle zwischen den Systemen.

RTL, das sollte ich bald merken, ist nicht gerade überorganisiert. Doch jeder, der Lust und den Ehrgeiz hat, sich zu engagieren, ist bei RTL niemals gehindert worden.

Ich auch nicht.

Das Casting war beendet und ich fühlte: Der Job gehört mir. Die Hürde war genommen. Wir waren uns einig.

Der typische Schrowange-Prozeß konnte beginnen. Birgit begann mit Birgit zu plaudern.»Birgit, ist es wirklich gut, wenn du schon wieder ein Risiko eingehst?« sagte die vorsichtige Birgit zur lebensfrohen.

Und die antwortete:»Aber ja.«

»Aber das Privatfernsehen ist brutal. Heute geheuert, morgen gefeuert.«

»Hör doch auf. Die Sicherheit lähmt und langweilt.
Und macht dich auch nicht reicher.«

»Ist Geld so wichtig?«

»Nicht wichtig. Aber notwendig.«

»Du magst deine Bequemlichkeit. Denke dran:
Bequem wird dieser Job nicht.«

»Natürlich nicht. Aber noch habe ich Lust und Kraft,
etwas Neues zu machen.«

»Du willst immer weiter, immer vorwärts. Bist du
noch nicht müde?«

»Ich werde niemals richtig müde. Ich möchte Abenteuer erleben. Und die erlebe ich bestimmt nicht im Studio auf dem Mainzer Lerchenberg.«

Ach, es war so quälend. Die beiden Seelen in der
Brust. Und keine wollte nachgeben. Nicht nur, daß ich
mich selber in Frage stellte. Ich kämpfte an vielen Fron-
ten.

Meine Eltern waren entsetzt, als ich ihnen von meinen Plänen erzählte.

Meine Mutter: »Du riskierst alles. Du hast doch
schon so viel erreicht. Was willst du denn noch?« Ein müt-
terliches Totschlag-Argument.

Mein Vater, auch sehr typisch, sagte nicht viel. Aber
ich spürte seine Mißbilligung. Vaters skeptischer Blick ist
oft viel quälender für mich als Mutters Worte. Sie jam-
merte: »Das muß doch schiefgehen. Man hört doch so
viel. In ein paar Monaten stehst du da und hast nichts
mehr. Hast du genug gespart?«

Sie machte mich nervös mit ihren vielen Fragen.

»Ja, ich habe genug gespart«, meinte ich gereizt.

Sie glaubte mir nicht, aber verlegte sich auf ein anderes Argument: »Jeder will doch heutzutage eine eigene Sendung. Die verschwinden doch alle wieder so
schnell.«

»Jeder will eine eigene Sendung. Und ich bekomme sie. Warum freust du dich eigentlich nicht darüber?«
»Weil mir das alles zu unsicher ist. Du paßt da doch gar nicht richtig rein.«
»Das mußt du schon mir überlassen.«
Mit meiner Mutter war nicht zu reden. Und mein Vater war auch nicht auf meine Seite zu ziehen. Vielleicht Erhard, mit dem mich mittlerweile eine Freundschaft verband? Keine Chance. Erhard reagierte heftiger, als ich geglaubt hatte. Er hatte immer noch gehofft, ich würde mich entschließen, ihm für immer nach Amerika zu folgen. Diese Entscheidung setzte allen Spekulationen ein Ende. Erhard würde drüben bleiben, weil er sich keinen besseren, lukrativeren Job vorstellen konnte. Und ich würde in Deutschland bleiben, weil ich endlich die Chance hatte, etwas anderes zu sein als nur das hübsche Püppchen, das Texte referiert.

Es war *das* Angebot schlechthin. Und ich konnte einfach nicht ablehnen. Je mehr Menschen auf mich einredeten, desto überzeugter war ich davon, zu RTL wechseln zu wollen. Erhard hatte nicht ganz Unrecht. Diese Entscheidung war mehr als eine für einen beruflichen Wechsel. Diese Entscheidung war gegen ihn und damit auch tragisch.

Ein unangenehmes Gespräch hatte ich noch vor mir. Ich mußte zum Intendanten, Professor Dieter Stolte. Er musterte mich eindringlich, als ich vor ihm saß. Er wußte natürlich, warum ich bei ihm saß. Jeder hatte von diesen Gerüchten gehört. Auch das war ein Preis der mühsam erarbeiteten Popularität: Es hat kaum drei Stunden nach meinem Casting bei RTL in Köln gedauert, und einflußreiche Leute in Mainz hatten die Information schon auf dem Schreibtisch. Sei's drum. Ich hatte nichts zu verbergen.

»Sie wollen sich also tatsächlich in diesen Löwenkäfig begeben?«

Ich wagte die Gegenfrage: »Haben Sie ein besseres Angebot für mich?«

Er zögerte ein paar Sekunden: »Nun, es ist nicht so, als ob wir guten Leuten keine Perspektiven bieten könnten.«

»Welche wären das?«

Ich hatte wenig Lust auf Höflichkeitsfloskeln. Wenn die Zeit für ein ernstzunehmendes Angebot gekommen war, dann jetzt. Er machte es spannend.

»Sie wissen ja, wir haben vor wenigen Wochen schon einen guten Mann an RTL verloren.«

Er sprach den Fall Marcel Reif an. Gerade im Sommer 1994, während der Fußball-Weltmeisterschaft, hatte der Kollege Reif aus der ZDF-Sportredaktion den Höhepunkt seiner Popularität erreicht. Und währenddessen verkündete er seinen Wechsel zu RTL Television, fast gleichzeitig mit mir.

Für Stolte ein herber Verlust. Das Klima zwischen RTL und dem ZDF war durch den Transfer Marcels sehr gereizt. Die Boulevardblätter titelten mit abstrusen Ablösesummen für TV-Stars, die angeblich zu zahlen seien.

Die Stimmung war äußerst angespannt. Und Stolte ahnte, daß er die nächste Schlacht verlieren würde.

»Was können Sie mir anbieten?« fragte ich.

»Was halten Sie von … ähm … dem Sonntagskonzert auf Tournee?«

Ich starrte ihn an und schnappte nach Luft. Eine liebenswerte kleine Sonntagshow für ein ausgewähltes altes Publikum, die ich ganz sicher gut präsentieren würde. Aber Lust hatte ich nicht auf diese Show. Niemand beim ZDF wollte das sehen.

Ich bedankte mich mit zusammengebissenen Zähnen für das Angebot, das, leider, leider, unakzeptabel für mich war.

Das Kapitel ZDF war endgültig für mich erledigt. Nach zehn Jahren harter Arbeit.

Ich war enttäuscht. Ich hätte mehr erwartet. Aber vielleicht bin ich einfach nur ungerecht. Möglicherweise bin ich für die verantwortlichen Herren auf dem Lerchenberg immer nur die adrette Präsentatorin gewesen. Möglicherweise konnten sie gar nicht verstehen, was ich von ihnen wollte. Nicht nur zu meinem Vorteil. Ganz sicher auch zu dem des Senders. Aber es sollte nicht sein.

Ich fühlte mich befreit, als ich das Büro des Intendanten verließ. Die Entscheidung war gefallen. Wenn es noch eine Chance gegeben hätte, dem ZDF erhalten zu bleiben: In diesem Moment war sie vergeben worden.

Wenige Wochen später gab ich meinen offiziellen Ausstand. Im Grunde habe ich nichts erwartet. Ich war keine verdiente langjährige Mitarbeiterin einer Redaktion gewesen. Ich hatte lediglich frei gearbeitet und meinen Schichtdienst abgeleistet. So läßt sich die Arbeit natürlich auch interpretieren, auch wenn ich mir gestatte, es anders zu werten.

Allerdings war ich schon ein bißchen enttäuscht, als mir mein Sendeleiter Michael Sauer zum Abschied ein Buch über das schöne Mainz überreichte. Ich bedankte mich.

Das war's. Schlußpunkt nach zehn Jahren.

Mittlerweile war es publik. In allen Zeitungen wurde gemeldet, daß Birgit Schrowange ein RTL-Magazin moderieren würde, das den Namen EXTRA tragen würde. EXTRA, um der erfolgreichen RTL-Strategie der sogenannten X-Magazine treu zu bleiben. »X« für EXPLOSIV mit Barbara Eligmann, »X« für EXKLUSIV mit Frauke Ludowig. Und nun: »X« für EXTRA mit Birgit Schrowange.

Ich habe unruhig geschlafen in diesen Tagen. Ich hatte keine Ahnung, was wirklich auf mich zukommen würde. Und ich hatte noch ein Gespräch im Kopf, das mir schwer auf der Seele lag. Mein Gespräch mit Dieter Thomas Heck.

Ich wußte, daß er meine Arbeit schätzte und auf mich baute. Und jetzt dies:

»Dieter, ich habe ein Angebot von RTL.«

»Ich habe davon gelesen. Du denkst doch nicht allen Ernstes darüber nach, dieses Angebot anzunehmen?«

»Ich habe mich schon entschieden. Aber ich kann doch weiter die Schlagerparade moderieren«, sagte ich ganz schnell, denn ich ahnte, was jetzt kommen würde.

»Die Schlagerparade weitermoderieren? Als RTL-Moderatorin? Aber das ist ganz undenkbar.«

»Aber warum? RTL legt mir keine Steine in den Weg.«

»Ach, wie gnädig.«

Er war tatsächlich beleidigt: »Du kannst nicht aussteigen. Ich brauche dich bis zum Ende des Jahres. So lange mußt du die Sendung mindestens machen.«

»Aber EXTRA soll schon im Oktober starten.«

»Ganz unmöglich, ganz unmöglich«, wiederholte er immer wieder. Er konnte es nicht glauben. Privatfernsehen paßte nicht in sein Weltbild. Seit Ende der sechziger Jahre hatte er für die öffentlich-rechtlichen Anstalten gearbeitet und war zum Star geworden. Jeder kannte ihn, die meisten verehrten ihn, und alle schätzten seine Professionalität. Vor jeder Kamera und jedem Mikrofon konnte Dieter Thomas Heck in variablen Längen all das erzählen, was man von ihm erwartete. Aber so flexibel zu verstehen, daß ich ein Angebot von RTL annehmen mußte, war er dann wieder doch nicht.

»Ich habe auch Angebote gehabt. Auch von den Privaten. Immer wieder. Na und? Ich habe abgelehnt. Du hast doch alle Chancen.«

Mein Bauch, ich mußte ganz intensiv darauf lauschen, was mein Bauch mir sagte.

»Ich bin immer standhaft geblieben. Und du siehst, wie weit ich es gebracht habe.«

»Aber du bist ein Produzent. Und einer der besten Showmaster Deutschlands. Seit Jahrzehnten. Ich bin eine TV-Ansagerin. Du kannst uns beide doch gar nicht vergleichen.«

Der Bauch hatte schon lange entschieden.

Dieter Thomas Heck merkte, daß er mich nicht überzeugen konnte. Birgit Schrowange, die Moderatorin seiner DEUTSCHEN SCHLAGERPARADE würde zu RTL abwandern, um dort ein Reportage-Magazin zu präsentieren, das EXTRA heißen würde.

Eine richtige Entscheidung. Hätte ich sonst exakt ein Jahr später die Chance bekommen, noch eine zweite Sendung zu präsentieren, eine, die von der Lust zu Leben erzählt? Für einen Mann wie Dieter Thomas Heck wahrscheinlich der Anfang vom Ende. Für mich war's die Chance.

Die Chance, Wasserski zu fahren und dafür bezahlt zu werden, mit einem Fesselballon zu fliegen und mich beim Extrem-Bootfahren ordentlich zu verkühlen.

Die Chance mit einem Mann zu sprechen, der auf den elektrischen Stuhl wartet.

Und die Chance, als eine der Auserwählten nach Moskau zu fliegen, um einen Parabelflug zu machen. Ein Flug, der Schwerelosigkeit suggeriert.

Die Geschichte von zwei Leichen in Moskau und einem Spaziergang im All

In aller Herrgottsfrühe sind wir nach Moskau geflogen. Wieder einmal unterwegs. Es ist schwer, morgens im Badezimmer zu stehen, so wie viele Menschen, die gleich ins Büro gehen, ihre Arbeit machen und abends wie selbstverständlich in ihr gemütliches Zuhause zurückkehren können.

Ich werde in wenigen Minuten in einem Flugzeug sitzen und in einem anderen Land wieder aussteigen. In einem anderen Land, in dem so ganz andere Gesetze und Regeln gelten als die, die ich gewohnt bin.

Moskau ist wirklich nicht weit weg. Zwei Stunden Flug und man glaubt, am anderen Ende der Welt zu sein. Auch das hat etwas mit der Lust zu leben zu tun.

Ich erinnere mich an mein erstes großes Fernseh-Abenteuer, das ich in Moskau erlebt habe. Es war Ende der achtziger Jahre. Noch trennte der Eiserne Vorhang die Blöcke. Dennoch hatten sich die Fernsehfunktionäre in Mainz und in Moskau ausgedacht, die Völkerverständigung voranzutreiben.

Ich wurde gebeten, Sendungen des ZDF aus Moskau zu moderieren. Im Gegenzug war ein Moskowiter in Deutschland zu Gast und präsentierte typisch russische

Shows. Ein nettes Abenteuer. Letztlich harmlos. Aber für mich war es großartig – dachte ich. Bis ich in Moskau landete.

Ich sah das blanke Elend. Menschen, die an kalten Wintertagen Pappkartons trugen, die ihre Füße gegen die Kälte schützen sollten. Die Auslagen der Schaufenster waren düster, grau und leer. In Hauseingängen, dort, wo der Wind nicht so pfiff, saßen Menschen und starrten dumpf vor sich hin. Sie bettelten nicht einmal. Wen auch hätten sie anbetteln sollen? Die meisten hier waren arm. Und der Rest war sehr arm. Ich war in Europa und trotzdem in einem Entwicklungsland.

Mein Hotel war gräßlich: Schmutz überall, Ungeziefer, Zigarettenkippen in einem Zimmer, das ich eigentlich frisch beziehen wollte, die Heizung war aufgedreht und ich konnte sie nicht herunterregulieren. Ich ekelte mich vor diesen Zuständen. Ich ging mit Stöckelschuhen in die Dusche und schlief in meinen Kleidern.

Ganz anders meine Eindrücke jetzt. Moskau war Weltstadt geworden. Volle Geschäfte, schöne, gut gekleidete Menschen, kostbare Edelmarken in den Auslagen. Ich schaute mich um und wollte gerade beginnen, an ein Wunder zu glauben, als mich unser Reiseführer aufklärte. Geschätzte achthunderttausend Russen können sich Luxus erlauben. Die anderen sind bettelarm, immerhin weit über zweihundert Millionen Menschen.

Vielleicht ist es heute noch ein bißchen schlimmer, als damals. Weil einige wenige reich geworden sind. Nicht immer legal. Aber sie besitzen die Rubel und können, wenn sie wollen, das ganze Land kaufen.

Der Rest hungert oder häkelt häßliche Decken, wie die Omas, die an den Straßenrändern sitzen und dich anschauen. Von ihren Handarbeiten müssen sie leben.

Das Gefälle ist schwindelerregender geworden. Sonst hat sich nichts geändert.

Doch, das Hotel war diesmal sehr angenehm. Und ich wollte die paar Stunden Ruhe, die ich in Moskau hatte, unbedingt zur Entspannung nutzen. Denn der Job, den ich vor mir hatte, war ausgesprochen anstrengend.

Ich sollte und durfte ins sogenannte Sternenstädtchen. Im vergangenen Jahrzehnt noch abgeriegelt und jedem Blick aus dem Westen verwehrt. Mittlerweile sind auch die Russen offener geworden und präsentieren stolz ihre wissenschaftlichen Blicke ins All. Wenn man bereit ist, viel Geld dafür zu zahlen.

Ich fuhr in einer riesigen Limousine an einem frühen Morgen durch Moskau und würde in wenigen Minuten eine Stadt in der Stadt betreten, in der ich vor gut einem halben Jahrzehnt noch erschossen worden wäre, hätte ich mich dort sehen lassen. Ich sah die Häuserzeilen, die mehr und mehr Lücken bekamen. Zerfallene kleine Häuser, schiefe Zäune, schlechte Straßen. Und ich war aufgeregt, hier sein zu dürfen. Von Rührung fühlte ich nichts mehr, als ich diese russische Mama auf mich zulaufen sah. Sie hatte orangefarbene Haare, einen lila Lippenstift, war unglaublich dick und grinste mich teuflisch an. Sie wollte mir Blut abnehmen. Ich hasse es, wenn mir Blut abgenommen wird. Und die Frau hörte gar nicht mehr auf. Sie stach mit einer unappetitlichen Nadel in meinen Finger und hörte nicht eher auf, bis sie drei Ampullen voll hatte. Gott weiß, wofür sie so viel brauchte.

Ich sollte vorbereitet werden für meine Anmoderationen. Wir planten eine große Reportage mit mir als Astronautin, die darauf vorbereitet wird, ins All geschossen zu werden. Weil es so schwierig war, die Drehgenehmigung zu bekommen, mußten wir die Arbeit zweiteilen. Bei meinem Besuch jetzt sollte ich nur meine Anmoderationen aufzeichnen. Die eigentliche Reportage sollte wenige Wochen später gedreht werden. Nach dem, was ich in den nächsten Minuten erlebte, überlegte ich mir noch einmal, ob ich tatsächlich nach Moskau zurückkehren sollte.

Die Tortur konnte beginnen. Ich wurde, notdürftig von mir selber geschminkt, in die Zentrifuge verfrachtet. Ich sollte dort erleben, wie es sich anfühlt, wenn eine Rakete startet. Doppelt und dreifach verschnürt wie in einem Schraubstock wurde ich hineingeschoben. Später, auf den Bildern, habe ich gelächelt. Bisweilen kann ich glänzend schauspielen.

Und dann begann sich dieses Ding zu drehen. Ich war ganz allein in dieser Kapsel, festgeschnallt merkte ich, daß irgendetwas mit mir passiert. Zweiunddreißig Umdrehungen in der Minute. Die Fliehkräfte begannen zu wirken. Zentnerschwere Gewichte schienen auf mir zu lasten. Es waren dreihundert Kilogramm, die ich durch die veränderten Fliehkräfte in diesem Sarg spürte. Im Kontrollzentrum konnte man mich auf einem Schirm sehen.

Einer der Mediziner sagte zu mir: »Heben Sie bitte Ihre Hand.«

Ich wollte, aber ich konnte nicht.

Ich merkte, wie sich mein Gesicht nach hinten verzog. Ich konnte mich nicht mehr rühren in meinem Stuhl. Und dennoch hatte ich nicht das Gefühl, daß ich in aberwitziger Geschwindigkeit herumgeschleudert werde. So also fühlt sich der Start in einer Rakete an.

Nach ein paar Minuten begann der Druck nachzulassen. Kurz darauf öffnete sich die Luke. Die Betreuer des Sternenstädtchens grinsten mich an. Ich hatte die Probe bestanden.

Vor den eigentlichen Dreharbeiten durfte ich noch Mittagessen. Ich weiß nicht, was schlimmer war. Die unglaubliche Fliehkraft in der Kapsel oder das unglaubliche Gulasch. Unser Begleit-Russe, ein freundlicher Mann, aß das Mahl voller Appetit und konnte gar nicht versehen, daß ich meinen Teller weit von mir schob. Immerhin habe ich an diesem Tag nicht zugenommen.

Wenigstens nicht bis zum Abend. Denn den hat das ganze Team genossen. Inmitten von reichlich Wodka und Kaviar und russischen Sängerinnen, die wunderbar weh- und schwermütige Lieder voller Sehnsucht sangen. Wir waren alle ein bißchen beschwipst an diesem Abend und fühlten uns etwas russisch.

Auch am nächsten Morgen waren wir noch bester Stimmung, als wir zum Flughafen fuhren. Ich freute mich auf den zweiten Teil unserer Dreharbeiten – trotz Kakerlaken in der Küche und unglaublich verdreckter Toiletten-Becken.

Wir hatten den Flughafen fast schon erreicht, als ich diesen leblosen Körper am Straßenrand liegen sah.

»Halten Sie an«, rief ich dem Chauffeur zu, »da liegt eine Leiche.«

Der Mann fuhr regungslos weiter.

»Hey, halten Sie an! Sagen Sie dem Mann, daß er anhalten soll«, sagte ich unserem Dolmetscher. »Vielleicht lebt der Mensch noch.«

Der Dolmetscher begann zu lächeln, wie nur Russen lächeln können: »Vielleicht lebt er noch. Aber Sie werden ganz sicher nicht überleben, wenn Sie jetzt da aussteigen.«

Ich starrte ihn an.

»Mafia«, sagte er und meinte etwas auf russisch zum Fahrer. Später erfuhr ich, was er gesagt hat: »Gib Gas.«

Es dauerte einige Wochen, bis wir die Erlaubnis bekamen, unsere Dreharbeiten fortzusetzen. Wieder war es ungnädig früh, wieder flogen wir nach Moskau, wieder fuhren wir an der Stelle vorbei, an der vor kurzem noch eine Männerleiche gelegen hatte. Mir war so, als ob ich schon wieder einen leblosen Körper im Gebüsch liegen sah, so sehr hatte es mich geschockt, einen Toten am Wegesrand zu sehen.

Meine Begleiter schauten stoisch durch die verkrustete Windschutzscheibe auf die löchrige Straße. Guten Morgen, Rußland. Mir ging's dreckig. Am liebsten hätte ich die Dreharbeiten abgesagt. Mir war speiübel. Seit Tagen schleppte ich eine Grippe mit. Ich sehnte mich nach einem freien Tag. Ausschlafen und ausschwitzen und nichts anderes bewegen als den großen Finger, um die Programme auf der Fernbedienung anzuwählen. Ich hätte es nicht wagen dürfen, diese Bitte laut werden zu lassen. Schließlich hatten wir es geschafft, einen Parabelflug mitmachen zu dürfen. In dieser geheimsten aller geheimen Kommandozentralen. Die Prozedur kannte ich mittlerweile schon. Nur litt ich diesmal mehr. Ungelogen. Ich stand neben mir, registrierte die schäbigen Baracken des Sternenstädtchens nur durch eine Nebelwand, die mich umgab. Ständig hatte ich ein leises Brummen im Ohr und andauernd mußte ich schlucken, damit meine Nebenhöhlen nicht völlig zuwuchsen. Doch diese Chance war die letzte. Besuche in Star-City, Flüge im Parabelflugzeug werden nicht verteilt wie Eintrittskarten bei Euro Disney. Selbst mit reichlich Schmiergeld kommt man nicht vorwärts. Es waren zähe Verhandlungen, es bedurfte eines umfangreichen Vertragspaketes und vieler Telefonate, um endlich die Genehmigung für den Parabelflug zu haben.

Natürlich konnte ich nicht sagen: »Ich habe Schnupfen. Also blasen wir die Aktion ab. Ein anderes Mal vielleicht.«

Wir kletterten in das Flugzeug, ein russischer Düsenjet, der uns neuntausend Meter in die Höhe bringen würden. Und dort würde diese riesige Maschine Flugmanöver machen. Steil rauf und steil wieder runter. Die Maschine würde eine Parabelkurve beschreiben und damit nichts anderes tun als Schwerelosigkeit zu simulieren.

»Laß es vorbei sein, bitte, bitte«, dachte ich.

Wir legten die Fallschirme an. Sie mußten sein. Falls eines der Manöver mißlingen sollte und die Maschine abstürzt, rettet der Fallschirm auch mein Leben. Glücklicherweise hatte ich bereits Fallschirmspringen geübt.

Einer der Bordingenieure half mir. Er war überaus charmant und blinzelte mir ständig mit seinen schönen blauen Augen zu. Ein Bilderbuch-Russe. Wäre ich gesund gewesen, hätte ich gerne mit ihm geflirtet. Heute stand mir der Sinn nicht nach Liebelei. Das Flugzeug startete. An Bord einige Mitarbeiter des kosmonautischen Bodenpersonals, unser Team, bestehend aus Kameramann, Redakteur, Producer.

Das Flugzeug stieg hoch und höher und noch höher. Wir mußten uns alle an einer Art Ballettstange festhalten. Wir alle, die so etwas noch nie gemacht hatten, wußten, daß irgendetwas passieren würde – nur was? Es begann mit einem unglaublichen Ruck. Und dann spürte ich – Schwerelosigkeit. Ich schwebte. Quer durch den Raum. Nicht in gefährlichen ruckartigen Bewegungen. Gleitend und sanft. Die russischen Bord-Ingenieure warfen mich von einer Seite des Raumes auf die andere. Ich stieß auf den gepolsterten Boden, wurde wieder hochgeschleudert, einer der Russen drehte und drehte und drehte mich, bis ich völlig vergaß, daß es einen Himmel und eine Erde gibt.

Ich spürte keine Atemnot mehr, keinen Schnupfen, fühlte keinen Kopfschmerz und keinen Hustenreiz.

Mir wurde bedeutet, mich so schnell wie möglich wieder auf den Boden zu setzen. Wenige Sekunden später wußte ich warum: Der blitzartige Sinkflug war genauso schnell vorbei, wie er begonnen hatte. Ich saß kaum auf meinem Po, als ich niedergepreßt wurde. Die Schwerelosigkeit hatte sich wieder in die ganz normale Erdanziehungskraft verwandelt. Die halbe Minute, die die Schwerelosigkeit jeweils dauerte, war für den Kameramann, der die ganze Zeit von einem Mann festgehalten wurde, um nicht, wie ich, schwerelos durch die Kapsel zu rudern, viel zu wenig. Er fuchtelte mit den Armen, um mir zu signalisieren, daß ich auf ihn zurudern sollte. Beim nächsten Mal.

Es gab ein nächstes Mal. Und noch einmal.

Die Krankheit, die ich im Leibe spürte, kam schnell wieder. Nach dem sechsten Parabelflug rebellierte mein Magen. Ich mußte mich übergeben. Ulli Schwind, der Redakteur, der mich bei diesem Ausflug begleitete, fragte mich, zurück auf der Erde: »Wie war's?«

»In meinem ganzen Leben ist mir noch nicht so kotzübel gewesen.« Dabei schaute ich ihn so an, daß er sich nicht traute, weitere Fragen zu stellen. Vier Stunden brauchte ich, um wieder einigermaßen Luft zu bekommen. Meinen Magen spürte ich den ganzen Abend. Am Ende dieses Tages wurde ich wirklich krank. Ich bekam keine Luft mehr, ich verlor meine Stimme für ein paar Tage, ich konnte nur Tee trinken und Zwieback essen.

Und dennoch: Der Parabelflug im Sternenstädtchen von Moskau war eines meiner größten Abenteuer. Weil ich wieder einmal dort war, wo die meisten Menschen keinen Zutritt haben.

Natürlich erzähle ich gerne von diesem Erlebnis. Es

macht das Leben reich, spannende Geschichten erzählen zu können.

Am nächsten Tag fuhren wir zum Flughafen. Wieder auf der Straße, die ich schon kannte. Ich wollte kaum meinen Augen trauen, als wir an der Stelle vorbei kamen, an der vor wenigen Wochen das Mafia-Opfer gelegen hatte. Wieder sah ich eine Tote. Diesmal aufgebahrt am Straßenrand. Um sie herum standen Menschen, in Schwarz gekleidet, einige von ihnen weinten.

»Was ist das?« fragte ich meine Begleiter.

Einer sagte: »Die Beerdigung einer alten Frau. Was sonst?«

Ich lehnte mich wieder zurück und atmete tief durch.

»Ein Glück«, dachte ich. »In Moskau können die Menschen auch eines natürlichen Todes sterben.«

1997/98: Eine ungewöhnliche Silvesternacht und meine Lust zu leben

Die drei Frauen kicherten ohne Unterlaß. Sie reichten die Sektflasche herum und palaverten von gutaussehenden Männern, strammen Popos und dem großen Abenteuer, das sie in dieser Nacht erleben wollten.

Ich schaute in den Rückspiegel, wußte nicht, ob ich mich über die drei Damen im Fond amüsieren oder ärgern sollte.

»Wenn sie was erleben wollen, ich kenne da ein Männer-Strip-Lokal«, sagte ich.

»Ja«, kreischte die eine los. »Das ist es, was wir sehen wollen.«

Ich wurde neugierig. »Sagt mal, laßt ihr euch denn auch abschleppen, wenn es eine Gelegenheit gibt?« Da kniffen die Damen.

Man wolle ein bißchen Spaß haben. Aber die schale Nummer für eine Nacht – also die dann lieber doch nicht.

Nicht umsonst sagt der Volksmund: Taxifahrer sind die besten Menschenkenner. Ich chauffierte so ein Taxi durch die heißeste, trunkenste und damit ehrlichste Nacht des Jahres – die Neujahrsnacht.

Droschkenfahren in Köln. Das ganze Land begrüßt taumelnd das neue Jahr 1998. Und ich arbeite.

Wieder einmal hatte der Chefredakteur von RTL Television, Hans Mahr, die Idee. Alltagsabenteuer. Nach den gefährlichen, extremen Grenzerfahrungen der vergangenen Jahre sollte ich jetzt in Rollen schlüpfen, die jedermann kennt. Was erlebt eine Würstchenverkäuferin am Ku-Damm von Berlin? Was muß sich eine Politesse anhören, die mitten in der Bonner City Tickets verteilt? Was vertrauen einsame Männer einer Bardame auf der Reeperbahn an? Und was erzählen betrunkene Party-Gäste, die sich von einer Taxifahrerin in der Silvesternacht von Sause zu Sause kutschieren lassen?

Auch das ist Lust zu leben. Das pralle Dasein vor unserer Haustür. Meine Sendung LIFE hatte mir wieder einmal die Chance gegeben, in Rollen zu schlüpfen. Es macht immer wieder Spaß, für diese Sendung zu arbeiten. Es ist immer neu, immer anders und immer herausfordernd.

Und es ist wirklich eine Herausforderung, durch das heitere Köln zu fahren, während die rheinischen Frohnaturen das neue Jahr begrüßen.

In der Planung mußten wir einige Probleme lösen. Wir brauchten einen vertrauensvollen Taxifahrer, der uns seinen Arbeitsplatz zur Verfügung stellte. Und wir mußten den Kameramann so positionieren, daß er zwar präsent, aber nicht störend war. In einem Taxi keine einfache Aufgabe.

Den Taxifahrer fanden wir am Hauptbahnhof. Er war ein echter Kölner – gelassen und gutmütig. Er war es, als er mir um 22 Uhr seinen Autoschlüssel überreichte. Und er blieb es auch, als ich ihm den Schlüssel ein paar Stunden später wieder zurückgab. Sein Taxi hatte keinen Schaden genommen. Und ich auch nicht.

Die schwierige Frage nach den Dreharbeiten in einem wirklich überschaubaren Vehikel lösten wir ganz einfach. Ulli Schwind, mein Kollege, der alle meine Abenteuer als Redakteur begleitete, schlüpfte in die Rolle eines amerikanischen Kameramannes. Ich fragte jeden Fahrgast, ob er etwas dagegen hätte, wenn der freundliche junge Mann auf dem Beifahrersitz, der im übrigen der deutschen Sprache nicht mächtig sei, ein paar Bilder für eine amerikanische TV-Station drehen würde. Keiner hatte etwas dagegen. Aber fast jeder machte Witze über Ulli, den Kameramann. Und der arme Ulli durfte sich nicht wehren. Er sprach ja kein deutsch.

In den paar Stunden zwischen 22 Uhr im Jahre 1997 und vier Uhr morgens im Jahr 1998 spielten sich viele kleine Geschichten in meinem Taxi ab. Die Geschichte der beiden Betrunkenen, die mir stolz erzählten, wieviele Batida de Cocos sie getrunken hatten, und sich dabei eine erstaunlich nüchterne Aussprache erhalten hatten. Wie betrunken sie waren, merkte ich daran, daß sie am selben Ort wieder aus meinem Taxi stiegen, an dem ich sie aufgelesen hatte.

Oder die Geschichte eines Mannes, der ganz angetan war von mir. Er stellte mir ein fürstliches Trinkgeld in Aussicht. Als ich ihm meine Vorstellungen darlegte – achtzig Mark von Köln-Zentrum nach Köln-Kalk – war er gar nicht mehr angetan von mir.

Die gesamte Palette menschlichen Daseins – sechs Stunden Taxifahren spiegeln sie wieder. Ich wurde angemacht und angepöbelt, ich philosophierte und politisierte mit Fahrgästen, sie waren stocknüchtern und sturzbetrunken.

Ich habe viele unterschiedliche Neujahrsnächte erlebt. Doch der jüngste Jahreswechsel war mit Abstand der lehrreichste. Ich hatte sechs Stunden lang eine satte Dosis Mensch genossen und wieder einmal festgestellt: Das Leben schreibt die spannendsten Geschichten.

Aber nicht nur deshalb genieße ich meine Alltags-abenteuer im Dienste meiner Lifestyle-Sendung. Die Dreharbeiten finden zumeist in Köln und Umgebung statt. Zwei Jahre lang hatte ich Journalismus-Tourismus genossen. Zwei Jahre lang habe ich jeden Kontinent gesehen, unzählige Länder. Ich habe bei minus 35 Grad gedreht genauso wie bei 50 Grad im Schatten. Ich fror im Iglu und ich schwitzte im Safari-Zelt.

Doch wenigstens für ein paar Wochen kollidiert meine Arbeit nicht mit dem Wunsch, hin und wieder in meinem eigenen Bett zu schlafen. Mein Zuhause ist mir wichtig. Genauso wie meine Freunde, mit denen ich mich endlich verabreden kann, ohne viermal abzusagen.

Jüngst sah ich endlich meine beste Freundin Maria Rosa Cancemi wieder, eine wunderschöne Italienerin. Wir lachten wie alberne Mädchen über den Einbruch in die Wohnung meiner großen Liebe Hans vor langer Zeit. Und wir amüsierten uns noch einmal über unsere gemeinsame Reise nach Sizilien vor vielen Jahren. Ich durfte Maria Rosa damals in ihr Heimatdorf begleiten. Und wurde vom Familienclan fast wie eine Tochter aufgenommen. So intensiv, das sich keiner der temperamentvollen Verehrer aus dem Dorf an mich heranwagen durfte. Leider. Die Cousins von Maria Rosa begleiteten mich sogar bis vor die Toilettentür. Ich kehrte ohne einen leidenschaftlichen Flirt aus Sizilien zurück. Maria Rosa ist heute schon Mutter eines fast achtzehnjährigen Sohnes, Alessandro, ein bildhübscher Kerl, dessen Patentante ich bin.

Auch Ulrike Paetow sehe ich wieder öfter. Vor zwanzig Jahren haben wir die Männer beim WDR um den Finger gewickelt. Dann haben wir uns einige Zeit aus den Augen verloren. Die Zeiten, der Job, die Männer hatten uns für eine Weile auseinandergebracht. Aber in der Sekunde, in der wir uns wiedersahen, kam es uns vor, als ob wir ohne Pause die besten Freundinnen gewesen sind. Ein tolles Gefühl. Keine Fremdheit, kein Unbehagen. Ulrike und ich werden immer Vertrauen zueinander haben können. Ein schönes Gefühl. Gabi, die Bauchtänzerin, und Gero, der Arzt, gehören auch zu meinem Freundeskreis. Mit beiden habe ich schon viele schöne Abende erlebt, an denen wir über Gott und die Welt philosophierten.

In ein paar Wochen werden Barbara und Bernd aus Mallorca angereist kommen. Auch die beiden habe ich in mein Herz geschlossen. Lebenskünstler, die in Spanien leben, dort, wo die Sonne das Gemüt erhellt. Die beiden leben mir vor, wie glücklich eine Ehe sein kann.

Vielleicht werden sie mich fragen: »Birgit, immer noch kein neuer Mann fürs Leben an deiner Seite?« Und ich werde antworten: »So lange ich keinen finde, mit dem ich mich so gut verstehe, wie es bei euch beiden der Fall ist, verzichte ich lieber auf den Bund fürs Leben.«

Tatsächlich: Zum erstenmal seit meinem sechzehnten Lebensjahr bin ich für eine längere Zeit ohne festen Partner. Männer haben mich durchs Leben geleitet. Ältere Männer, erfahren, stark und weltgewandt. Ich habe sie geliebt, und sie haben mich manchmal auch leiden lassen. So wie ich sie auch. Ich habe niemals eine Beziehung geplant. Genauso, wie ich jetzt das Single-Dasein nicht habe kommen sehen. Es gefällt mir trotzdem. Das Leben kann auch ohne eine Liebesbeziehung leidenschaftlich sein. Eine spannende Erfahrung.

Falls ich aber doch Gefahr laufe, mich in den falschen Mann zu verlieben, weiß ich zwei überaus strenge, aber dennoch treue Bodyguards an meiner Seite. Zwei Frauen, Manager meines Haushalts – Heide und Rosa.

Heide ist mein »Finanzminister«. Selbst ich muß ihr über jeden Pfennig, den ich ausgebe, Rechenschaft ablegen. Und das ist gut so. Heide, offiziell möchte ich sie als »Sekretärin« bezeichnen, nimmt mir unendlich viel Arbeit ab. Sie macht Anrufe für mich, kontrolliert meine Buchhaltung, beantwortet Briefe, koordiniert Einladungen. Ohne Heide hätte ich längst den Ruf der unzuverlässigsten Moderatorin im deutschen Fernsehen. Heide hilft mir seit langer Zeit, mich zu organisieren. Daraus ist eine wunderbare Freundschaft entstanden. Diese schüchterne, zurückhaltende und liebenswerte Frau ist mir genauso ans Herz gewachsen wie die laute, lärmende und fluchende Rosa. Rosa, eine Italienerin, wie sie nicht besser hätte erfunden werden können, ist meine Haushaltshilfe und schreit ihre Lebensfreude heraus, wie es ihr gerade in den Sinn kommt. Kürzlich wurde in meiner Wohnung ein neuer Teppichboden verlegt. Jeder Besucher, egal welcher Funktion und Gehaltsklasse, wurde kräftig angepflaumt, er solle gefälligst seine Schuhe ausziehen.

Normalerweise kennt Rosa auch morgens keine Gnade. Sie betritt die Wohnung, um den chaotischen Haushalt wieder in Ordnung zu bringen, stürmt in mein Schlafzimmer und brüllt: »Hey, endlich aufstehen. Nacht ist vorbei. Genug geschlafen.«

Ich liebe sie dafür. Sie hat mich im Griff. Und genau das ist es, was ich von Zeit zu Zeit brauche.

An diesem Morgen war Rosa nicht da, um mir mit ihren starken Sprüchen gute Laune zu machen. Und gerade an einem solchen Morgen geschah es wieder.

Manchmal passiert mir das. Manchmal kommen diese Gedanken. Früh morgens, kurz nach dem Aufwachen, in den Momenten, in dem die Energie noch auf Spar-

flamme läuft und unangenehme Gedanken nicht ver-
scheuchen kann.

»Was ist eigentlich im nächsten Jahr?« frage ich mich
an einem solchen Morgen wie heute. »Bist du noch
gefragt? Wollen Zuschauer dich überhaupt noch auf dem
Schirm sehen? Machst du dich nicht lächerlich, wenn du
dich vor eine Kamera stellst, um neue Skandale oder neue
Trends oder neue Schmonzetten zu präsentieren? Glauben die Zuschauer dir überhaupt noch, was du ihnen
sagst? Bist du vom Glück in den vergangenen Jahren nicht
viel zu sehr gestreichelt worden? Wartet das Verhängnis
nicht vielleicht heute schon auf dich? Geht es bergab?«

Jeder Mensch kann in Sekunden ungeheuer viel denken. Denkt er Gutes, beginnt's im Bauch zu kribbeln, und
er startet gut gelaunt in den Tag. Denkt er Übles, so wie
ich manchmal, wird der Start in den Tag zur Qual.

»Nicht raus heute. Bitte nicht. Nicht gut gelaunt sein
müssen. Bitte einmal die Angst vor der Zukunft zeigen
dürfen.«

Es fällt mir nicht leicht, solche Zweifel zuzugeben.
Bislang habe ich sie schnell vergessen. Spätestens, wenn
mir ein lächelnder Mensch entgegenkommt, der mir eine
aufmunternde Bemerkung gönnt.

Aber nicht immer ist gerade ein lächelnder Mensch
zur Hand. Wie oft wird verlangt: Sei gefälligst glücklich.
Ich habe es zu sein, weil ich Erfolg habe, weil ich begehrt
werde. Weil ich zwei Sendungen moderieren darf. Weil
ich viel Geld verdiene. Weil ich recht passabel aussehe.
Weil ich regelmäßig Verabredungen zum Abendessen
habe. Weil ich die Welt kennenlerne. Weil ich mit vielen
spannenden Menschen sprechen darf. Natürlich geht's
mir glänzend. Aber Fragen stellte ich mir dennoch immer
wieder. Zum Beispiel die Frage, ob ich wirklich gut daran getan habe, das Abenteuer RTL eingegangen zu sein.

Die Antwort war bislang eine Million Mal: »Ja – es war ungeheuer richtig.«

Jedes Mal, nachdem ich wieder gezweifelt habe, und jedes Mal, nachdem ich mich wieder voller Selbstbewußtsein zu meiner Entscheidung bekannt habe, gehe ich eine Spur fröhlicher und motivierter zur Arbeit.

Ich will kein Leben voller Luxus führen. Ich habe keine sündhaft teure Wohnung, keinen Prachtwagen, reise nicht in die entferntesten Winkel dieser Welt, um dort Urlaub zu machen. Ich halte mein Geld zusammen. Für die Tage, an denen es nicht mehr so üppig fließen wird.

In melancholischen Momenten wird mir klar: Alle wichtigen Entscheidungen meines Lebens haben mich ein Stückchen vorwärts gebracht. Intuition? Glück? Die richtigen Ratgeber zur rechten Zeit? Von allem ein bißchen.

Ich bin dankbar für alle Richtungen des bislang gegangenen Weges. Geschadet hat es mir nicht.

Angst vor der Zukunft? Ganz selten zwar, aber manchmal gestehe ich sie mir zu, diese Fragen.

Genug gegrübelt jetzt. Ich stehe ganz schnell auf und dusche eiskalt. Und hoffe, daß mir schnell ein lächelnder Mensch begegnet. Bislang habe ich diesen Menschen immer getroffen. Gleich im Badezimmer.

Das freundliche Lächeln des Spiegelbildes wirkt Wunder.

»Guten Morgen, Birgit.«

Wieder ein Tag gerettet.

Wieder ein guter Tag.

Wieder ein Tag, an dem ich sie spüre – die Lust zu leben.